신규 창업자를 위한 가이드북

안홍규의
건강원 창업

건강원창업아카데미 회사소개
GGWACADEMY introduce company

건강원창업아카데미는 건강원 창업을 준비 및 계획하는 예비창업자, 신규창업자들이 올바른 창업을 준비하여 성공창업을 이룰 수 있도록 함께 노력하는 건강원 창업컨설팅 전문업체입니다.

01 건강원 창업교육
1일과정, 2일과정, 3일과정(이론교육 및 실습) 다양한 교육프로그램을 통해 예비창업자의 시행착오를 줄이고, 신규창업자의 빠른 정착을 도와드립니다.

02 탕전기계 최적가 판매
추출기, 포장기, 분쇄기, 유압기, 교반기 등 건강원 업종에 필요한 다양한 제품을 최적의 가격으로 판매합니다.

03 부자재 판매
건강원 실무에 필요한 파우치, BOX, 부직포, 소모성 부속품 등 다양한 부자재를 공급해 드립니다.

04 성공창업을 위한 정보공유
건강원 창업 및 실무운영에 필요한 다양한 정보를 공유하여 신규창업자의 빠른 정착과 부족한 경험을 채워드립니다.

NAVER 건강원창업아카데미

건강원창업아카데미 교육프로그램

GGWACADEMY EDUCATION

고객센터 : 1600-7857

건강원창업아카데미는 건강원 창업을 준비 및 계획하는 예비창업자들이 부족한 경험에서 발생하는 시행착오를 줄이고 빠른 정착을 도와 성공창업을 이룰 수 있도록 다양한 교육프로그램을 진행하고 있습니다.

01 건강원창업 마스터실습과정(총 3일/21시간)
건강원 창업이론, 필수이론, 탕전기계 구성 및 안내
재료별 추출가공법 실습(과채음료, 액상차, 추출가공식품, 인삼·홍삼음료 등)
생즙 추출가공법 실습(사과생즙, 생칡즙 등)

02 건강원창업 속성실습과정(총 2일/15시간)
건강원 창업이론, 필수이론, 탕전기계 구성 및 안내
재료별 추출가공법 실습(과채음료, 액상차, 추출가공식품, 인삼·홍삼음료 등)

03 건강원창업 기초실습과정(총 1일/8시간)
건강원 창업이론, 필수이론, 탕전기계 구성 및 안내
추출가공법 기초실습(과채음료, 액상차 등)

04 건강원창업 기초이론과정(총 1일/8시간)
건강원 창업이론, 필수이론, 탕전기계 구성 및 안내
추출가공법 기초이론(과채음료, 액상차, 추출가공식품, 인삼·홍삼음료 등)

건강원창업아카데미는 귀하의 성공창업을 위해 함께 노력합니다!
교육 문의 및 신청 : 1600-7857, 1833-9491

탕전기기 최적가 판매

GGWACADEMY DRINK MACHINE

제품문의 : 1600-7857

건강원창업아카데미는 다양한 실전 경험으로 창업자에게 꼭 맞는 탕전기기를 최소한의 비용으로 최적의 구성을 갖출 수 있도록 도와드립니다.

탕전기계 컨설팅
압력방식, 무압력방식, 진공저온식 등 창업자에게 꼭 필요한 탕전기계를 선택하실 수 있도록 다양한 제품을 비교 분석해 드립니다.

전국 무료배송
전국 어디든지 무료배송을 원칙으로 합니다.
건강원창업아카데미는 설치비, 출장비를 절대 요구하지 않습니다.

철저한 사후관리
홈페이지를 통해 탕전기계 관리방법, 제품작동방법을 공유하며, 전 제품 1년 무상 보증을 시행하고 있습니다.

가공방법 안내
선택된 탕전기계 작동방법과 추출가공법을 안내해 드리며, 당사 홈페이지를 통해 재료별 추출가공법, 실무운영에 관한 정보를 지속적으로 공유합니다.

사은품 제공
탕전기계 구매내역에 따라 파우치, BOX, 추출용 자루 등을 사은품으로 제공하며, 건강원창업아카데미만의 차별화된 서비스를 지원해 드립니다.

   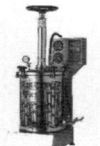     

건강원창업아카데미 창업지원

GGWACADEMY PROCEDURE

창업문의 : 1600-7857

건강원창업아카데미는 건강원 창업을 계획하는 신규창업자의 시행착오를 줄이고 빠른 정착을 돕기 위해 다양한 서비스를 제공해 드리고 있습니다.

첫 번째 점포 사전방문 서비스
창업을 계획한 점포를 미리 방문하여 점포입지, 레이아웃 설정 등 창업에 필요한 사항과 순서를 안내해 드립니다.

두 번째 시설 및 인테리어 안내
전기, 수도, 배수 등 창업에 필요한 시설에 관한 정보와 순서를 안내해 드립니다.

세 번째 탕전기계 입고 및 배치
창업자의 편리성을 고려하여 작업 및 생산 공정이 편리할 수 있도록 탕전기계를 배열, 배치해 드립니다.

네 번째 영업신고 및 도구.집기 안내
영업신고 준비사항과 절차, 순서를 안내해드리고, 실무운영에 필요한 도구 및 집기 목록을 제공해 드립니다.

다섯 번째 추출가공법 실무교육
창업된 영업장에서 총 2일에 걸쳐 제품작동방법, 세척방법, 주의사항 및 재료별 추출가공법 실무교육을 진행합니다.

여섯 번째 다양한 정보공유
건강원창업아카데미 홈페이지를 통해 탕전기겨 작동방법, 제품수리요령, 재료별 추출가공법 등 다양한 정보를 지속적으로 공유합니다.

(건강원창업아카데미 ggwacademy.com)

안홍규의
건강원창업

초판 1쇄 발행 2015년 6월 22일
초판 2쇄 발행 2018년 3월 16일

지은이 안홍규
펴낸이 장길수
펴낸곳 지식과감성#
출판등록 제2012-000081호

디자인 이현
편집 양보영, 이현
교정 이인영, 이주영
마케팅 안신광

주소 서울시 금천구 가산동 60-5 갑을그레이트밸리 B동 402호
전화 070-4651-3730~4
팩스 070-4325-7006
이메일 ksbookup@naver.com
홈페이지 www.knsbookup.com

ISBN 979-11-5528-440-7(03320)
값 39,000원

ⓒ 안홍규 2015 Printed in Korea

잘못된 책은 구입하신 곳에서 바꾸어 드립니다.
이 책의 전부 또는 일부 내용을 재사용하려면 사전에 저작권자와 펴낸곳의 동의를 받아야 합니다.

이 도서의 국립중앙도서관 출판예정도서목록(CIP)은 서지정보유통지원시스템
홈페이지(http://seoji.nl.go.kr)와 국가자료공동목록시스템(http://www.nl.go.kr/kolisnet)에서
이용하실 수 있습니다. (CIP제어번호 : CIP2015016609)

 홈페이지 바로가기

Refresh your healthy
마시는 보양음료

신규창업자를 위한 가이드북

안홍규의 건강원 창업

소자본으로 창업해서 높은 수익을
올릴 수 있는 최고의 아이템!

안홍규 지음

건강원 알고 시작하면 성공이 보인다!

사양산업으로 불리우는 건강원
이제는 세대교체의 시기입니다.

프롤로그

건강원 창업컨설턴트 안홍규

건강원 창업은 소자본 창업이면서도 누구나 어렵지 않게 시작할 수 있는 창업 아이템이다. 현재 이미 많은 건강원이 성업 중에 있음에도 불구하고 사람들이 건강원 창업을 계획하고 있는 이유는 고액의 자본력이 필요하지 않으면서도 남녀 누구나 쉽게 창업할 수 있고, 투자금액에 비해 높은 소득을 올릴 수 있기 때문이다. 하지만 이러한 단면만을 생각하여 섣불리 창업을 시도한다면 고객층이 한정되어 있는 건강원끼리 오히려 과열경쟁만 불러일으킬 것이다. 그런 과열경쟁에서 벗어나 성공창업을 위해서는 시설, 실무운영, 고객관리 등에 차별화를 두어 독자적인 마케팅을 갖추어야 한다.

필자는 한방기기 전문업체인 '남북산업'에서 건강원 창업 컨설턴트로 일하면서, 건강원 창업을 준비하는 많은 사람과 창업관련 대화를 나눴고, 그들이 궁금해하는 사항과 간과했던 사항들, 또 두려워하는 점 등에 대해서 알 수 있었다. 이 책은 그동안 하루에도 몇 건씩 받았던 창업 문의 중 반복적인 질문 내용을 토대로 작성하다. 이 책이 예비 창업자들의 성공적인 창업을 이룰 수 있도록 도움이 되었으면 하는 바람이다. 성공적인 창업을 위해서라면 우선 이미 운영하고 있는 건강원들의 시스템을 먼저 이해하고, 그에 대응하여 새로운 방식의 마케팅을 주도해 고객과의 커뮤니티를 이루어 낼 수 있어야 할 것이다.

- 프롤로그

Chapter 1 건강원이란 • 015

1) 건강원을 창업하려면
2) 건강원이란
3) 건강원의 주요업무
4) 건강원 창업의 전망
5) 건강원 창업비용
6) 창업 수익률
7) 방문고객의 유형
8) 건강원 프랜차이즈
9) 창업자금지원

Chapter 2 창업순서 • 033

1) 건강원 창업순서
2) 상호작명
3) 창업시기
4) 점포임대/입지선정

Chapter 3 창업을 위한 행정절차 • 043

1) 창업을 위한 행정절차
2) 건강진단결과서(보건증) 발급
3) 신규식품위생교육
4) 사업계획서 및 제조방법설명서 작성
5) 영업신고증발급
6) 건강기능식품판매업 허가
7) 통신판매업 허가
8) 사업자등록증 발급

Chapter 4 탕전기기 선택 • 061

1) 탕전기기 선택 및 구성
2) 제조사와 유통업체
3) 주로 사용되는 탕전기기
4) 중탕기와 추출기의 차이점
5) 옹기중탕기
6) 추출기의 종류
7) 압력방식과 무압력방식의 차이
8) 가스식과 전기식의 차이
9) 탕전기기 용량 선택요령
10) 자동포장기의 종류와 선택
11) 홍삼액추출기의 종류와 선택
12) 분쇄기의 종류와 선택
13) 자동세척기
14) 자동착즙기

Chapter 5 탕전기기 구성 • 093

1) 탕전기기의 구성방법
2) 건강원창업의 탕전기기 구성
3) 건강원 창업 시 탕전기기 비용
4) 중고제품 선택요령

Chapter 6 실무운영에 필요한 부자재 • 103

1) 실무운영에 필요한 부자재
2) 레토르트파우치
3) 기성파우치
4) 기성BOX
5) 일회용자루와 다회용자루
6) 신규창업에 필요한 부자재
7) 파우치 제작
8) BOX 제작
9) 표시규정
10) 미리 준비해야 하는 소모성 부속품

Chapter 7 시설 및 인테리어 • 127

1) 시설 및 인테리어
2) 수도시설
3) 가스시설
4) 전기시설
5) 판매시설
6) 조명시설
7) 환기시설
8) 부자재 보관시설

Chapter 8 주원료 및 첨가물 • 141

1) 주원료 및 첨가물
2) 식품공전
3) 가공할 수 없는 재료
4) 건강원에서 자주 가공되는 재료
5) 첨가물의 종류와 사용법
6) 추출가공식품 첨가물
7) 주원료와 첨가물 구매방법
8) 우리나라 약재시장
9) 제철과일
10) 지역별 특산물

Chapter 9 추출가공법 • 165

1) 추출가공법
2) 과일과 채소 등의 가공
3) 과일과 채소 등의 가공순서
4) 건조된 약재의 가공방법
5) 식용동물성재료의 가공
6) 식용동물성재료의 가공순서
7) 생즙 가공법
8) 증류한약
9) 음식과 건강
10) 우리 몸에 좋은 음식

Chapter 10 건강원 창업 실무운영 • 195

1) 창업의 실무운영
2) 영업자의 준수사항
3) 실무운영에 필요한 집기
4) 실무운영에 필요한 소도구
5) 가공비용
6) 건강기능식품판매
7) 성수기와 비수기
8) 매년 주기적으로 해야 하는 사항
9) 자가품질검사
10) 식품위생 지도 및 점검
11) 한국추출가공식품업중앙회

Chapter 11 성공을 위한 영업전략 • 217

1) 경쟁력구축
2) 오프라인 마케팅
3) 온라인 마케팅
4) 고객관리
5) 광고규정

Chapter 12 OTHER(其他) • 247

1) 식품위생법 · 시행령 · 시행규칙
2) 부정불량식품신고
3) 즉석판매제조와 식품제조의 차이점
4) 건강원에서의 전통주 제조 및 판매
5) 약용식믈자원관리사
6) 창업에 유용한 사이트

- 부록 : 자주 사용되는 재료의 효능 및 가공법
- 참고문헌
- 에필로그

단지 소자본 창업이라는 이유만으로
단순히 창업한다면
과열경쟁에서 살아남기 힘들 것이다!
안홍규

"건강원 창업 전 꼭 필요한 사항을 말하고 싶다."
많은 사람이 건강원 창업에 대해 붕어빵이나 호떡 장사처럼
기계 한두 대면 충분한 창업이라고만 생각한다.
건강원 업종을 소자본 창업이라고 구분하는 이유는 타 업종에 비해 창업비용이
저렴하기 때문이지, 누구나 조건 없이 쉽게 창업할 수 있기 때문이 아니라는 것을
분명히 알아야 한다. 건강원을 창업하여 성공하려면 분명 그에 필요한 구성요소가 있다.
이러한 부분을 간과하여 막연히 창업을 시작한다면, 과열경쟁에 들어선 건강원 사이에서
성공하기는 매우 어려울 것이다.
소자본으로 창업하여 높은 소득을 올리려면 남들과 차별화된 시설과 전략,
특별한 고객관리가 필요하다.

안홍규

| Chapter 1 |

건강원이란

1) 건강원을 창업하려면
2) 건강원이란
3) 건강원의 주요업무
4) 건강원 창업의 전망
5) 건강원 창업비용
6) 창업 수익률
7) 방문고객의 유형
8) 건강원 프랜차이즈
9) 창업자금지원

건강원이란

1) 건강원을 창업하려면

건강원이라는 업종에 관심이 많거나 창업을 준비, 또는 계획하고 있다면 가장 먼저 건강원이라는 업종부터 이해해야 한다. 건강원은 무엇이고, 주로 어떠한 일을 하며, 수익은 얼마나 되는지, 또 창업비용은 얼마인지 등 건강원 창업 시 여느 업종과 마찬가지로 건강원이란 업종이 가진 특성을 충분히 이해한 뒤 창업 결정을 해야 할 것이다. 실제로 많은 사람이 이러한 사항을 간과하여 창업 후 어려움을 겪는 일을 종종 보았다. 필자는 이렇게 창업 전 알아야 할 중요한 사항을 전달함으로써 성공창업을 준비하는 예비창업자들에게 성공의 발판이 되었으면 하는 바람이다.

2) 건강원이란

과거에는, 고객이 가져오거나 주문한 한약재를 돈을 받고 약을 달여 주기만 하는 곳이라 하여 탕제원(湯劑院)으로 불렸다. 현재는 보양원, 건강원, 웰빙하우스 등으로 다양하게 부르기도 하는데, 건강원의 행정상 명칭은 '즉석판매제조가공업'이며 그중에서도 '추출가공식품업'으로 분류된다.

즉석판매제조가공업이란? 보건복지부령(식품위생법시행규칙제24조의2)이 정하는 식품을 제조·가공업소 내에서 직접 제조·가공하여 최종소비자에게 판매하는 영업. 즉석판매제조·가공업은 즉석에서 식품을 제조·가공하여 찾아오는 소비자에게 판매하는 영업으로 전국에 유통판매하는 식품제조 · 가공업과 다르다.

즉석판매제조가공업에 해당하는 대상식품으로는 과자류, 빵 또는 떡류, 코코아가공품류 또는 초콜릿류, 엿류, 두부류 또는 묵류, 면류, 커피, 장류, 조미식품, 김치류, 젓갈류, 절임식품, 조림식품, 건포류, 기타식품류, 과채가공품류 등이 있다.

그중 추출가공식품이라 함은 식용동물성 소재를 즈원료로 하여 물로 추출한 것이거나 이에 식품 또는 식품첨가물 등 부원료를 가하여 가공한 것을 말한다. 다만, 따로 기준 및 규격이 정하여진 것은 제외한다.

① 추출식품 : 단일원료 또는 혼합원료를 그대로 추출한 것이나 이들 추출물을 단순 혼합한 것을 말한다.
② 추출가공식품 : 추출식품에 식품 또는 식품첨가물 등 부원료를 가하여 가공한 것을 말한다.[1]

3) 건강원의 주요업무

건강원의 주요 업무는 앞서 언급한 것과 같이 가정에서 가공하기 어려운 많은 양의 과일이나 채소 또는 식용동물성 재료를 전문적인 장비를 이용하여 고객을 대신해 그에 따른 가공비를 받고 달여 주는 '임가공'과 또 다양한 주원료를 이용하여 제품을 제조, 가공하여 최종 소비자에게 판매하는 '판매업'이기도 하다.

즉석판매제조가공업의 판매규정이 과거 가공업소 내에서 최종소비자에게 판매하도록 되어 있던 것을 2014.10월 이후로 택배, 퀵서비스 등의 서비스가 가능하도록 시행규칙을 개정하였다.

---

1) 출처 : 식의약품용어집(식품의약품안전처)

> **즉석판매제조 · 가공업의 택배 배달 허용 등 규제개선[2]**
> **- 식품위생법 시행규칙 개정 · 시행(10.13) -**
>
> - 기존에는 제조 · 가공한 식품을 영업장 내에서 최종소비자에게 판매하거나 영업자 또는 종업원이 직접 배달하는 것만 허용하던 즉석판매제조 · 가공업의 판매 방법을 택배, 퀵서비스 등을 이용하여 최종소비자에게 배달 가능하도록 하였다.
> - 전통시장이 장소 협소 등의 이유로 식품제조 · 가공업 시설기준을 준수하기에 한계가 있는 경우, 지자체장이 지역별 특성을 고려하여 시설기준을 따로 정할 수 있도록 하였다.

실제로 건강원매출의 가장 높은 비중을 차지하는 것이 고객이 의뢰한 재료를 가공하거나 포장해 주는 임가공업무이다. 이러한 이유는 건강원에서 가공되어 판매되는 제품이 기존 브랜드 제품에 비해 신뢰도나 홍보력이 부족하기 때문인데 이러한 현상은 창업 후 일정기간 유지될 수 있기 때문에 이러한 점을 고려하여 신규 창업 후 일정기간은 가공제품 판매보다는 임가공업무에 주력하는 것이 좋다. 하지만 판매업을 전혀 고려하지 않고 임가공 업무에만 주력하게 되면 매출의 한계가 있기 때문에 높은 소득을 올리기 위해서라면 방문고객으로 하여금 신뢰도를 높여 판매업의 비중도 늘려야 할 것이다.

※ 건강원은 식품이 아닌 약품으로 분류된 재료를 조제하거나 치료를 목적으로 약재를 판매 또는 처방할 수 없으며, 생산된 제품의 특정한 성분이나 효능에 대해 광고를 할 경우 이를 과대광고라 하여 제한되고 있다. 또한 식용 소재를 주원료로 추출된 가공품만을 최종소비자에게 판매해야 한다.

---

2) 출처 : 즉석판매제조 · 가공업의 택배 배달 허용 등 규제개선(식품의약품안전처)

4) 건강원 창업의 전망

현재 전국적으로 4만 개 이상의 건강원이 운영 중에 있으며 건강원 및 웰빙하우스, 한방카페, 홍삼전문점 등 새로운 창업 아이템으로 자리 잡고 있다. 이는 추출가공업 사업에 대한 성장세를 뜻하는 것이며, 그런 성장세로 인하여 현재는 많은 기업에서도 건강원 관련 프랜차이즈를 개설, 가맹점을 모집하는 등 활발하게 영업활동을 하고 있다. 기업체에서 운영되는 프랜차이즈 건강원의 경우 기존 건강원과는 달리 탕전기기에 좀 더 차별화를 두고 보다 나은 시설을 통한 마케팅에 중점을 두고 있다. 건강원 창업 시 이에 발맞추어 기존 건강원의 틀에서 벗어나 새로운 방식의 차별화된 웰빙하우스를 준비해야만 전문성과 신뢰도를 높여 줄 수 있을 것이다.

※ 식품의약품안전처에서는 고령화와 소득수준 향상으로 건강기능식품의 꾸준한 성장세가 이어질 것이라 보고, 신규 기능성 평가 체계 마련 및 기능성 원료 개발 기술지원 등을 통해 건강기능식품의 안전성과 기능성 관리 강화에 주력해 나갈 방침이라고 설명하였다.

▶ 참고 : 건강기능식품 생산실적 통계자료

• 〈건강기능식품 생산실적 현황('09~'13)〉

('13.12.31.기준, 출처: 식약처)

구분	총 생산액 (억 원)	총 생산량 (톤)	내수용		수출용	
			생산액(억 원)	생산량(톤)	생산액(억 원)*	생산량(톤)
'09년	9,598	19,885	9,184	19,293	415	592
'10년	10,671	25,361	10,211	24,394	460	367
'11년	13,682	40,258	13,126	39,311	556	647
'12년	14,091	34,599	13,507	33,735	584	864
'13년	14,820	31,446	14,066	30,490	754	956
증감률 ('13/'12, %)	5.2	△9.1	4.1	△9.6	29.1	10.6

* 1$ = 1,095원('13년)

• 〈기능성별 건강기능식품 생산실적(점유율)〉

('13.12.31.기준, 출처: 식약처)

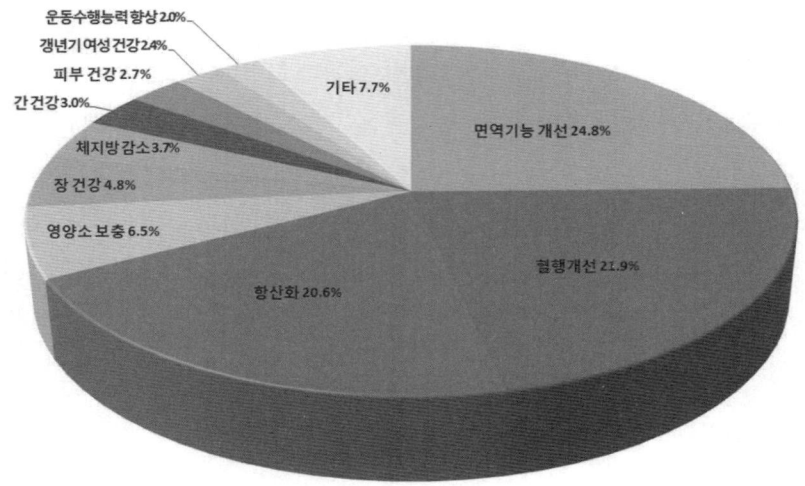

('13.12.31.기준, 출처: 식약처)

구분		'09년	'10년	'11년	'12년	'13년	증감률 ('13/'12, %)
계		63,458	75,449	83,377	87,343	96,199	10.1
건강기능식품제조업	소계	385	397	424	435	449	3.2
	전문	349	361	386	396	407	2.8
	벤처	36	36	38	39	42	7.7
건강기능식품 수입업		2,528	2,818	2,772	2,926	3,139	7.3
건강기능식품판매업	소계	60,545	72,234	80,181	83,982	92,611	10.3
	일반	59,234	70,753	78,591	82,246	90,687	10.3
	유통전문	1,311	1,481	1,590	1,736	1,924	10.8

* 건강기능식품 제조업: 지방식약청 허가, 건강기능식품 수입업·판매업: 시·군·구 신고

• 〈건강기능식품 국내 시장규모〉

('13.12.31.기준, 출처: 식약처)

구분	'09년	'10년	'11년	'12년	'13년
생산액(억 원)	9,598	10,671	13,682	14,091	14,820
수입액(억 원)	2,417	2,593	3,729	3,532	3,854
수출액(억 원)	415	460	556	584	754
국내 시장규모(억 원)	11,600	12,804	16,855	17,039	17,920

* 시장규모 = 생산+수입-수출
** 1$ = 1,159원('09년), 1,156원('10년), 1,108원('11년), 1,126원('12년), 1,095원('13년)

5) 건강원 창업비용

건강원의 창업비용은 실제로 창업자의 창업동기에 따라 창업의 유형을 나눌 수 있는데 창업의 유형으로는 크게 세 가지로 '생계형창업과', '부업형창업', '도전형창업'으로 말할 수 있는데, 생계형 창업은 생계를 유지할 수입을 목적으로 하는 창업방식으로 기본 수익이 꼭 이루어져야 하는 창업형태이다. 이 경우에는 부업형 또는 도전형 창업에 비해 창업시작 시점부터 경쟁력을 갖추어야 할 것이다. 여기서 말하는 경쟁력이란? 점포, 탕전기기, 편의시설, 가공노하우 등을 말한다. 건강원과 같이 임가공의 비중이 높고 탕기 사용여부로 매출을 결정하는 업종에서는 탕전실에 가장 높은 비중을 두고 준비해야 할 것이다. 부업형창업은 생계를 유지하기 위한 수단이 아닌 취미 또는 겸업에 해당하는 창업유형으로 경쟁력에 중점을 두기보다는 창업자의 창업동기에 맞추어 점포위치, 탕전실, 편의시설 등을 준비하면 된다. 도전형창업은 직접판매, 유통업 등 판매방식에 따라 선택의 폭이 넓고 구성 또한 다양하기 때문에 전문컨설턴트와 구체적인 상담을 통하여 창업비용 및 탕전기기를 준비하는 것이 좋다.

• 예상창업비용

목록	창업의 유형		
	생계형창업	부업형창업	도전형창업
점포임대료	창업 지역에 따라 다름		
간판	2~3백만 원	1~3백만 원	전문컨설턴트와 상담
집기류	5백~천만 원	2백~5백만 원	
시설비용	5백~천만 원	2백~5백만 원	
탕전기기	천 2백~2천만 원	5백~천만 원	
약재비	1백~3백만 원	2십~1백만 원	
총비용	2천~4천만 원	1천 2백~2천 5백만 원	

건강원을 창업 시 탕전기기의 비용은 창업자에 따라 5백만 원~ 5천만 원 이상으로 다양하다. 이는 창업자의 경제력이나 사업계획 또는 운영방식 등에 기준하여 창업비용이 산출된다. 실제로 약을 달이는 추출기와 완성제품을 포장할 수 있는 포장기만 있으면 가공할 수 있는 탕전기기는 준비된 것이다. 하지만 이러한 구성만으로 여러 가지 상품을 가공, 판매해야 하는 특성을 가진 건강원을 운영하기는 다소 무리가 있을 것이다. 건강원 창업이 인기가 늘고 있는 이유 중 하나가 많은 자본을 필요치 않으면서도 높은 수익을 올릴 수 있다는 점이지만, 다른 업종과 비교해 창업비용이 저렴하기 때문이지, 단순히 제품 한두 대의 구성으로 쉽게 창업하여 높은 소득을 올릴 수 있기 때문은 아니라는 점을 명심해야 한다. 건강원과 같이 임가공의 비중이 높고 탕기 사용여부로 매출을 결정하는 업종에서는 분명 탕전실에 가장 높은 비중을 두고 준비해야 할 것이다.

※ 건강원 창업 시 창업비용을 생계형, 부업형, 도전형 등의 창업자의 유형 또는 창업자의 조건에 따라 선택해야 하며, 단순히 창업비용을 저렴하게만 하는 것은 좋지 않다.

누구나 성공창업을 원하겠지만 창업에 있어서 성공과 실패를 좌우하는 것 중에 가장 중요한 핵심은 창업자의 성공에 대한 신뢰이다. '성공은 준비된 자의 특권이며, 확신은 준비에서 나온다.'라는 말처럼 성공을 위한 확신을 가지고 준비를 한다면 분명 실패의 두려움을 갖고 소극적인 자세로 창업을 준비하는 이보다 성공의 문턱에 좀 더 가까이 갈 수 있을 것이다. 성공창업을 원한다면 창업이라는 확률게임에서 '수요와 공급'의 법칙을 이해하여 업종의 특성을 살려야만 한다.

6) 창업 수익률

건강원에서의 생겨나는 수익으로는 크게 임가공과 제품판매로 나눌 수 있다. 대부분의 신규 창업의 경우 제품판매보다는 주로 임가공으로 수익을 올리는 경우가 많다. 이는 제품에 대한 지식이 부족하고, 판매의 경로를 정하지 못했기 때문이다.

하지만 임가공만으로는 인력의 한계가 있기 때문에 높은 소득을 기대하기는 어려울 것이다. 부족한 인력으로 높은 소득을 얻기 위해서는 제품판매를 계획, 준비하여 소득을 늘려야 한다.

• 임가공에 대한 수익

예제) 배즙가공 120ml/200포 기준

	내용	용량 / 수량	단가	비고
주원료	배	30kg	소비자부담	
파우치		200	-4,300원	
BOX	IN BOX	4ea	-2,400원	1매/ 600원
전기료		4시간	-2,000원	
기타(수도)		20L	-1,000원	
총 지출액			-9,700	
가공비	임가공		+40,000원	
수익률			30,300	수익률 73%

위 표는 과채류 1회 가공, 탕기 50L, 가공비 40,000원을 기준하였으며 지역에 따라 다소 다를 수 있다.

건강원에서 생겨나는 수익은 영업장마다 다르겠지만 매출에 비해 수익률은 30~70%까지로 여느 업종에 비해서 적지 않다. 하루 평균 4건의 가공 의뢰가 들어오면 생기는 수익(과채류 가공기준)으로는 10만 원~12만 원 정도로 한 달 평균 3백만 원(±)의 수익을 올릴 수 있다. 또한 미리 가공하여 만들어진 제품을 판매하거나 어류 및 육류 등 동물성 재료가공까지 포함하면 그보다 높은 매출과 판매 수익을 올릴 수 있을 것이다. 건강원이란 업종에서 수익을 높이기 위해서는 임가공과 판매업의 비율을 적절히 조절할 수 있어야 하며, 지속적인 마케팅과 철저한 고객관리를 준비해야 할 것이다.

7) 방문고객의 유형

건강원을 이용하는 주요 고객층은 남성보다 여성이 많고, 고객 연령대는 20~60대까지로 다양하며 구매하는 제품 또한 성별, 연령에 따라 다양하다. 과거 건강원을 찾는 고객으로는 업무에 피곤한 남편을 위하거나, 출산을 준비하는 며느리를 상대로 제품구입을 하는 등 구매 이유가 제한되어 있는 경우가 많았지만, 최근에는 건강기능식품의 보급이 활성화되어 식사를 제때 하지 못하는 현대인들의 건강식으로, 또 어린 아이의 감기와 같이 성장기에 겪는 질병에 대해 양약처방을 꺼려하는 엄마들이 아이들 건강을 위해 건강기능의 성향을 갖는 건강원의 제품을 이용하기도 한다.

건강원 창업 시 과거에 비해 다양한 고객들로 하여금 높은 매출과 많은 고객을 유치할 수 있다는 장점이 있지만, 까다로운 현대인들을 만족시키기는 쉽지 않을 것이다. 다양해진 고객층을 만족시키기 위해서라면 과거 방식에서 벗어나 기존 건강원들과 차별화된 전략을 준비해야 할 것이다.

건강원의 방문고객은 커피, 주류, 음식점, 편의점 등과 같이 대중적이지가 않다는 점을 간과해서는 안 되며, 주요고객층과 연령, 성별에 따라 자주 찾는 제품을 숙지하여 방문고객들을 한발 앞서 맞이해야 한다.

주요 고객층인 여성을 대상으로 마케팅을 하거나 엄마들의 모임 인터넷 커뮤니티를 이용하여 홍보활동을 하는 방법이 있으며, 연령, 성별에 따라 생기는 질병에 대해 미리 숙지하여 제품 가공 시에도 복용 대상을 성인과 어린이, 남성과 여성 등 상품에 차별화를 두고 판매한다면 보다 다양한 고객층을 유치할 수 있을 것이다.

● 연령별로 선호되는 제품

20~30대	배, 포도, 사과, 야콘, 돼지감자 등의 과일 및 채소류
40~50대	홍삼, 양파, 헛개나무, 가시오가피, 개소주, 흑염소 등
50~60대	양파, 민들레, 닭발, 쿵어, 잉어 등

8) 건강원 프랜차이즈

현재 많은 기업에서 건강원 관련 프랜차이즈를 개설하여 많은 가맹점을 모집 또는 운영하고 있다. 실제로 건강원 창업을 준비하는 많은 예비창업자도 관련지식 또는 창업 준비를 어렵게만 생각하여 이미 운영되고 있는 프랜차이즈를 가맹하는 경우를 종종 볼 수 있다. 하지만 프랜차이즈업체에 가맹한다 해도 성공과 실패의 여부는 창업자 본인에게 달려 있는 것이며, 단순히 프랜차이즈 상호를 사용하는 것만으로는 성공여부를 판단하기는 어려울 것이다. 많은 예비창업자는 프랜차이즈 가맹 시 판매 및 가공, 시설, 운영 등 모든 것을 본점이 알아서 해결해 줄 것으로 착각하는 경우가 많지만, 프랜차이즈는 상호권 사용, 내부시설, 상품 준비, 기본운영 등을 지원할 뿐 실질적인 매장 운영 또는 고객응대는 창업자의 몫이다. 프랜차이즈로 창업을 염두에 두었다면 독립적인 건강원을 창업했을 경우와 장점 및 단점을 하나씩 꼼꼼히 따져 보아야 한다.

건강원 프랜차이즈 비교	
장 점	단 점
초보 창업자도 쉽게 할 수 있다 홍보와 마케팅에 좋다 브랜드 가치가 있다 전문가에게 자문을 받을 수 있다	창업비용이 많다 의도하지 않은 마케팅을 해야 한다 판매제품의 제한이 있다 판매방식이 제한되어 있다

프랜차이즈 가맹의 경우 크게 상호권 사용과 내부시설, 상품 준비, 기본교육 등으로 이루어지는데, 그중 신규 창업자가 가장 크게 의지하는 부분이 바로 '상호권 사용'과 '교육'일 것이다. 이는 건강원 운영 경험이 전혀 없는 창업자들이 건강원 운영을 다소 두려워하는 마음과 이미 알려진 상호에 대해 좀 더 빠른 홍보가 이루어질 수 있을 것으로 생각하기 때문이다.

현재 운영되는 건강원 관련 프랜차이즈를 보면 임가공 위주의 운영보다는 건강식품 판매의 비중이 더 큰 것을 볼 수 있고, 매장에서 판매되는 대부분의 제품이 본사에서 제공되는 제품인 경우가 많다. 이를 보면 현재 프랜차이즈 건강원은 임가공의 비중이 큰 기존 건강원과는 달리 건강식품 판매에 비중이 크고 임가공을 겸업하는 정도로 해석할 수 있으며 가맹점보다는 본사 매출의 비중이 더 크다는 것을 알 수 있다. 또 본사에서 생산되는 제품의 경우 다른 가맹점에서도 이미 판매되고 있다는 점을 인지해야 하며, 그 경우 독자적인 경쟁력 또한 떨어질 수 있다는 것을 명심해야 한다. 실제로 이러한 이유로 프랜차이즈 가맹을 하였다가 계약기간 만료 후 재계약을 하지 않은 경우도 빈번하다. 독립적인 건강원은 임가공의 비중이 높고 건강식품의 판매 비중이 비교적 낮을 수 있지만 판매되는 건강식품 또한 창업자가 직접 만든 제품이기 때문에 기성제품보단 신뢰감이 더할 수 있을 것이다. 또 프랜차이즈와는 다르게 나만의 독자적인 제품을 가공, 판매할 수 있으며, 그렇게 만들어진 제품과 노하우를 통하여 고객층을 더욱 두텁게 다져 나갈 수 있다.

건강원 창업 시 프랜차이즈의 장점 및 단점을 파악해야 올바른 선택을 할 수 있을 것이다. 프랜차이즈 가맹 시 본사의 역할과 운영방법, 판매조건, 지원 내용 등을 꼭 확인하여 가맹 후 피해사례가 생기지 않도록 주의해야 한다.

• 프랜차이즈 피해 사례 유형

유형	비율(%)
허위, 과장 광고	59.1
판매, 마진율 문제	27.3
상권 분쟁	4.5
상품 제공 또는 재고품 강매	4.5
기타(설비 강제, 가맹비 및 보증금 반환 거부 등)	4.5

자료 : 공정거래위원회

• 프랜차이즈 창업의 장점 및 단점

장점	• 창업 준비기간을 단축시킬 수 있다. • 창업자가 미숙한 부분을 보완할 수 있다. • 점포 경영에 관한 지도를 받을 수 있다. • 홍보판촉을 지원받아 브랜드 이미지를 심어줄 수 있다. • 시장의 변화에 능동적으로 대처할 수 있다.
단점	• 계약사항을 이해하지 못하면 창업 후 불이득을 당할 수 있다. • 경영방법에 있어 창업자의 의도와 다르더라도 순응해야 한다. • 계약 후에는 변경이 불가능하다. • 사업방법이 일관적이고 표준화되어 있다. • 전체 가맹점에 대한 사업방법을 준수해 각각 가맹점을 고려할 수 없다. • 본사의 자본력이 부족할 경우 지원이 미흡할 수 있다.

건강원이란 업종은 대중적이기보다는 특정대상을 상대로 판매망을 구축하는 경우가 많다. 이와 같은 업종은 창업자와 고객 간의 신뢰를 중심으로 제품판매를 이룰 수 있어야 하는데 단순히 브랜드이미지만으로 매출을 상승시키기는 어려울 것이다.

창업을 준비하는 예비창업자가 지극히 수동적이라면 프랜차이즈 가맹이 적성에 맞을 수 있지만, 그렇지 않은 경우 창업자의 경영마인드에 맞춰 독립창업을 능동적으로 준비하는 것이 좋다.

9) 창업자금지원

　많은 신규 창업자들이 창업을 준비하면서 일부 부족한 자금으로 인해 한 번쯤은 고민해 보았을 것이다. 창업자가 동원할 수 있는 자금력만으르 창업을 준비할 수 있다면 물론 좋겠지만 그렇지 않은 경우에는 창업을 미루거나, 혹은 자금력만큼 창업의 규모를 축소시켜야 할 것이다. 창업자금이 부족하여 창업규모를 축소시켜 창업할 경우 부담감은 다소 줄어들 수 있지만 그로 인해 갖춰야 할 경쟁력까지 포기해야 할 수 있다. 창업을 준비하면서 창업자의 준비된 계획과 의지가 분명하다면 부족한 자금에 대해서 현명하게 마련하는 것도 하나의 숙제일 것이다.

　창업자의 부족한 자금을 해결할 수 있는 방법으로 금융권 대출을 가장 먼저 떠올릴 수 있는데 높은 이율을 지불해 가면서 금융권 대출을 받지 않더라도 정부에서 창업을 촉진시키기 위하여 매년 초에 그해의 창업지원자금을 책정하여 발표하고 창업자금을 대출해 주고 있다.

　아래에 중소기업 및 소상공인 자금지원 등 관련기관을 통해 창업자금을 지원해 주는 곳을 나열하였다. 단, 기관에 따라 지원정책이 다를 수 있으니 관련기관을 통해 확인해야 한다.

▶ 미소금융[3] – 저소득층 창업지업 사업

① 사업목적
자활의지가 있는 저소득 금융소외계층에게 마이크로크러딧 형태로 창업에 필요한 자금, 경영기술 지원 등을 제공함으로써 빈곤에서 벗어날 수 있게 함.

② 지원대상자
대출 신청일 현재 「국민기초생활보장법」 제2조에 따른 수급권자 및 차상위 계층에 해당하는 자영업자 및 창업예정자.
「조세특례제한법」 제100조의 3에 따른 근로장려금 신청자격 요건에 해당하는 자영업자 및 창업예정자, 개인신용 7등급 이하로 저소득·저신용 계층에 해당하는 자영업자 및 창업예정자, 대출신청일 현재 NICE신용평가정보(주), 코리아크레딧뷰로주식회사에서 평가한 개인신용등급 중 1개 이상의 회사에서 평가한 개인신용등급이 7등급 이하에 해당하는 자

---

[3] 미소금융사업이란?
제도권 금융회사 이용이 곤란한 금융소외계층을 대상으로 창업, 운영자금 등 자활자금을 무담보, 무보증으로 지원하는 소액대출사업(Micro Credit), 창업 시 사업 타당성 분석 및 경영컨설팅 지원, 채무 불이행자에 대한 부채 상담 및 채무조정, 연계지원, 취업정보 연계제공 등 금융사각지대를 해소하고 금융소외계층이 사회, 경제적으로 자립할 수 있는 기반을 마련해 주기 위한 자활지원 사업입니다.
출처 : 미소금융재단http://www.smilemicrobank.or.kr

③ 대출의 종류
▶ 창업자금

대출한도 (만 원)	대출기간		이자율		상환방법
	거치기간	상환기간	거치기간	상환기간	
7,000	최대 1년 이내	5년 이내	4.5% 이내	4.5% 이내	원리금 균등분할 상환 거치식

사업장 임차보증금의 경우 최대 7천만 원 이내
프랜차이즈 창업자금*의 경우 최대 7천만 원 이내
(* 중앙재단과 협약된 프랜차이즈 업체와 연계된 사업장임차자금, 권리금, 시설비 등을 지원)

※ 임차보증금 및 프랜차이즈 창업자금의 경우, 사업소요자금 총액 중 자기자금 비율이 50% 이상인 자에 한하여, 사업장 임차보증금 이내에서 지원
※ 사업장 이전, 업종전환 등의 경우에도 신규창업에 준하여 지원

④ 부적격자
가. 전국은행연합회 신용정보전산망에 신용도판단정보* 및 공공정보가 등재된 자
나. 미소금융중앙재단(민간복지사업자, 미소금융재단 포함), 정부·지방자치단체 등으로부터 금융지원을 받은 자
다. 어음·수표 부도거래처로서 동 사유를 해소하지 아니한 자
라. 책임재산을 도피, 은닉, 기타 책임재산의 감소행위를 초래한 자
마. 제조업, 금융·보험업 및 관련 서비스업, 사치성향적 소비나 투기를 조장하는 업종 등 생활형 서비스업 이외의업종을 창업 예정이거나 운영 중인 자
바. 신청인 소유의 재산에 가등기, (가)압류, 가처분, 경매진행 등 법적절차가 진행중인 것으로 확인되 는 자
사. 기타 사회 통념상 저소득·저신용층으로 보기 어렵거나 미소금융 지원 취지에 부합하지 아니하다고 판단되는 자

소상공인지원센터(1588-5302, semas.or.kr)에서도 지원사업을 진행 중이니 홈페이지에 들어가 참고하면 지원 대상 기준이 무엇인지, 얼마나 지원을 해주는지 참고하면 된다. 이외에도 중소기업 및 소상공인 등 많은 곳에서 창업지원금 대출을 운영하고 있다.

※ 중소기업 및 소상공인 자금 지원관련 사이트

- 소상공인지원센터 : www.sbdc.or.kr
- 중소기업청 : www.smba.go.kr
- 중소기업특별위원회 : www.pcsme.go.kr
- 중소기업진흥공단 : www.sbc.or.kr
- 산업자원부 : www.mocie.go.kr
- 정보통신부 : www.mic.go.kr
- 신용보증기금 : www.shinbo.co.kr

| Chapter 2 |

창업순서

1) 건강원 창업순서
2) 상호작명
3) 창업시기
4) 점포임대/입지선정

창업순서

1) 건강원 창업순서

창업을 결정하고 준비하는 과정에서 창업의 순서를 미리 알고 준비한다면 번거로움을 줄일 수 있을 것이다. 아래는 건강원 창업 시 창업순서를 나열하였는데 이는 준비과정에서 시일이 걸리는 사항과 바로 진행이 가능한 사항 등을 순서에 맞게 정리하였다.

• 건강원 신규 창업 시 창업순서

건강원 창업을 준비하는 예비창업자들 중 대부분이 건강원이라는 업종을 경험하지 못한 채 창업을 계획하는 경우가 많은데 막상 창업을 진행하는 과정에서 전혀 예상하지 못했던 상황을 맞이할 수 있다. 건강원에 대한 지식이 부족한 신규창업자일수록 반드시 전문가에게 자문을 구하는 것이 좋다.

① 창업 상담
- 건강원 창업 여부를 결정하는 단계 : 창업 컨설턴트를 통해 창업비용, 수익률, 주요 업무 등의 건강원 관련 전반적인 부분을 상담하고 이해하여 창업여부를 결정하는 단계이다.

② 점포 임대
- 건강원을 운영하기에 적합한 점포를 찾아 결정하는 단계 : 주차시설과 고객 방문 시 편리성 등을 고려하여 준비해야 하며, 대로변의 값비싼 점포보다는 인적이 많은 주택지역의 점포가 좋다.

③ 탕전기기 구매
- 탕전기기 전문가를 통해 탕전기기에 대해 자세한 정보와 앞으로 운영할 계획에 맞추어 탕전기기를 구성 또는 구매하는 단계이다. 탕전기기 구입 시 기존에 운영되는 점포를 단순히 따라하거나 경험이 없는 신규창업자의 생각만으로 제품을 결정하는 것은 잘못된 구매를 불러올 수 있으니 탕기 구매 전 다양한 방식에 대해 전문가에게 꼭 자문을 구하는 것이 좋다.

④ 점포 레이아웃 설정
- 탕전기기를 사용이 편리할 수 있도록 자리배치를 구상하는 단계이다. 추출기와 포장기, 홍삼추출기, 분쇄기 등 제품의 위치를 선택함에 따라 작업의 편리성이 좌우될 수 있으니 신중히 결정해야 한다.
  탕전기기의 자리 배치는 창업컨설턴트나 탕전기기 전문가 등 탕기 설치 및 사용 경험이 많은 전문가에게 자문을 구하는 것이 좋다.

⑤ 탕전기기 입고 및 배치
- 미리 구상된 자리에 실질적인 탕기를 배치하는 단계이다. 만약 점포 바닥공사를

해야 하는 상황이라면 먼저 바닥공사를 마친 후 탕기 배치를 해야 한다. 단, 전기 및 수도공사를 진행하기 이전에 탕전기기를 배치해야 올바른 시설에 도움을 줄 수 있다.

⑥ 시설 및 인테리어
- 간판, 전기, 수도, 가스 등의 인테리어 작업을 진행하는 단계이다.
  가. 바닥공사 : 배수 및 타일작업
  나. 간판설치 : 간판설치를 미리 할 경우 자연스러운 홍보효과를 볼 수 있다.
  다. 전기설비 : 조명 및 내선공사
  라. 수도설비 : 세척 및 물 보충 호스를 연결작업
  마. 기타 : 진열장, 냉장고, 컴퓨터, 고객의 쉼터 등의 공간 등을 확보

⑦ 영업 신고
- 보건증, 식품위생교육, 영업신고증, 사업자등록증 등을 준비해야 한다(보건증이나 식품위생교육 등은 시일이 걸릴 수 있으니 미리 준비해야 함).

⑧ 실무운영, 추출가공법 숙지
- 실무운영에 필요한 도구를 준비하고 추출가공법을 숙지하는 단계이다. 실무운영에 주로 사용되는 도구 등을 미리 준비해야 하고, 탕기 사용법, 반복적인 가공을 통하여 추출가공법을 숙지해야 한다. 처음 가공 시 창업컨설턴트에게 가공법 관련 교육을 받을 수 있다(RECIPE 관련 자료를 준비할 수 있으면 더욱 좋다).

⑨ 고객관리, 마케팅/홍보
- 고객 유치를 위하여 홍보물 등을 준비하는 단계이다. 앞으로 방문할 고객을 대상으로 고객관리 프로그램을 준비해야 하며, 마케팅에 활용할 홍보물전단지, 파우치커터, 샘플BOX를 미리 준비해야 한다.

⑩ 창업 시작
- 영업을 시작하는 단계이다. 계획된 마케팅과 철저한 고객관리로 고객 유치에 최선을 다해야 한다.

※ 위 내용을 숙지하여 창업 전 창업계획 및 순서를 대단원과 소단원으로 메모하여 창업을 진행한다면 신규창업자라도 불편함 없이 신속하게 창업을 준비할 수 있다.

2) 상호작명

창업을 준비하면서 상호 또한 경쟁력이 될 수 있다는 점을 명심해야 한다. 건강원의 명칭은 행정상으로는 즉석판매제조가공업이며 그중 추출가공업으로 분류되는데 과거 탕제원, 보양원 등으로 불리다 현재에 와서는 건강원 또는 웰빙하우스(WELLBEING HOUSE)라고도 한다.

지금은 창업에 있어서 매장의 상호도 영업이며 전략이다. 현재 건강원이 밀집되어 있는 주변을 보면, 대다수의 점포들이 ㅇㅇ건강원과 같은 비슷한 상호를 사용하는 것을 쉽게 볼 수 있는데 이는 건강원이라는 틀에 한정되어 단순히 자신의 이름이나 동네 명칭 등 상호에 대해 부담 없이 생각하여 제작되는 경우가 많기 때문이다.

신규 창업 시 이와 같은 건강원의 기존 틀을 버리지 못하고 유사한 유형의 상호를 사용하면, 아마도 주변인으로부터 또 하나의 건강원이 생긴 것 외에 별도의 홍보를 기대하기는 어려울 것이다. 시대는 변하고 언어와 표현은 달라지고 있다. 예전 조부모와 손자들의 이름만 봐도 알 수 있고, 과거 유행했던 패션스타일이 지금은 촌스럽게 느껴지는 이유를 생각해 보아야 한다. 이제는 기존 건강원 틀에서 벗어나 새로운 방식의 상호로 상호를 차별화해야 할 것이다.

※ 상호 작명 시 업종이 연상되거나 부르기 쉽고 기억에 남는 표현을 찾는 것이 좋으며, 선정적이거나 장난스러운 이름은 피하는 것이 좋다. 또 유사성이 많아 중복될 만한 상호 또한 피하는 것이 좋다.
※ 성공 창업을 위한 첫 단추는 잘 지은 상호로부터 시작된다.

3) 창업시기

건강원 창업의 시기는 언제라고 정해져 있지는 않지만 창업을 앞두고 15일에서 30일 정도의 여유를 두고 준비하는 것이 좋다. 이유는 탕기의 사용법을 습득, 주원료 및 부원료 구입, 건강기능식품의 배치, 제품 연습가공 등에 있으며, 점포 홍보 및 제작상품 준비, 원재료 및 첨가제의 성분 및 효능 등을 미리 숙지하여 처음 방문한 고객들로 하여금 만족할 수 있는 서비스를 제공할 수 있어야 하기 때문이다. 이러한 절차 없이 서둘러 창업을 하게 되면 방문고객에게 올바른 대처를 하지 못하여 신뢰도를 떨어뜨릴 수 있으니 이러한 점을 꼭 명심해야 한다.

건강원은 다양한 과일의 수확시기인 8월 말부터 성수기로 분류되며, 여름은 수확되는 과일이 적기 때문에 비수기로 분류된다. 일반적으로 성수기를 앞두고 창업 준비를 해야 한다고 생각하기 쉽지만 창업자가 경험이 없는 상태에서 성수기를 맞게 되면 가공방법이나 고객응대가 서툴러 방문고객들에게 만족스러운 상품을 제공하기 어려울 수 있으며, 그런 이유로 신뢰를 얻지 못해 재방문, 재구매 시에도 좋지 않은 영향을 줄 수 있다.

※ 신규 창업 시 비수기의 시작점인 2~3월보다는 9월부터의 성수기를 대비하여 3~6월의 창업이 창업 후보다 빠른 정착에 도움이 될 수 있다.

4) 점포임대/입지선정

창업을 시작하면서 입지 선정은 고객의 방문, 영업 매출, 영업의 편리성에까지 영향을 줄 수 있기 때문에 신중을 기해야만 한다. 점포입지는 창업 시 유형, 업종 등에 따라 달라질 수 있기 때문에 건강원을 운영함에 있어 도움을 줄 수 있는 입지를 선택해야 할 것이다. 그중 점포 임대료를 고려해야 한다. 건강원이라는 업종의 특성상 성수기와 비수기 구분이 명확하기 때문에 고가의 임대료를 매달 지급하기가 다소 부담스러울 수 있다. 또한 건강원은 단순한 점포 노출만으로 고객방문을 유도하기보다는 방문고객에게 신뢰와 믿음을 줌으로써 고객을 창출하기 때문에 오히려 눈에 잘 띄는 좁은 공간의 값비싼 점포보다는 시각적인 효과에서는 다소 부족하더라도 저렴하고 넓은 활용성 있는 점포가 효과적일 수 있다.

건강원 창업 시 입지 선정에 중점을 두어야 할 사항은 차량통행보다는 인적이 많은 곳을 선택해야 한다는 점이다. 차량통행이 많은 곳은 운행 중에 지나치기 쉬울 수 있고 눈에 잘 띄더라도 홍보효과 이외에 방문까지를 기대하기 어려울 수 있다. 반대로 주택 밀집지역이나 재래시장 주변, 대형마트 주변 등 인적이 잦은 곳의 경우 지나가는 행인들에게 자연스런 홍보가 가능하며, 고객 방문을 유도할 수 있고, 시음을 권하는 등 마케팅적인 요소에서도 유리한 작용을 할 것이다(매장 밖에서 내부가 훤히 보이도록 시설을 준비하여 고객의 궁금증을 유발하게 하는 것도 좋다).

또, 차량의 주차공간을 확보해야 한다. 일반적인 과채류의 1회 가공에 사용되는 주재료의 무게가 25~30Kg 정도인 점을 고려하면 점포 전후좌우 공간 중 차량을 주차할 수 있는 공간을 확보하는 것이 좋다. 임가공의 성격이 짙은 건강원 업종은 방문고객이 직접 주원료를 가지고 오는 경우가 많기 때문에 이러한 점을 간과해서는 안 될 것이다.

건강원 창업 시 탕전실의 공간은 규모에 따라 8~10평이 좋으며, 탕전실 이외에도 부자재 보관 공간, 컴퓨터, 냉장고 등 집기시설 공간까지 고려하여 점포 선정을 하는 것이 좋다. 점포의 총 평수는 16평에서 20평 내외가 적당하다.

	탕전실 활용공간 8~12평	사무용 활용공간 3~5평	부자재 보관공간 2~4평

※ 탕전실은 탕기의 추가구매 여부를 고려하여 여유 공간을 확보
※ 사무실은 책상 및 사무집기, 컴퓨터 등의 공간과 고객의 쉼터까지 고려
※ 부자재 공간은 파우치 및 BOX, 한약재 등의 부피를 고려하여 진열장을 준비

즉석판매제조가공업은 건축물관리대장에 표기되어있는 건축물의 용도가 1종 또는 2종 제조업으로 되어 있어야 하며 용도가 맞지 않는 경우 용도변경을 해야 한다. 건축물 용도변경은 건물주가 직접 해야 하기 때문에 점포를 계약 전에 건물주로부터 변경에 대한 허락을 받아 두는 것이 좋다.

현재 온라인을 통해 건축물관리대장을 열람 및 발급받을 수 있다.
(발급 수수료 : 500원)

대한민국 정부민원 포털 사이트 / 민원24시 (http://www.minwon.go.kr)

• 건축물 용도변경 신고안내

신청방법	인터넷, 방문, 우편	처리기간	5일
수수료	수수료없음	신청서	없음
구비서류	있음(하단참조)	신청자 자격	누구나 신청가능

※ 신청 시 같이 제출해야 하는 서류(구비서류) – 민원인이 제출해야 하는 서류

- 건축·대수선·용도변경신고서
- 변경하고자 하는 층의 변경 전·후의 평면도
- 용도변경에 따라 변경되는 내화·방화·피난 또는 건축설비에 관한 사항을 표시한 도서

※ 제도를 담당하는 기관 : 국토교통부 건축정책과

아래는 식품위생법시행규칙 업종별시설기준이다.

[별표 14] 〈개정 2014.10.13.〉

업종별시설기준(제36조 관련)

2. 즉석판매제조·가공업의 시설기준
   가. 건물의 위치 등
   1) 독립된 건물이거나 즉석판매제조·가공 외의 용도로 사용되는 시설과 분리 또는 구획되어야 한다. 다만, 백화점 등 식품을 전문으로 취급하는 일정장소(식당가·식품매장 등을 말한다)에서 즉석판매제조·가공업의 영업을 하려는 경우와 「축산물가공처리법 시행령」 제21조제7호가목에 따른 식육판매업소에서 식육을 이용하여 즉석판매제조·가공업의 영업을 하려는 경우로서 식품위생상 위해발생의 우려가 없다고 인정되는 경우에는 그러하지 아니하다.
   2) 건물의 위치는 축산폐수·화학물질, 그 밖에 오염물질의 발생시설로부터 식품에 나쁜 영향을 주지 아니하는 거리를 두어야 한다.
   3) 건물의 구조는 제조하려는 식품의 특성에 따라 적정한 온도가 유지될 수 있고, 환기가 잘 될 수 있어야 한다.
   4) 건물의 자재는 식품에 나쁜 영향을 주지 아니하고 식품을 오염시키지 아니하는 것이어야 한다.

   바. 화장실
   1) 화장실을 작업장에 영향을 미치지 아니하는 곳에 설치하여야 한다.
   2) 정화조를 갖춘 수세식 화장실을 설치하여야 한다. 다만, 상·하수도가 설치되지 아니한 지역에서는 수세식이 아닌 화장실을 설치할 수 있다.
   3) 2)단서에 따라 수세식이 아닌 화장실을 설치하는 경우에는 변기의 뚜껑과 환기시설을 갖추어야 한다.
   4) 공동화장실이 설치된 건물 안에 있는 업소 및 인근에 사용이 편리한 화장실이 있는 경우에는 따로 설치하지 아니할 수 있다.

| Chapter 3 |

창업을 위한 행정절차

1) 창업을 위한 행정절차
2) 건강진단결과서(보건증) 발급
3) 신규식품위생교육
4) 사업계획서 및 제조방법설명서 작성
5) 영업신고증발급
6) 건강기능식품판매업 허가
7) 통신판매업 허가
8) 사업자등록증 발급

창업을 위한 행정절차

1) 창업을 위한 행정절차

아래는 건강원을 창업하기 위한 행정절차이다.

▶ 영업신고 순서

건강원 창업 시 서류절차는 아래와 같다.(즉석판매제조가공업).

① 보건증(보건소) 또는 접수증
- 영업신고증 신청 시 제출해야 하는 서류이기 때문에 미리 준비해야 한다.(가까운 보건소 활용).

② 교육필증 발행(식품위생교육)
법 제27조 제2항의 규정에 의하여 미리 교육을 받은 경우에 한함.
- 영업신고증 신청 시에 제출해야 하는 서류이기 때문에 미리 준비해야 한다.

③ 사업계획서
- 사업계획서는 관할청에서 발행하는 양식에 기재하여 제출함
- 관할청에서 발행하는 양식이 없는 경우 임의 작성

④ 영업신고증(관할청 발행)
- 위 사항을 모두 갖춘 후 관할청에서 발행받으며, 당일 발행이 가능하다.
• 신분증(창업자 본인 신분증이어야 한다)
• 면허세(수수료, 영업신고증)
- 4만~5만 원 (건강기능식품 판매 신고 시 추가비용발생)

⑤ 사업자등록증(관할세무서)
- 영업신고증을 발행받은 후 관할 세무서에서 창업자 본인이 신청 시 당일 발행이 가능하며 수수료는 없다(신분증, 임대차계약서, 영업신고증 지참).

01 건강진단결과서	02 교육필증	03 사업계획서	04 영업신고증	05 사업자등록증

2) 건강진단결과서(보건증) 발급

건강진단결과서(보건증) 또는 접수증 발급은 가까운 보건소에서 검사 후 받을 수 있다. 자세한 사항은 아래 내용을 참고. (발급비용 : 1,500원)

- 영업 신고증 발급 시 제출해야 하는 서류이기 때문에 미리 준비해야 한다. (가까운 보건소 활용)
- 창업자 본인이 직접 방문해야 하며 검사내용은 장티푸스, 폐결핵, 전염성 피부질환 등이다.
- 사전 예약 없이 당일 신청이 가능하고, 검사 후 건강진단결과서(보건증) 발행까지 2주 정도의 시간이 걸린다.
- 건강진단결과서(보건증)를 발급받기 전에 영업신고를 하는 경우, 건강진단결과서(보건증)를 신청한 접수증으로 대체가 가능하기 때문에 접수증을 잘 보관해야 한다.

식품위생법 제40조를 보면 '건강진단을 받고 그 결과가 타인에게 위해를 끼칠 우려가 있는 질병이 있다고 인정된 자는 그 영업에 종사하지 못한다.'라고 기록되어 있으며, 식품위생법 시행규칙 제49조에 따라 즉석판매제조가공업에 종사하는 영업자 및 종업원은 건강진단 대상자라고 표기되어 있다. 또한 건강진단 항목으로 장티푸스, 폐결핵, 전염성 피부질환이 있고 연 1회로 횟수를 정해 놓고 있다. 그러므로 꼭 영업신고할 때뿐만 아니라 영업 중에도 1년에 한 번씩 보건소에서 건강진단을 받고 건강진단결과서(보건증)를 보관해야 한다.

• 정기 건강진단 항목 및 횟수(제4조 관련)

대상	건강진단 항목	횟 수
식품 또는 식품첨가물 (화학적 합성품 또는 기구등의 살균, 소독제는 제외한다)을 채취, 제조, 가공, 조리, 저장, 운반 또는 판매하는 데 직접 종사하는 사람. 다만, 영업자 또는 종업원 중 완전 포장된 식품 또는 식품첨가물을 운반하거나 판매하는 데 종사하는 사람은 제외한다.	1. 장티푸스 　(식품위생 관련 영업 및 집단급식소 종사자만 해당한다) 2. 폐결핵 3. 전염성 피부질환(한센병 등 세균성 피부질환을 말한다)	1회/년

3) 신규식품위생교육

식품위생교육은 신규식품위생교육과 기존식품위생교육 총 두 가지로 나뉜다. 신규식품위생교육은 말 그대로 건강원을 신규 창업 시 받아야 하는 위생교육을 말하고 기존식품위생교육은 창업 후 해마다 받아야 하는 교육을 말한다. 두 가지 위생교육은 신규, 기존으로 나누어 수수료, 교육시간 등에 차이가 있다.

식품위생법 시행규칙 / 제51조(식품위생교육기관등)

1. 법 제41조 제1항에 따른 식품위생교육을 실시하는 기관은 보건복지가족부장관이 지정고시하는 식품위생교육전문기관, 법 제59조 제1항에 따른 동업자조합 또는 법 제64조 제1항에 따른 한국식품산업협회로 한다.
2. 식품위생교육의 내용은 식품위생, 개인위생, 식품위생시책, 식품 품질관리 등으로 한다.
3. 식품위생교육전문기관의 운영과 식품교육내용에 관한 세부 사항은 보건복지가족부장관이 정한다.

건강원 창업 시 식품위생교육은 '한국추출가공식품업중앙회'에서 식품위생법 제41조와 관련하여 보건복지부로부터 '식품 등 영업자에 대한 위생교육기관'으로 지정받아 신규 식품영업자 및 기존 식품영업자 위생교육을 실시하고 있다.

※ 식품위생교육은 한국식품산업협회(www.kfia.or.kr)에서 식품위생교육을 진행하는데 즉석판매제조가공업 그중에서도 추출가공업(건강원)에 대한 위생교육은 한국추출가공식품업중앙회에서 별도 진행한다. 또 기존에 집합교육(오프라인)으로만 진행하던 위생교육을 2011년 10월 한국추출가공식품업중앙회에서 지정받으면서 기존 영업자뿐 아니라 신규창업자의 경우에도 온라인으로 위생교육을 받을 수 있게 되었다.

• 한국추출가공식품업중앙회

온라인 교육사이트 e-kemfa.or.kr	신규 식품영업자
	신규 영업사업자 지혜승계자 영업인수자 지자체 영업신고하려는 자 즉석판매제조가공업영업자 중 추출가공식품업 영업해당자
	35,000원

식품위생교육은 한국추출가공식품업중앙회가 주관하여 오프라인 교육과 온라인 교육으로 나누어 실시하고 있으므로 관련 기관의 교육일정을 확인하여 접수 및 교육을 받으면 된다. 오프라인 교육일정은 e-kemfa.or.kr에 공지되며, 온라인교육은 e-kemfa.or.kr에 접속해 회원가입 후 접수하면 된다.

※ 교육일정 한국추출가공식품업중앙회 02-2631-7313

위생교육 관련법

• 보건복지부장관은 식품위생수준의 향상을 위하여 필요하다고 인정하는 경우 영업자 및 그 종업원에게 위생교육을 받을 것을 명할 수 있음
• 영업자는 특별한 사유가 없는 한 교육을 받지 아니한 자를 영업에 종사시키지 못함

※ 영업을 하려는 자는 미리 식품위생교육을 받아야 한다(온라인 또는 집합교육 선택 수료 가능).

▶ 오프라인 신규식품위생교육안내[1]

1. 교육대상자(시행령 제21조)
① 식품제조 · 가공업 신규영업자
② 즉석판매제조 · 가공업 신규영업자
③ 식품첨가물제조업 신규영업자

2. 교육내용 및 시간(시행규칙 제51조 및 시행규칙 제52조)
- 교육내용 : 식품위생, 개인위생, 식품위생시책, 식품의 품질관리 등
- 교육시간 : 8시간

3. 교육신청 및 접수
- 교육신청
① 사전 교육대상자는 교육신청서 작성 후 교육장소에서 당일 교육신청 (교육신청서는 교육장소에 비치)
② 영업허가 또는 신고를 한 경우에는 본 교육기관에서 등기우편으로 교육통보서 수령 후 교육장소에서 접수
(영업허가(신고)가 먼저 발생한 경우 3개월 이내에 신규교육을 수료해야 하므로 교육소집통지서를 수령하지 아니하여도 교육현장에서 접수 후 교육수료가능)
- 교육접수 : 교육당일 현지(교육장소)에서 교육 10분 전까지 접수 및 수강료 납부
- 지참물 : 신분증, 교육수강료

4. 교육수강료 : 35,000원

5. 교육일정 : 한국추출가공식품업중앙회(e-kemfa.or.kr) 공지사항에서 확인 가능

6. 교육의 면제 및 유예
- 교육의 면제
: 허가관청 또는 신고관청에서 교육참석이 어렵다고 인정하는 도서 · 벽지 등의 영업자 및 종업원에 대해서는 시행규칙 제53조에 따른 교육교재를 배부하여 이를 익히고 활용하도록 함으로써 교육을 갈음
(규칙 제54조)
- 교육의 유예(보건복지가족부 예규 제32호 제11조)
: 위생교육을 받을 수 없을 경우에는 교육실시기관에 교육유예신고를 한 후 교육실시기관에서 정하는 때에 위생교육을 받을 수 있음

---

[1] 출처: 한국 식품 산업 협회 : http://www.kfia.or.kr/kfia/

▶ 온라인 신규식품위생교육안내

• 온라인교육신청방법
① 회원가입 ② 신규영업자 온라인 교육신청 ③ 업소정보 등록
④ 교육신청 ⑤ 결제 ⑥ 학습방이동 학습하기 ⑦ 수료증 출력

• 집합교육신청방법
① 회원가입 ② 신규영업자 온라인 교육신청 ③ 업소정보 등록
④ 교육신청(교육장소선택) ⑤ 결제(접수증출력) ⑥ 집합교육참석

4) 사업계획서 및 제조방법설명서 작성

영업허가 신청 시 작성해야 할 사업계획서 및 제조방법설명서 양식이다.

※ 아래 사업계획서는 예제이므로 참고자료로만 사용해야 함.
※ 별도의 양식이 없는 경우 위 사항을 기재해 제출하면 된다.

• 사업계획서

사업계획서(예제)			
내용	기재사항		비고
업체명	(상호)		
취급품목	식용 식물성, 동물성 재료의 추출액(중탕액)		
가공시설	추출기(3KW) (수량)대 자동포장기(1.8W) (수량)대 홍삼추출기(전기소모량 1.6KW) (수량)개 과일 및 칡 분쇄기 (수량)대		실제 수량을 기재
제조공정	주원료 : 배 등의 식용식물, 동물성 원료 부원료 : 도라지, 생강 등 식품의 원료로 사용할 수 있는 식품첨가물		
가공 및 포장	위 원료를 추출기로 115℃ 5시간 가공 후 살균 처리하여 레토르트 파우치에 포장		

▶ 제조방법설명서

□ 제조방법설명서(안)				
업체명				
제품명		유 형		
(제조방법)				

공정명	제조방법 설명
▼	
▼	
▼	
▼	

※ 기재요령
- 제조공정 순서에 따라 기재하고, 식품공전의 식품별 제조·가공 기준을 확인할 수 있도록 설명되어야 한다.
- 2이상 유형의 공정이 있는 경우 또는 다른 공정을 거쳐 생산된 원료가 투입되는 경우에는 각각 작성한다.
- 가열, 살균, 멸균공정의 경우에도 온도 시간 등 조건을 반드시 기재한다.
- 추출공정은 추출용매를 반드시 기재한다.
- 효소처리 공정은 반드시 사용한 효소의 종류를 기재한다.
- 발효 또는 유산균 첨가제품은 공정단계를 명시하여야 한다.
- 분해·중화·제거되어야 하는 식품첨가물을 사용한 경우 공정단계를 명시하여야 한다.

5) 영업신고증발급

영업신고는 관할 군청 또는 구청에서 가능하며 신고 후 영업신고증을 당일 발급받을 수 있다. (영업신고 신청서류는 아래 내용을 참고)

> **제37조(영업허가 등) 4항** 제36조제1항 각 호에 따른 영업 중 대통령령으로 정하는 영업을 하려는 자는 대통령령으로 정하는 바에 따라 영업 종류별 또는 영업소별로 식품의약품안전처장 또는 특별자치도지사·시장·군수·구청장에게 신고하여야 한다. 〈개정 2013.3.23.〉

수수료 및 기타비용 납부	
수수료	28,000원
면허세	18,300원

영업신고를 하지 않고 영업을 하다 적발될 경우 식품위생법 제97조(벌칙)에 해당되며 그에 해당하는 자는 3년 이하의 징역 또는 3천만 원 이하의 벌금에 처한다. 소규모로 창업을 하더라도 영업신고를 반드시 해야 한다.

▶ 민원이 준비해야 하는 서류
① 영업신고서(제37호 서식)
② 교육이수증(식품위생교육)
③ 제조, 가공하려는 식품 및 식품 첨가물의 종류 및 제조방법 설명서
④ 수질검사(시험)성적서(수돗물이 아닌 지하수 등을 먹는 물 또는 식품의 제조과정 등에 사용하는 경우만 적용)
⑤ 건강진단서(보건증)

▶ 관련규정(식품위생법, 식품위생법 시행규칙)

제40조(영업허가의 신청) ① 법 제37조제1항 전단에 따라 영업허가를 받으려는 자는 별지 제30호서식의 영업허가신청서(전자문서로 된 신청서를 포함한다)에 다음 각 호의 서류(전자문서를 포함한다)를 첨부하여 영 제23조에 따른 허가관청(이하 "허가관청"이라 한다)에 제출하여야 한다.

〈개정 2010.9.1., 2011.8.19., 2012.5.31.〉

■ 식품위생법 시행규칙 [별지 제30호서식] <개정 2012.6.29>

식품(　　　)영업허가신청서

(앞쪽)

※ 뒤쪽의 신청 안내 및 유의사항을 참고하시기 바랍니다.

접수번호	접수일	발급일	처리기간	뒤쪽 참조

신청인	성명		주민등록번호	
	주소		전화번호	
	등록기준지			

신청사항	명칭(상호)		영업의 종류	
	소재지		전화번호	
	영업장 면적			

「식품위생법」제37조제1항 및 같은 법 시행규칙 제40조제1항에 따라 위와 같이 영업허가를 신청합니다.

년　　월　　일

신청인　　　　　　　　　　　　　(서명 또는 인)

지방식품의약품안전청장
특별자치도지사 · 시장 · 군수 · 구청장　　　귀하

신청인 제출서류	1. 교육이수증 1부(「식품위생법」제41조제2항에 따라 미리 교육을 받은 경우만 해당합니다) 2. 유선 또는 도선사업 면허증 또는 신고필증 1부(수상구조물로 된 유선장 또는 도선장에서 식품접객업을 하려는 경우만 해당합니다) 3. 「먹는물관리법」에 따른 먹는물 수질검사기관이 발행한 수질검사(시험)성적서 1부(수돗물이 아닌 지하수 등을 먹는물 또는 식품등의 제조과정이나 식품의 조리 · 세척 등에 사용하는 경우만 해당합니다) 4. 「다중이용업소의 안전관리에 관한 특별법」제9조제5항에 따라 소방본부장 또는 소방서장이 발행하는 안전시설등 완비증명서 1부(「식품위생법 시행령」제21조제8호다목의 단란주점영업 및 같은 호 라목의 유흥주점영업을 하려는 경우만 해당합니다) 5. 건강진단결과서 1부(「식품위생법 시행규칙」제49조에 따른 건강진단 대상자의 경우만 해당합니다)	수수료 28,000원 (수입인지 또는 수입증지)
담당 공무원 확인사항	1. 건축물대장 2. 토지이용계획확인서 3. 액화석유가스 사용시설완성검사증명서(「식품위생법 시행령」제21조제8호다목의 단란주점영업 및 같은 호 라목의 유흥주점영업을 하려는 자 중 「액화석유가스의 안전관리 및 사업법」제27조제2항에 따라 액화석유가스 사용시설의 완성검사를 받아야 하는 경우만 해당합니다)	

행정정보 공동이용 동의서
본인은 이 건 업무처리와 관련하여 담당 공무원이 「전자정부법」제36조제1항에 따른 행정정보의 공동이용을 통하여 위의 담당 공무원 확인사항 제3호를 확인하는 것에 동의합니다. * 동의하지 아니하는 경우에는 신청인이 직접 관련 서류를 제출하여야 합니다.

신청인(대표자)　　　　　　　　　　　(서명 또는 인)

210mm×297mm[백상지 80g/㎡]

6) 건강기능식품판매업 허가

'건강기능식품'은 일상 식사에서 결핍되기 쉬운 영양소나 인체에 유용한 기능을 가진 원료나 성분(이하 기능성원료)을 사용하여 제조한 식품으로 건강을 유지하는 데 도움을 주는 식품이다. 식품의약품안전처는 동물시험, 인체적용시험 등 과학적 근거를 평가하여 기능성원료를 인정하고 있으며 이런 기능성원료를 가지고 만든 제품이 '건강기능식품'이다. (출처: 식품의약품안전처 건강기능식품의 정의)

바쁜 현대인을 대상으로 건강기능식품의 인기가 늘어나면서 다양한 기능을 가진 건강기능식품이 판매되고 있는데 이러한 부분을 건강원 운영에 접목한다면 보다 높은 매출에 도움을 줄 수 있다. 건강기능식품판매를 병행하기 위해서는 관할 군청 또는 구청에 건강기능식품 판매업의 영업신고를 해야 하며, 건강기능식품판매업의 교육을 수료, 수료증을 발급 이후 사업장 내에 별도의 구간을 정하고 정해진 시설을 갖춘 후 건강기능식품을 판매할 수 있다.

▶ 건강기능식품에 관한 법률 시행규칙 관련법제도

건강기능식품에 관한 법률 시행규칙 [시행 2014.8.20.]

제5조(영업의 신고 등) ① 법 제6조제1항 및 제2항의 규정에 따라 건강기능식품수입업 또는 건강기능식품판매업의 신고를 하고자 하는 자는 영업에 필요한 시설을 갖춘 후 별지 제6호서식의 영업신고서(전자문서로 된 신고서를 포함한다)에 다음 각 호의 서류(전자문서를 포함한다)를 첨부하여 특별자치도지사·시장·군수·구청장(자치구의 구청장에 한한다. 이하 같다)에게 제출하여야 한다. 〈개정 2006.11.20., 2010.10.29., 2012.4.1., 2014.8.7.〉

▶ 기타 참고 사항들

① 건강기능식품 영업신고

신청방법	인터넷, 방문, 우편	처리기간	유형에 따라 다름(하단 참조)
수수료	28,000원	신청서	영업신고서(건강기능식품에 관한 법률 시행규칙 : 별지서식 6호 관련법제도 새창) ※ 신청서식은 법령의 마지막 조항 밑에 있습니다.
구비서류	있음(하단참조)	신청자 자격	누구나 신청가능

② 건강기능식품판매업 교육기관

한국건강기능식품협회 (http://edu.khsa.or.kr/)

교육비(온라인) : 판매업 28,000원 / 수입업 35,000원

교육비(오프라인) : 판매업 30,000원 / 수입업 50,000원

교육시간 : 판매업 4시간 / 수입업 8시간

③ 유통전문판매업

가. 영업활동을 위한 독립된 사무소가 있어야 한다. 다만, 영업활동에 지장이 없는 경우에는 다른 사무소를 함께 사용할 수 있다.

나. 식품을 위생적으로 보관할 수 있는 창고를 갖추어야 한다. 이 경우 보관창고는 영업신고를 한 영업소의 소재지와 다른 곳에 설치하거나 임차하여 사용할 수 있다.

다. 상시 운영하는 반품 · 교환품의 보관시설을 두어야 한다.

④ 건강기능식품에 대한 잘못된 상식

많은 사람들이 '건강기능식품'을 질병을 치료하는 의약품처럼 오해하고 있다. '건강기능식품'의 기능성은 의약품과 같이 질병의 직접적인 치료나 예방을 하는 것이 아니라 인체의 정상적인 기능을 유지하거나 생리기능 활성화를 통하여 건강을 유지하고 개선하는 것을 말한다.

■ 건강기능식품에 관한 법률 시행규칙 [별지 제6호서식] <개정 2014.8.7>

영업신고서

[ ]건강기능식품 수입업
[ ]건강기능식품 판매업

※ 아래 유의사항을 읽고 작성하시기 바랍니다.

접수번호	접수일자	처리일자	처리기간	3일

신청인	성명		주민등록번호	
	주소		전화번호	

신청현황	명칭(상호)		영업의 세부종류	
	소재지		전화번호	

「건강기능식품에 관한 법률」 제6조와 같은 법 시행규칙 제5조에 따라 위와 같이 영업을 신고합니다.

년 월 일

신청인 (서명 또는 인)

특별자치도지사, 시장·군수·구청장 귀하

첨부서류	1. 법 제13조제2항에 따른 교육증명서(미리 교육을 받은 경우에만 제출합니다) 2. 보관시설 임차계약서(보관시설을 임차한 경우에만 제출합니다) 3. 건강기능식품전문제조업소와 체결한 위탁생산계약서(건강기능식품유통전문판매업에만 제출합니다) 4. 「유선 및 도선사업법」에 따른 유선사업 및 도선사업 면허증 또는 신고필증(수상구조물로 된 유선장 및 도선장에서 영 제2조제3호가목의 건강기능식품일반판매업을 하려는 경우만 해당합니다) 5. 「국가를 당사자로 하는 계약에 관한 법률」 제11조에 따른 시설운영에 관한 계약서(「군사기지 및 군사시설 보호법」에 따른 군사기지·군사시설 및 「군인복지기본법」 제14조에 따른 군인복지시설에서 영 제2조제3호가목의 건강기능식품일반판매업을 하려는 경우만 해당합니다) 6. 「국유재산법 시행규칙」 제14조제3항에 따른 국유재산 사용허가서(국유철도의 정거장시설에서 「건강기능식품에 관한 법률 시행령」 제2조제3호가목의 건강기능식품일반판매업을 하려는 경우만 해당합니다) 7. 「도시철도법」에 따른 도시철도운영자와 체결한 도시철도시설 사용계약에 관한 서류(도시철도의 정거장시설에서 「건강기능식품에 관한 법률 시행령」 제2조제3호가목의 건강기능식품일반판매업을 하려는 경우만 해당합니다)	수수료 28,000원

유의사항

1. 「건강기능식품에 관한 법률」 제9조에 따른 영업허가 등의 제한사유에 해당하는 경우 영업신고를 할 수 없습니다.
2. 신고한 영업을 폐업하는 때에도 신고를 하여야 합니다.
3. 신고를 하여야 하는 업종을 신고하지 아니하고 영업을 하는 자에 대하여는 5년 이하의 징역 또는 5천만 원 이하의 벌금에 처하거나 이를 병과할 수 있습니다(「건강기능식품에 관한 법률」 제44조제1호).
4. 영업의 신고를 하려는 자는 「건강기능식품에 관한 법률 시행규칙」 제2조에서 정한 사항 외에 해당 영업신고와 관련된 다음 법령에 위반되거나 저촉되는지 여부를 검토하여야 합니다.
- 「국토의 계획 및 이용에 관한 법률」, 「가축분뇨의 관리 및 이용에 관한 법률」, 「하수도법」, 「농지법」, 「학교보건법」, 「옥외광고물 등 관리법」, 「하천법」, 「한강수계 상수원 수질개선 및 주민지원 등에 관한 법률」, 「수질 및 수생태계 보전에 관한 법률」, 「소음·진동규제법」, 「관광진흥법」, 「학원의 설립·운영에 관한 법률」, 「청소년보호법」, 「근로기준법」, 「산업집적활성화 및 공장설립에 관한 법률」, 「주차장법」, 「지방세법」 및 그 밖의 관련 법률

처리절차

신청서 작성	→	접수	→	서류검토	→	결재	→	신고증 교부
신청인						특별자치도, 시·군·구(영업신고 담당부서)		

210mm×297mm[일반용지 60g/㎡(재활용품)]

7) 통신판매업 허가

기존에 제조·가공한 식품을 영업장 내에서 최종소비자에게 판매하거나 영어자 또는 종업원이 직접 배달하는 것만 허용하던 즉석판매제조·가공업의 판매 방법을 택배, 퀵서비스 등을 이용하여 최종소비자에게 배달 가능하도록 변경하면서 건강원의 판매 범위가 넓어졌으며 기존의 오프라인에서만 이루어졌던 마케팅 또한 온·오프라인 모두에서 가능하게 되었다.

과거 재래시장에서 대형마트로 PC에서 스마트폰으로 세대가 변하면서 홍보수단, 판매수단 등이 변화되고 있는데 건강원 역시 시대의 트렌드에 발맞추어 변화를 시도해야 할 것이다. 실제로 홍삼액, 흑마늘 등 다양한 건강식품, 건강기능성식품이 온라인 시장에서 판매되고 있는데 건강원에서도 주력제품을 상품화하여 온라인 시장을 활용할 수 있어야 할 것이다.

통신판매업의 신고는 관할 군청 또는 구청에서 발급이 가능하고, 인터넷 민원24에서도 발급이 가능하다. 인터넷 민원24에 접속하여 통신판매업 신고를 하기 위한 순서는 아래와 같다.

① 인터넷뱅킹이 가능한 주거래 인터넷사이트 에스크로에 접속하여 구매안전서비스에 등록한다.
② 등록한 해당은행 영업점으로 방문하여 구매안전서비스 이용 확인증을 발급받는다.
③ 인터넷 민원 24에 접속하여 통신판매업 신고 양식에 맞게 기재한 후 구매안전서비스 이용 확인증을 스캔하여 첨부한다.

• 통신판매업 신고

신청방법	인터넷/방문	처리기간	유형에 따라 다름(하단참조)
수수료	없음	신청서	없음
구비서류	있음 (하단참조)	신청자 자격	본인 또는 대리인 (온라인은 대리인 신청 불가)

▶ 관련 법안 (전자상거래 등에서의 소비자보호에 관한 법률 – 제12조)

제12조(통신판매업자의 신고 등) ① 통신판매업자는 대통령령으로 정하는 바에 따라 다음 각 호의 사항을 공정거래위원회 또는 특별자치도지사 · 시장 · 군수 · 구청장에게 신고하여야 한다. 다만, 통신판매의 거래횟수, 거래규모 등이 공정거래위원회가 고시로 정하는 기준 이하인 경우에는 그러하지 아니하다.

1. 상호(법인인 경우에는 대표자의 성명 및 주민등록번호를 포함한다), 주소, 전화번호
2. 전자우편주소, 인터넷도메인 이름, 호스트서버의 소재지
3. 그 밖에 사업자의 신원 확인을 위하여 필요한 사항으로서 대통령령으로 정하는 사항
[전문개정 2012.2.17.]

▶ 통신판매업신고서양식(출처 : 민원 24)

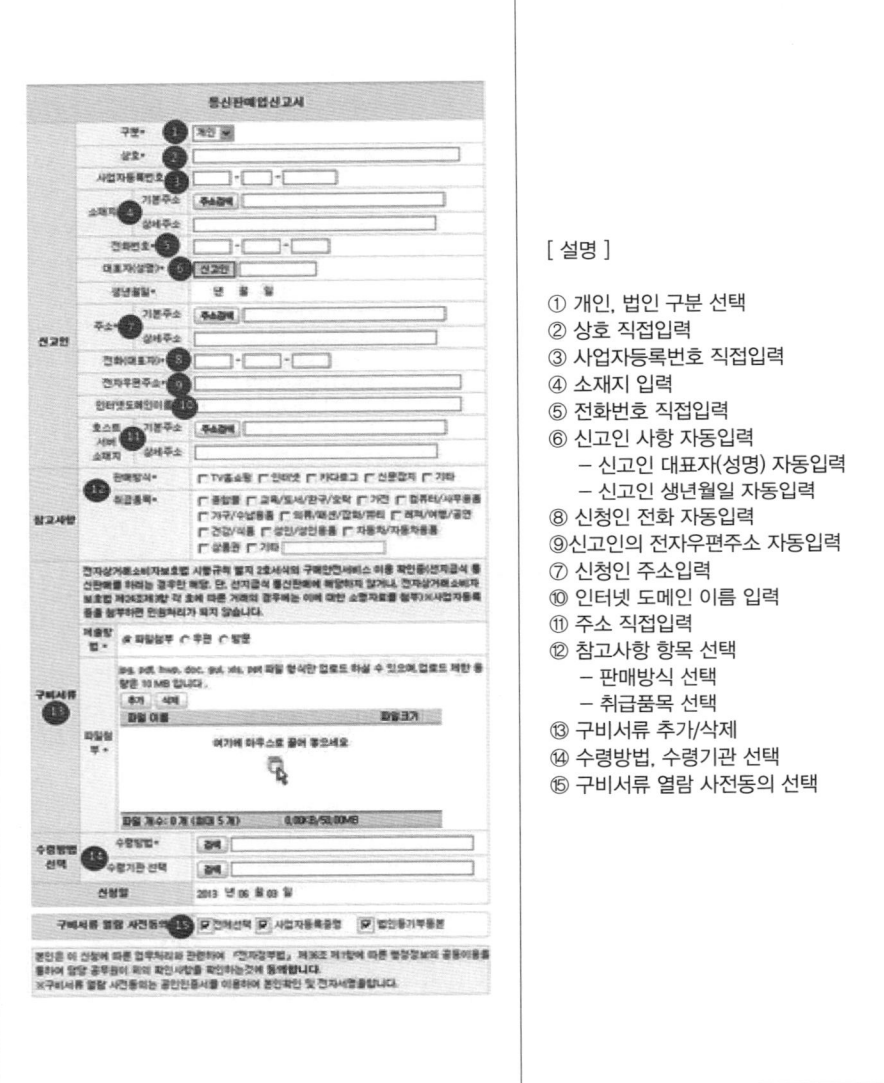

8) 사업자등록증 발급

사업자등록증 발급은 관할 세무서에서 필요한 서류를 지참 후 받을 수 있다.

▶ 사업자등록증 (관할세무서)
- 영업신고증을 발급받은 후 관할 세무서에서 창업자 본인이 신청 시 당일 발급이 가능하며 수수료는 없다(신분증, 임대차계약서(점포 임차 경우), 영업신고증 지참).
- 사업자등록증 발행 시 즉석판매제조가공업은 간이과세 및 일반과세가 가능하다.
- 간이과세자로 신청할 수 있는 경우는 1년간 공급대가(부가세 매출세액을 포함한 매출액)가 4천 800만 원 이하일 때이다.

※ 사업자등록 신청은 온라인으로도 신청이 가능하다.
  국세청 홈택스 http://www.hometax.go.kr/ 대표번호126

| Chapter 4 |

탕전기기 선택

1) 탕전기기 선택 및 구성
2) 제조사와 유통업체
3) 주로 사용되는 탕전기기
4) 중탕기와 추출기의 차이점
5) 옹기중탕기
6) 추출기의 종류
7) 압력방식과 무압력방식의 차이
8) 가스식과 전기식의 차이
9) 탕전기기 용량 선택요령
10) 자동포장기의 종류와 선택
11) 홍삼액추출기의 종류와 선택
12) 분쇄기의 종류와 선택
13) 자동세척기
14) 자동착즙기

탕전기기 선택

1) 탕전기기 선택 및 구성

　탕전기기란? 식품원료를 추출가공 및 포장하기 위한 제품으로 중탕기, 추출기, 자동포장기, 세척기, 분쇄기 등을 말한다. 탕전기기는 구성에 따라 수십만 원에서부터 수백만 원대까지 용도에 따라 가격이 다양하다. 건강원 창업에 있어서 탕전기기를 제외하고는 영업을 할 수 없는 것처럼 탕전기기를 선택하는 것이 건강원 창업에 가장 중요한 일이라고 해도 과언이 아닐 것이다. 실제로 탕전기기를 어떠한 제품으로 선택하느냐에 따라 창업자가 편리성에 영향을 줄 수 있고, 어떻게 구성하느냐에 따라서는 수익률에도 영향을 미칠 수 있다.

　많은 예비창업자들이 탕전기기를 이해하여 나에게 맞는 탕기를 선택하기보다는 단지 먼저 창업한 사람들의 제품을 보고 그와 같은 구성을 하거나, 단순히 가격이 저렴한 제품만을 고집하는 경우가 많은데 올바른 탕전기기를 선택하기 위해서는 탕전기기의 제품별 용도, 장점 및 단점을 파악하고 그중에 나에게 맞는 탕전기기를 신중히 결정해야 할 것이다.

　탕전기기를 결정할 때는 무엇보다 제품에 대한 이해가 필요하다.
　즉, '知彼知己 百戰百勝'.

　탕전기기마다 추출하는 가공법과 추출방식이 다르고 같은 재료를 사용하더라도 탕전기기의 종류에 따라서 맛과 향까지 달라질 수 있기 때문에 추출하고자 하는 과일 및 한약의 특성을 고려하여 어떠한 방식으로 어떻게 가공해야 할지를 미리 정한 후 탕전기기를 선택해야 한다.

 탕전기기를 사용해 본 경험이 없는 신규 창업자의 경우 지인이나 기존 영업자에게 자문을 구하고 그와 비슷한 제품을 선택하는 경우가 많다. 하지만 아무리 경험이 많은 기존영업자라 할지라도 탕전기기에 관해서는 자신이 사용하고 있는 탕전기기 이외에는 분명 경험이 없을 것이다. 건강원 창업을 위해 탕전기기를 구매해야 하는 예비창업자와 이러한 소비자에게 탕전기기를 판매해야 하는 유통판매업체 간의 '갑'과 '을'관계에서는 분명 예비창업자일 것이다. 이러한 경우에는 예비창업자가 유통판매업체에게 탕전기기 관련 자문을 구하는 것이 당연하고 상호 간의 올바른 상황이라고 생각한다. 탕전기기에 관해서는 기존영업자보다는 탕전기기 유통판매업체, 또는 전문컨설턴트에게 조언을 받는 것이 좋다.

※ 제품 한 대에 100만 원 이상을 호가하는 탕전기기를 한 번 구입하면 다시 바꾸기가 어렵기 때문에 전문가의 도움을 받아 신중히 결정하는 것이 좋다.

 앞서 말했듯 탕전기기마다 같은 재료를 사용하더라도 가공시간, 추출방법, 맛과 향까지 달라질 수 있다고 했는데 꼭 내가 사용하지 않더라도 주변 점포들이 많이 사용하고 있는 탕전기기의 추출방식을 알아 둔다면 경쟁업체에 올바른 대처를 하거나 마케팅활용에 도움을 줄 것이다.

2) 제조사와 유통업체

 탕전기기의 판매방식은 여느 가전제품과 같이 제조사에서 생산되어 유통판매점을 거쳐 소비자에게 판매된다. 일부 소비자들은 유통판매점을 거치지 않고 제조사에서 직접 제품을 구매하면 저렴하다고 생각할 수 있지만 직접 제조사를 통해 구입한다 하여도 가격을 저렴하게 공급받지는 못할 것이다. 이유는 제조사에서는 자사에서 생산되는 제품을 전국으로 보급하기 위해, 또 판매 후 원활하게 사후관리를 하기 위해 각 지역별 총판 및 대리점 체제를 갖추어야 하는데 제조사에서 총판 및 대리점보다 저렴한 가격으로 소비자에게 공급을 한다면 이러한 사유들로 인해 앞서 말한 체제를 유지하기란 어렵기 때문이다. 저렴하게 제품을 구매하여 지속적이고 원활한 사후관리를 위해서라면 탕전기기 제조사보다는 유통판매업체에게 더 큰 비중을 두어야 한다.

유통판매업체는 각기 다른 지역에서 생산되는 탕전기기 제품을 소비자에게 판매, 배송, 설치 등을 제조사를 대신하여 소비자가 안전하게 사용할 수 있도록 관리하여 주는 일을 한다. 또 소비자가 제품을 사용하다 발생하는 고장 시에도 제조사보다 유통판매업체에서 수리하는 경우가 많고, 이외에도 유통판매업체는 파우치, BOX, 자루 등 소비자가 필요해 하는 부자재를 소량으로 공급해 주기도 한다.

탕전기기 구매 시 앞서 말했듯 생산업체보다는 판매업체에 중점을 두고 판매업체의 연혁, 규모, 경쟁력 등을 충분히 비교하고 선택해야 제품을 사용하는 동안 불편함이 없을 것이다. 다음과 같은 사항들을 유념하자.

① 지역별 대리점과 지사를 확인해야 한다.
② 판매자의 영업활동 범위와 A/S가능 범위까지 확인해야 한다.
③ 탕전기기 구매 시 평균수명이 10년 이상이란 점을 고려해야 한다.

3) 주로 사용되는 탕전기기

건강원에서 주로 사용되는 탕전기기로는 재료를 세척하는 세척기, 과일이나 채소, 칡 등을 분쇄하기 위한 분쇄기, 중탕 가공에 사용되는 중탕기 및 추출기, 제품을 포장하기 위한 진공포장기 등으로 구분된다. 또 사용목적에 따라 유압기, 홍삼액 전용

추출기 등을 사용하기도 하는데 아래는 건강원에서 주로 사용되는 기계제품들과 그 사용처를 나열해 보았다.

탕전기기	용도
추출기	과일 및 한약, 동물성 재료 가공 시 사용한다. 추출방식은 핸들방식, 공압식, 전자동으로 나뉘는데 핸들방식을 주로 사용하고 있다.
홍삼액 추출기	홍삼액 가공 시 주로 사용한다. 제품 재질은 GLASS, STEEL 등으로 구성되며 추출방식으로는 히터방식과 적외선 할로겐방식이 있다.
자동포장기	가공 제품을 포장 시 사용한다. 포장기 종류는 크게 S/T포장기와 ROLL포장기로 구분된다. ROLL포장기는 양면연속, 한면 단독, 양면 단독 등으로 구분하고 사양에 따라 수위조절기 및 날인이 가능한 제품도 있다.
분쇄기	과채류 및 칡 등을 가공 시 사용한다. 분쇄기는 과일분쇄기, 칡 분쇄기, 생강분쇄기 등으로 나뉜다. 분쇄기는 사양에 따라 가격 차이가 많으니 충분히 생각하고 결정해야 한다.
세척기	과채류 및 도라지, 인삼 등을 세척 시 사용한다. 대량으로 가공 시 인력 절감을 위해 사용한다.

| 유압기 | 중탕기 사용 시 착즙용으로 사용하거나 강한 압착을 이용하여 생즙을 착즙 시에도 사용한다. |

 탕전기기 선택 시 가장 먼저 해야 할 사항은 구입 목적과 사용 용도이다. 탕전기기를 어떤 식으로 사용할지를 가장 먼저 결정한 후 제품을 선택해야 탕기의 기능, 가격대까지도 비교, 판단할 수 있기 때문이다. 탕전기기는 방식에 따라 100만 원에서 1,000만 원대 이상으로 가격 폭이 넓으며, 압력방식의 중탕기부터 초고속 진공저온 추출까지 그 기능과 활용도가 아주 다양하다. 탕전기기 제품가격이 비쌀수록 기능과 활용도가 좋을 수 있겠지만, 그보다 나에게 맞는 탕기를 선택하는 것이 중요하다는 것을 명심해야 한다.

4) 중탕기와 추출기의 차이점

 과채류 및 동물성 재료를 가공 시 중탕기와 추출기 등을 사용하게 되는데, 중탕기와 추출기는 차이점은 가공 후 착즙이 가능한지 여부에 따라 제품 명칭이 달라진다. 중탕기는 압력밥솥과 같이 열과 압력으로 인해 가공이 가능하나 착즙기능이 없어 가공 후 별도의 탈수기 및 유압기를 사용하여 착즙을 해야 한다. 이와 달리 추출기는 중탕기에 실린더(착즙장치)를 장착하여 중탕 후 별도의 탈수기나 유압기가 없이도 착즙이 가능하도록 만들어진 제품을 말한다.

 ▶ 중탕기 사용 시 추출공정
 중탕기 사용 시 탕기 내에 착즙기능이 없기 때문에 별도의 유압기 또는 탈수기를 이용하여 착즙해야 한다.

중탕기를 사용할 때 가공과정은 다음과 같다.

① 중탕기를 이용하여 재료를 가공한다.

② 유압기 및 탈수기를 이용하여 재료에 스며든 추출액을 분리한다.

③ 가공된 추출액을 살균한다. (포장 시 추출액의 온도가 95℃ 이하로 내려갈 경우 제품이 부패할 수 있다)

④ 살균된 추출액을 진공포장한다.

| ① 중탕기 | ② 유압기 | ③ 살균 | ④ 포장기 |

▶ 추출기 사용 시 추출공정

추출기 사용 시 탕기 내에 착즙기능이 있기 때문에 별도의 유압기 또는 탈수기를 이용하지 않아도 된다.

추출기를 사용할 때 가공과정은 다음과 같다.

① 추출기를 이용하여 재료를 가공한 후 탕기에 장착된 착즙기능을 이용하여 재료에 스며든 추출액을 착즙한다.

② 가공된 추출액을 포장기를 이용하여 진공포장한다.

※ 추출기를 사용할 경우 추출기에서 포장기로 이송이 가능하기 때문에 추출액의 온도가 내려가는 것을 방지할 수 있다. 그러므로 별도의 살균을 하지 않아도 된다.

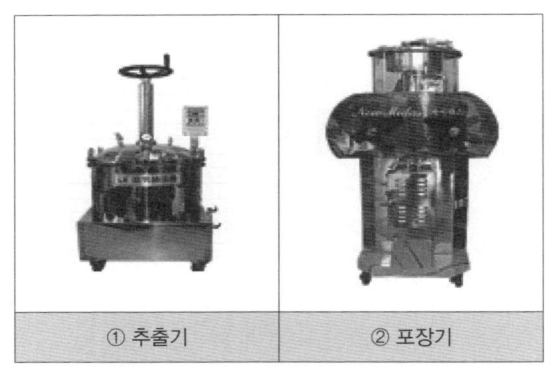

① 추출기   ② 포장기

　현재 운영되고 있는 건강원의 절반 이상이 중탕기를 사용하고 있다. 이러한 이유는 중탕기의 활용성이 좋아서라기보다는 탕전기기의 평균수명이 10년 이상이기 때문에 과거에 구입하여 지금까지 사용해 오는 것이며, 실제로 신규 창업자가 중탕기를 구매하는 경우는 매우 드물다.

5) 옹기중탕기

옹기약탕기는 과거 재래식 약탕기의 느낌을 구현하기 위해 사용되는 탕전기기이다. 주로 한의원 및 건강원 등에서 사용되는데 가열방식에 따라 옹기에 직접 가열하는 직접가열방식과 스테인레스 재질의 탕기 안에 넣어 간접적으로 사용하도록 만든 간접가열방식으로 나뉜다.

탕기방식	직접가열방식	간접가열방식
용량	25L	외통100L / 옹기 40L
가열방식	전기	LPG · LNG · 단상 · 3상
가격	백만 원대~	2백만 원대~
사용처	한의원 · 한약방	건강원

옹기약탕기는 착즙기능이 장착되어 있지 않기 때문에 별도의 탈수기, 유압기 등을 이용하여 착즙을 해야 한다. 또 간접가열방식의 옹기약탕기의 경우 일반적인 압력방식의 탕기에 비해 가공시간이 길고 사용 후 내통, 외통 모두를 세척해야 하기 때문에 탕기사용이 번거롭다. 옹기약탕기는 건강원 창업 시이 주로 사용되는 탕전기기는 아니지만 장시간을 우려내야 좋다고 생각하는 고객들 때문에 일부 건강원에서 식용동물성재료를 가공할 때 사용하기도 한다.

6) 추출기의 종류

추출기의 종류는 추출방식에 따라 나뉘는데, 실린더를 장착하여 사용자가 핸들을 돌려 착즙하는 핸들식 추출기, 공기압을 이용하여 착즙하는 공압식 추출기, 자동실린더를 이용한 전자동 추출기 등으로 나뉜다. 시대가 발전함에 따라 탕전기기에도 변화가 이루어지고 있다. 이러한 변화는 사용자의 편리성과 좋은 품질의 제품을 보급하기 위함이다.

실제로 건강원 관련 프랜차이즈에서 탕전기기의 변화에 중점을 두고 있는데, 이는 까다로운 현대인들에게 과학적인 의미를 부여하여 경쟁업체와 차별화된 영업력을 갖추기 위함이다.

▶ 추출방식에 따른 추출기의 종류

| 핸들식 압력추출기 | 핸들식 무압력추출기 | 공압식 추출기 | 전자동 추출기 | 홍삼전용 추출기 |

홍삼액 추출기는 재료의 양이 적고 물의 양이 많기 때문에 별도의 착즙기능이 필요하지 않으며 단지 편리성을 위해 중탕기에 이송장치를 장착하여 사용하기도 한다. 이러한 제품을 지역에 따라 '삼을 달이는 솥'이라 해서 '중탕기'라 하지 않고 '삼 솥'이라 하기도 한다.

7) 압력방식과 무압력방식의 차이

탕전기기의 가공방식은 크게 압력방식과 무압력방식으로 나뉘는데, 각 방식에 따라 제품의 활용성과 가격이 달라질 수 있으니 신중히 선택해야 한다. 탕전기기를 구매하기 전 먼저 압력방식과 무압력방식에 대한 과학적인 원리를 이해해야 하는데, 압력방식은 가공 시 증기의 배출을 모두 막아 온도와 압력에 의한 단순한 가공방식을 말하며, 무압력방식은 압력방식과는 달리 끓는점에서 발생하는 수증기를 냉각장치를 통하여 강제냉각, 다시 액화상태로 전환시켜 탕기 안으로 재투입하는 방식을 말한다. (무압력방식은 무압력순환식이라고도 한다.)

이러한 두 방식의 차이를 쉽게 세탁기의 세탁방식과 비교할 수 있는데, 압력방식은 세제가 담긴 물에 빨래를 장시간 넣었다 빼는 세탁방식에 비할 수 있고, 무압력방식은 기포를 발생시켜 세탁을 하는 공기방울 세탁방식과 비교할 수 있다. 대류현상의 발생여부에 인한 차이 때문에 고압으로 끓지 못하는 압력방식에 반해, 무압력방식은 대류현상을 원활히 일으켜 수온차를 막아줄 뿐 아니라 발생되는 기포의 영향으로 추출이 좀 더 원활할 수 있다.

※ 순환식무압력이란?

재래식 탕기로 한약을 달이는 과정에서 증발되는 수증기가 한지덮개를 통하여 일부는 역한 냄새와 함께 수증기로 빠져 나가고 나머지 일부는 한지 위의 차가운 공기에 의하여 한지 밑에 방울방울 맺혔다가 커지면서 탕기 내부로 재투입되는 전탕 방법이다.

순환식무압력으로 약을 달이게 되면 서서히 끓으면서 용출과 대류현상이 활발히 이루어져 역하고 독한 냄새는 수증기와 함께 배출이 이루어지고 몸에 이로운 향과 원소의 점액은 강제냉각 시스템에 의하여 재투입하게 되는데 이에 따라 한약의 향이 그윽하고 맛이 순하여 복용하기 쉽고, 복용 후 속이 편하여 소화불량, 배앓이 등이 적다.

• 압력방식과 무압력방식의 장점 및 단점

탕기방식	장 점	단 점
압력식	가공시간이 빠르다. 무압력방식에 비해 가격이 저렴하다. 가스, 전기 사용이 가능하다. 용량이 다양하다.	-압력 없이는 이송이 불가능하다. -증류추출이 불가능하다. -탄화현상으로 인해 맛이 텁텁할 수 있다. -색이 짙다.
무압력 순환식	자동이송으로 인해 이송이 자유롭다. 자동 압착이 가능하다. 증류추출이 가능하다. 압력식, 무압력식 모두 사용이 가능하다. 맛이 부드럽고 색이 맑다.	-가공시간이 느리다. -압력제품에 비해 가격이 비싸다. -가스사용이 불가능하다. -용량이 제한적이다.

▶ 압력방식제품과 무압력방식제품

① 압력방식제품

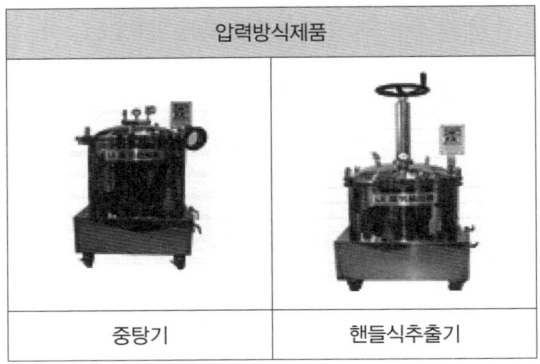

압력방식제품	
중탕기	핸들식추출기

- 압력방식제품은 무압력방식제품에 비해 값이 싸고 용량선택의 폭이 넓어 주로 건강원 및 과수원농가에서 주로 사용된다.
- 압력방식제품은 가스식 및 전기식 모두 사용이 가능하다.

② 무압력 방식제품

무압력방식제품			
홍삼액추출기	핸들식무압력추출기	전자동무압력추출기	진공·저온추출기

- 무압력 순환식 추출기는 압력방식, 무압력방식 추출이 모두 가능하다.
- 고온 및 저온 추출이 가능하며 증류추출도 가능하다.
- 착즙, 이송 등이 자동으로 사용이 편리하다.

8) 가스식과 전기식의 차이

효율성과 연료비를 꼼꼼히 따져 보자!

건강원 탕전기기의 제품 수명이 평균 10~15년이라는 점을 고려한다면 장기간 사용하면서 발생되는 연료비의 효율성을 따져 보아야 한다.

중탕기 및 추출기는 사용하는 연료에 따라서 가스식과 전기식 등으로 나뉘는데, 두 가지 방식에 따라 연료비, 설치비용 등이 달라질 수 있으니 각 방식의 장점 및 단점을 확인한 후 제품 선택을 해야 한다.

▶ 가스식 제품의 장점 및 단점

	가스식 제품	
	장점	단점
	저렴한 가격 증설작업 불필요 LPG / LNG 사용 가능	가스연료비 상승 연료 부족현상 매장 내 온도 상승 쾌적한 환경조성 부족 폭발 위험성 이동 불편

가스식 제품은 탕기를 가열하는 연료가 액화석유가스(LPG)와 액화천연가스(LNG)를 사용하는 방식을 말한다. 장점은 가격이 전기식 제품에 비해 싸고 설치 시 별도의 증설작업 없이도 설치가 간단하다는 것이고, 가스연료비의 가격 상승, 매장 내 쾌적한 환경조성부족과 실내온도 상승, 가스 폭발의 위험성 등을 단점으로 말할 수 있다.

▶ 전기식 제품의 장점 및 단점

전기식 제품		
	장점	단점
	연료부족현상 없음 무취(가스냄새) 설치 편리 이동 편리 안전성 우월 단상, 3상, 사용 가능 가스배관 불필요 연료비 절감	제품가격이 비싸다 복수 설치 시 증설작업 주택지 설치가 어려움

전기식 제품은 가스식 제품에 비해 가격이 비싸며 히터 용량으로 이해 복수설치 시 전기증설작업이 필요하다. 하지만 매장 내 쾌적함, 무취, 간편한 설치, 청소가 용이하며, 제품부식현상 감소, 가스배관 불필요, 연료비 절감 등 많은 장점이 있다. 그 중 가장 주목할 점은 가스식 제품에 비해 영업장 내 쾌적한 환경조성에 있다고 할 수 있다.

과거 가스연료비가 저렴한 시기에는 대부분의 건강원에서 가스식 제품을 주로 사용했지만 가스연료비의 가격 상승으로 인해 현재는 사용이 편리하고 연비도 저렴한 전기식 제품을 선호하고 있다. 신규 창업 시 가스식 제품보다 전기식 제품을 선호하는 이유는 부담스러운 연료비보다 영업장 내의 쾌적화 때문이다.

※ 가스식 제품을 밀폐된 공간에서 장시간 사용할 경우 답답하거나, 어지러움을 느낄 수 있기 때문에 항상 환기에 신경을 써야 한다. 이러한 현상은 특히 여름철에 더할 수 있다.

9) 탕전기기 용량 선택요령

탕전기기의 용량 선택은 용도에 의해 결정된다. 제품 구매하는 목적이 '건강원을 창업하여 임가공 영업을 할 것인지?', '과수원 농가에서 자가 농작물을 사용하여 가공제품 생산을 목적으로 할 것인지?'에 따라서 결정되는데, 건강원을 창업하여 임가공 영업을 할 경우에는 다양한 품목을 가공해야 하고, 1회 가공 기준량(과채류 30kg ±)의 의뢰가 많기 때문에 50L(1회 가공량)에 기준하는 탕기를 각기 사용용도(과채류, 동물류, 홍삼류, 약재류)에 맞춰 복수 설치하여 사용하는 것이 좋다. 이와 반대로 과수원 농가에서 생산되는 농작물을 가공하기 위한 목적인 경우 50L 용량으로 2~3회 가공하는 것보다 더 큰 용량을 사용함으로써 가공횟수를 줄이는 것이 효율적일 수 있다.

건강원에서 주로 사용되는 탕기 용량은 45~55L인데, 이유는 건강원에서는 한 번에 많은 양을 생산하기보다는 적은 양을 여러 번 가공해야 하는 임가공의 비중이 크기 때문에 일일생산량보다 일일가공횟수에 더 큰 비중을 두고 탕기 용량을 선택하기 때문이다.

| 50L | 100L | 17CL | 250L |

• 탕기 용량별 사용용도	
47~55L	주로 건강원에서 사용되며 1회 가공 기준량
97L	한 번에 많은 양을 가공하는 과수원 농가에서 주로 사용
97~250L	인삼, 홍삼 등을 가공 시 주로 사용(착즙장치가 없음)

※ 탕기 용량의 경우 제조사마다 5~10L 차이가 있을 수 있다.
※ 핸들식 추출기의 실린더 무게로 인해 최대 110L까지만 생산된다.

10) 자동포장기의 종류와 선택

진공포장이란? 플라스틱(PET) 원단(필름)으로 만든 포장재에 제품을 넣고 공기를 빼내어 밀봉한 포장을 말하는데 이러한 포장방식은 주로 식품의 부패를 막기 위하여 쓰인다. 건강원 운영 시 위 내용과 같이 추출액의 부패를 막고 보관기간을 늘리기 위해 창업에 꼭 없어서는 안 될 제품이 바로 진공포장기이다. 진공포장기는 포장타입, 포장방식, 포장속도 등에 따라서 가격대가 100만 원부터 2천만 원대까지 다양하다. 현재 즉석판매제조가공업의 택배, 퀵서비스가 가능해지면서 온라인 판매로의 전망이 높아지고 있는 시기에 제품을 구매하기 전 자동포장기 사용용도에 대해 충분히 검토 후 선택해야 한다.

건강원에서 사용되는 진공포장기는 크게 롤(ROLL)타입과 스탠드(STAND)타입으로 나뉜다. 롤(ROLL)타입의 자동포장기는 스탠드(STAND)타입의 포장기에 비해 가격이 싸고 포장속도가 빠르기 때문에 주로 건강원에서 사용된다. 이유는 제품을 판매하기보다는 가공비를 받고 달여 주는 임가공 업무가 많고, 하루에도 많은 양을 포장해야 하기 때문에 눈으로 보여지는 상품가치보다는 생산성, 부자재 절감에 비중을 두고 제품을 선택하기 때문이다. 이와 반대로 스탠드(STAND)타입의 포장기는 롤(ROLL)타입의 포장기에 비해 가격이 비싸고 포장속도는 느리지만 완성제품의 상품가치를 높여줄 수 있기 때문에 일일생산량이 적고 제품가격이 비싼 한의원 및 한약국에서 주로 사용된다.

 건강원과 한의원의 포장기 선택의 기준이 다른 이유는 건강원의 경우 1회 가공에 소요되는 팩의 수량은 200(±)이고 하루 10명의 고객이 주문을 했을 경우 2,000(±)을 포장해야 하는데 한의원의 경우 1회 가공에 소요되는 팩의 수량은 30(±)이며 하루 10명의 환자가 모두 한 재씩 구매한다고 하더라도 300(±)밖에 되지 않기 때문에 건강원은 포장속도에 가장 큰 비중을, 한의원은 포장속도보다는 포장재의 상품가치에 더 큰 비중을 두는 것이다. 실제로 건강원 방문고객을 보면 대다수의 고객은 완성제품을 구매하기보다는 임가공 의뢰를 하는 경우가 많지만 한의원을 찾는 환자의 경우에는 대다수의 환자는 침, 치료 등을 받고 일부 환자만 한약을 처방받는 경우가 많다.

| 자동 롤 포장기 (건강원 및 과수원에서 주로 사용) | 자동 스탠딩 포장기 (한의원 및 한약국에서 주로 사용) |

▶ 롤(ROLL)타입의 포장기와 스탠드(STAND)타입의 포장기의 장점 및 단점

	장점	단점	사용처
ROLL	• 제품가격이 저렴하다 (100만~550만 원대) • 포장속도가 빠르다 • 부자재 비용이 저렴하다 • 부자재 디자인이 다양하다 (다양한 기성품)	• 스탠드 타입에 비해 상품성이 낮다. • 4면접착 방식이다.	건강원 식품제조업
STANDING	• 포장이 고급스럽다 • 한면 접착방식이다	• 제품가격이 비싸다 (200만~2,000만 원대) • 포장속도가 느리다 • 부자재 비용이 비싸다 • 부자재 기성품 디자인이 다양하지 못하다 (한약 위주의 디자인)	한의원 식품제조업

▶ 롤 포장기의 포장방식

진공포장기의 주요 구성으로는 헤드, 펌프, 히터, PCB 등이 있다.

헤드	펌프	살균히터	PCB
원단을 접착	약물을 주입	약물의 살균	기능의 제어

이외에도 솔레노이드밸브, 주입밸브, 칼날, 실링히터, 트랜스 등으로 이루어져 있다

 롤 타입의 포장기의 포장방식을 4면접착 방식이라고 하는데 4면접착 방식이란, 접착되어 있지 않은 포장원단의 상하좌우 모든 4면을 접착하여 주는 방식을 말한다. 이렇게 원단을 접착하는 장치를 헤드라고 부른다. 건강원에서 사용되는 롤 타입의 진공포장기의 헤드는 3단, 4단, 5단으로 나뉘며 헤드의 구성수량에 따라 포장속도, 가격대 등이 달라진다.

① 헤드 수량에 따른 기능

	3단 헤드	4단 헤드	5단 헤드
좌, 우	○	○	○
좌, 우(추가)	×	○	○
상, 하	○	○	○
상, 하(추가)	×	×	○
커팅	○	○	○

② 헤드 수량에 따른 용도

3단 헤드	건강원 및 과수원 농가
4단 헤드	건강원, 과수원 농가, 식품제조업
5단 헤드	식품제조업

건강원에서는 헤드가 3단과 4단의 포장기를 주로 사용하는데 4단 헤드의 포장기는 3단 헤드의 포장기에 비해 가격이 비싸다는 단점이 있지만 불량률을 감소시키고 접착, 포장속도가 빠르다는 장점이 있다. 과거 4단 헤드 포장기 출시 전에는 3단 헤드 포장기를 주로 사용했지만 신규 창업 건강원의 경우 주로 4단 헤드 방식의 포장기를 선호한다.

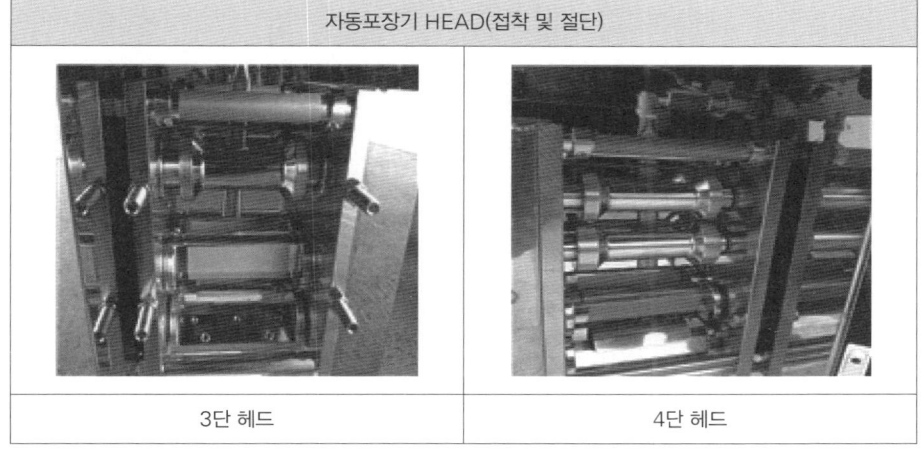

자동포장기 HEAD(접착 및 절단) / 3단 헤드 / 4단 헤드

③ 헤드 수량에 따른 차이점

	3단 헤드	4단 헤드	5단 헤드
포장속도(분당)	11~12	14~15	22~24
가격(만 원)	100~110	120~140	450~600

※ 헤드 수량이 많아질수록 접착력이 높아 포장 후 추출액이 새어 나오는 것을 방지할 수 있기 때문에 포장속도가 빠르게 제작되어 생산된다.

▶ 롤 포장기의 종류

롤 포장기의 종류로는 기본형, 콤마형, 산업용 등 총 세 가지로 나뉜다. 기본형 포장기는 사용하는 파우치가 전·후면 연속인 경우에 사용되고, 콤마형 포장기는 전면 단독, 산업용포장기는 전·후면 단독인 경우에 사용된다.(파우치의 종류는 해당페이지를 참고하면 이해가 쉽다)

건강원에서는 식품위생법상 가공업소 내에서 최종소비자에게 판매하는 것만이 가능했고, 소비자의 알 권리를 위한 표시규정이 제품 개별표기가 아니었기 때문에 기본형 포장기를 주로 사용하였다. 하지만 식품위생법이 개정되어 즉석판매제조가공업에서 택배, 퀵서비스 등의 판매방식이 허용되면서, 배달업무가 가능해졌고 택배, 퀵서비스로 배송되는 제품에 대해서는 표시규정이 의무화되었다. 이러한 표시규정은 대부분의 경우 파우치에 내용을 인쇄해야 하는데 유통기한 표기는 파우치에 인쇄를 하지 않더라도 자동포장기에서 날인표기가 가능하다. 자동포장기 선택 시 이러한 점을 고려하여 판매범위, 배송방식에 따라 날인표기 여부를 판단하여 선택해야 한다.

• 종류에 따른 제품사양

	기본형	콤마형	산업용
파우치	전·후면 연속	전면 단독	전·후면 단독
날인표기	×	○	○
수위조절	×	×	○
헤드	3~4단	3~4단	4~5단
가격(만 원)	100~130	200~250	400~600

▶ 롤 포장기 사용 및 응급상황의 대처

 탕전기기의 평균수명이 15년 전·후인데 비해 자동포장기의 경우 사용자의 관리에 따라 5~15년까지 수명이 길거나 짧을 수 있다. 이러한 이유는 제품을 사용 후 청소를 하지 않아 약물이 굳어지면서 배관이 막히거나 헤드부위가 오염되어 접착이 되지 않아 수명이 단축될 수 있기 때문이다. 자동포장기를 잔고장 없이 오래 사용하기 위해서는 사용자의 세심한 관리가 필요하다.

 (약물이 넘쳐 헤드가 오염되는 경우 철수세미 등을 이용하여 헤드를 깨끗이 세척해 주어야 한다.)

 자동포장기는 완성된 제품을 포장하기 위해 사용되는 제품이다. 이러한 자동포장기가 고장날 경우 고장접수를 한다 해도 수리기사가 방문하는 동안 완성된 제품이 식어서 다시 끓여야 하거나, 자칫하면 제품이 상해 모두 버려야 할 수도 있다. 자동포장기는 다른 탕전기기와는 다르게 솔레노이드밸브, 펌프, 칼날 등 주기적으로 교체를 해야 하는 소모성 부속품이 많기 때문에 제품을 사용 도중 응급상황이 나오는 경우가 많다. 이러한 증상에 빠른 대처를 원한다면 자주 교체되는 부속품을 미리 준비해 두거나 자주 발생되는 고장증상에 대해 미리 숙지해 두는 것이 좋다.

11) 홍삼액추출기의 종류와 선택

홍삼액추출기란 인삼을 가공하여 만들어진 홍삼을 재료로 홍삼액을 추출할 수 있도록 만들어진 탕전기기이다. 많은 사람들이 홍삼추출기를 인삼을 넣어서 홍삼을 가공하는 제품이라고 생각하기도 하는데 홍삼이란 인삼을 잘 찌고 건조하여 만들어진 가공품이다. 건강원에서 사용하는 홍삼추출기는 홍삼을 원료로 사용해서 홍삼 추출액을 만들어지는 것이지 인삼을 홍삼으로 가공하는 증삼, 건조의 기능은 없다.

▶ 홍삼추출기의 재질

홍삼추출기는 재질에 따라서 크게 두 가지로 나뉘는데 첫 번째는 금산, 풍기, 진안 등의 인삼을 재배하는 산지에서 주로 사용되는 스테인레스(STEEL) 재질로 제작된 추출기이고, 두 번째는 정관장, 한삼인 등의 홍삼 전문점에서 주로 사용되는 유리(GLASS)재질로 제작된 추출기이다. 앞서 말한 두 가지 제품은 서로 다른 장점 및 단점을 가지고 있는데 그중 창업자에게 맞는 제품을 선택하면 된다.

스테인레스로 제작된 압력방식의 추출기는 현재 금산, 풍기, 진안 등 인삼을 재배하는 산지에서 주로 사용되는데 유리제품에 비해 용량이 크고 가격이 저렴하여 많은 양을 빠른 시간에 가공할 수 있다는 장점이 있다. 단점으로는 재질이 스테인레스이기 때문에 가공과정이 눈에 보이지 않고 압력방식으로 가공하기 때문에 다소 높은

온도에서 가공될 수 있다는 것이다.

　유리재질로 되어 있는 홍삼 전용추출기는 정관장. 한삼인, 천지인 등 홍삼을 전문으로 하는 홍삼전문점에서 주로 사용하고 있으며, 우리재질로 인해 가공과정을 눈으로 확인할 수 있어 소비자로 하여금 신뢰를 주거나, 제품 가공 시 적외선 할로겐램프에서 나오는 붉은 빛으로 간접적인 광고효과까지 볼 수 있는 장점이 있다. 홍삼액을 가공 시 일반적으로 48시간을 가공하게 되는데 전면이 유리로 되어 있는 매장에서 사용 시 48시간 동안 주·야간으로 붉은 빛을 내어 매장 앞을 지나가는 행인들에게 궁금증을 유발시킬 수 있다. 단점은 스테인레스 재질의 제품에 비해 다소 가격이 비싸고, 열전도율이 낮은 유리재질로 만들어졌기 때문에 탕기 용량이 30~40L로 제한되어 있다.

　▶ 홍삼액 전용추출기

　홍삼액 전용추출기는 홍삼액 가공만을 위한 추출기로 홍삼액을 가공하기에 적합할 수 있도록 제작된 제품을 말한다. 일반적으로 홍삼액 가공 시 휘발성이 강한 사포닌 성분이 휘발되는 것을 방지하기 위해 가공온도를 90℃ 이하로 제한하는데 그로인해 가공 시 대류현상(상·하로 뒤바뀌며 움직이는 현상)이 발생하지 않게 된다. 대류현상이 발생하지 않게 되면 탕기 내부의 추출물에 온도차가 생기게 되는데 홍삼전용추출기는 이러한 점을 보완하여 대류현상을 대신 할 수 있도록 순환펌프를 장착해서 주기적으로 추출물을 섞어 줄 수 있도록 제작하였다.

| 스테인레스방식 내부모습 | 적외선할로겐방식 내부모습 |

홍삼전용추출기 중에도 바닥이 스테인리스와 유리재질 두 가지로 나뉜다. 단, 탕기는 모두 유리재질로 되어 있다.

▶ 자동포장기 내장형 홍삼추출기

홍삼추출기는 다른 추출기와는 다르게 추출에서 포장까지 할 수 있도록 만들어진 홍삼추출기 자동포장기 내장형의 제품이 있다. 자동포장기 내장형 제품은 탕전실의 좁은 공간의 활용성을 높이고, 추출기, 포장기 모두를 홍삼액 전용으로만 사용하기 위해 제작되었다. 이러한 포장기 내장형 홍삼액추출기의 장점은 공간활용성이 좋고, 추출기와 포장기로의 이송호스, 이송과정이 없기 때문에 사용이 편리하고 청소하기가 용이하다. 제품의 종류로는 홍삼전용추출기와 마찬가지로 탕기의 재질은 모두 유리재질이며, 가열부위를 스테인리스(STEEL) 또는 유리(GLASS)로 두 가지로 구분하고, 용량은 유리관 1구, 2구, 3구, 4구 등으로 나뉜다.

※ 유리관의 용량은 1구, 2구, 3구, 4구 등을 선택하여 용량을 늘릴 수 있으며, 자동포장기가 내장되어 있지 않은 제품도 있다.

12) 분쇄기의 종류와 선택

분쇄기란 가공할 재료를 잘게 썰어 동일한 용량의 탕기에 많은 재료를 넣기 위해 사용되는 제품이다. 분쇄기의 종류는 재료의 단단함, 크기 등에 따라 나뉘는데 칡분쇄기, 과일분쇄기, 생강 분쇄기 등이 있다. 건강원에서 주로 사용되는 재료들 중 분쇄기를 거치지 않는 제품이 거의 없을 정도로 사용량이 많고 분쇄할 재료에 따라 종류도 다양하기 때문에 아래 내용을 꼼꼼히 따져 보고 신중히 결정해야 한다.

▶ 분쇄기의 필요성

탕전기기 구성 시 무엇보다 필요한 제품이 분쇄기이다. 이는 분쇄기의 사용 유, 무에 따라서 많은 사항이 달라질 수 있기 때문이다. 신규 창업자들은 분쇄기의 중요성을 간과하여 창업비용을 줄이기 위해 분쇄기를 사용하지 않는 경우도 있는데 건강원 운영에 있어서 분쇄기는 분명 빠져서는 안 될 필수품이다.

건강원 창업 시 분쇄기가 꼭 필요한 이유 중 첫 번째는 추출액의 양을 늘릴 수 있다는 것이다. 과일 및 채소를 가공할 때 같은 용량의 탕기를 사용하더라도 분쇄 정도에 따라 가공할 수 있는 양이 달라질 수 있기 때문이다. 예를 들어, 배즙을 가공할 때 주원료인 배를 사람이 칼로 절단했을 때와 분쇄기를 사용하였을 때 두 경우의 가공할 수 있는 배의 양은 5kg 안팎으로 차이가 난다. 이러한 이유는 사람이 칼을 이용하여 배를 절단하는 것보다 분쇄기를 이용하여 절단 하는 것이 배를 더 잘게 자를 수 있기 때문이다. 동일한 크기의 탕기를 사용할 경우 재료의 분쇄 정도에 따라 탕기에 넣을 수 있는 양이 달라질 것이고, 탕기에 넣는 양이 달라지면 추출되어 나오는 양 또한 달라질 것이다. (배즙 1회 가공량(배 30kg) 중 5kg의 차이가 나면 포장되어 나오는 배즙의 수량은 30팩까지 차이가 날 수 있다) 실제로 건강원을 운영하다보면 고객들이 포장되어 나오는 수량에 민감하게 받아들이는 것을 볼 수 있다. 고객들은 같은 값을 지불하고 더 많은 양의 제품을 받길 원하기 때문이다. 건강원 운영 시 경쟁업체보다 더 많은 양을 추출하는 것도 하나의 경쟁력이 될 수 있다.

두 번째 매장 내 청결함을 유지할 수 있다. 분쇄기를 사용하지 않으려면 많은 양의 과일이나 채소 등을 창업자가 직접 칼로 잘라야 하는데 건강원의 1회 가공량이 30kg(과채류 기준)인 점을 감안하면 매장의 2/3 정도를 절단하는 공간으로 활용해야 할 것이다. 또 그로 인해 파리와 같은 해충이 생겨날 수 있고 방문고객들에게 불쾌감을 줄 수 있을 것이다. 창업 시 분쇄기를 반드시 사용함으로써 매장 내 청결함을 유지해야 한다.

세 번째 인력을 절감할 수 있다. 건강원에서는 8월 말에서 11월까지 과일 및 채소 등의 수확기가 오면서 다양한 재료들로 북새통을 이루게 되는데 이는 건강원에서 성수기를 뜻한다. 성수기가 되면 포도, 배, 사과, 복숭아 등 많은 종류의 과일 및 채소 등의 가공의뢰가 밀려들어 많은 양의 재료 모두를 창업자가 칼로 절단하기는 어려울 것이다. 건강원의 주요 업무가 가공으로 일일 가공횟수에 따라 수익이 정해지는 업종이다. 이러한 주요업무의 특성을 고려하여 분쇄기 선택여부를 판단해야 한다. 건강원에서 분쇄기를 사용하면 많은 양의 재료를 빠르고 손쉽게 분쇄함으로써 일일 가공횟수를 늘려 주고 그로 인해 수익률을 높여 주고 부족한 인력을 보강해 주는 역할까지 할 수 있다.

▶ 분쇄기의 종류

분쇄기를 구분하는 방식으로는 분쇄방식으로 구분하는 방법과 분쇄할 재료의 단단함, 크기 등에 따라 구분한다.

첫 번째, 분쇄방식으로 구분

분쇄기의 종류는 크게 두 가지 방식으로, 칼날방식과 스크류방식으로 나뉜다. 칼날방식의 분쇄기는 날카로운 칼날이 빠르게 회전하면서 재료를 잘게 절단해 주는 방식을 말한다. 칼날 방식의 분쇄기로 분쇄되어 나오는 모양은 재료에 따라 다를 수 있지만 보통 채로 썰어져서 나오는 경우가 많다. 칼날방식의 분쇄기는 분쇄속도가 빠르고 청소가 용이해 과일 및 채소 등을 분쇄하기 위해 주로 사용된다.

스크류방식의 분쇄기는 둥그스름하고 꼬여 있는 듯한 모습으로 칼날 틈새에 재료가 들어갔다가 칼날이 회전하면서 재료를 으깨 주는 방식을 말한다. 스크류방식의 분쇄기는 칼날방식에 비해 속도는 느리지만 분쇄되어 나오는 입자는 칼날방식에 비해 더 곱다. 스크류방식의 분쇄기는 입자가 매우 곱기 때문에 중탕을 목적으로 재료를 분쇄하기보다는 칡, 사과 등을 생즙으로 추출하기 위해 주로 사용된다.

사과생즙가공과정
1. 사과를 분쇄한다. (분쇄정도에 따라 착즙의 정도가 달라진다)
2. 착즙기로 착즙한다. (착즙의 힘에 따라 추출의 정도가 달라진다)
3. 살균을 위해 가열한다. (가열시간에 따라 보관기간이 달라진다)
4. 진공포장을 한다.

위 가공공정에서 확인할 수 있듯이 생즙을 가공 시에는 분쇄, 착즙, 살균, 포장 순으로 진행되는데 그중에서도 분쇄의 정도에 따라 추출량이 달라질 수 있기 때문에 생즙을 가공하기 위해서는 속도가 느리더라도 입자가 고운 스크류방식을 사용한다.

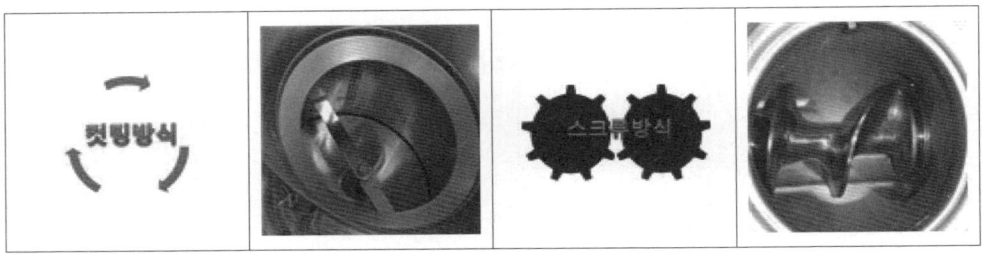

두 번째, 재료의 성질·크기에 따라 구분

분쇄기를 선택 시 분쇄방식 이외에도 분쇄하려는 재료에 따라서 사용할 수 있는 분쇄기의 종류가 다르다.

1마력 이하	생강, 은행, 마늘 등
1마력 이상	사과, 양파, 늙은호박, 다슬기 등
3마력 이상	칡

칡을 분쇄하기 위해서는 3마력의 동력이 필요하고, 생강, 은행 등을 분쇄하기 위해서는 1마력 이하로도 충분히 분쇄가 가능하다. 하지만 제조사에서 분쇄기를 제작하는 과정에서 이미 어떠한 재료를 가공할지를 목적에 두고 생산하기 때문에 칡분쇄

기로 생강, 은행 등을 분쇄할 수 없다.(생강, 은행, 가늘 등의 크기가 작아 분쇄할 수 없음)

생강 분쇄기	과일 분쇄기	과일 분쇄기	칡 분쇄기
40만~100만 원대	130~150만 원대	140~150만 원대	230~250만 원대

▶ 분쇄기 선택요령
- 분쇄되어 나오는 입자의 크기에 따라 제품 선택
- 중탕 및 생즙 등의 가공방법에 따라 제품 선택
- 분쇄속도에 따라 제품 선택
- 분쇄할 재료의 크기에 따라 선택

분쇄기를 선택하기 전 칡을 가공할지 안 할지, 중탕으로 할지 생즙으로 할지를 정한 후에 분쇄기를 선택해야만 올바른 제품을 선택할 수 있다. 또, 생강, 마늘, 은행 등의 크기가 작은 재료를 분쇄하기 위해서는 소형분쇄기를 별도로 준비해야 한다.

▶ 분쇄방식별 장점 및 단점

제품	장점	단점	가격대
과일분쇄기 (커팅)	속도가 빠르다	입자가 크다	130~150만 원대
과일분쇄기 (스크류)	입자가 곱다	속도가 느리다	140~150만 원대
칡분쇄기 (커팅)	속도가 빠르다		200만~240만 원대
칡분쇄기 (스크류)	입자가 곱다	속도가 느리다	400만~600만 원대
생강 분쇄기 (스크류)	입자가 곱고 가격이 저렴하다	용도가 한정적이다	50만~100만 원대

13) 자동세척기

자동세척기란? 말 그대로 많은 양의 과일 및 채소 등을 자동으로 세척해 주는 기계제품을 말한다. 자동세척기의 종류로는 둥근 과일 및 채소 등을 세척할 수 있는 세척기와 도라지, 인삼 등을 세척할 수 있는 세척기로 나뉜다.

과일 세척기	다목적 세척기
양파, 사과, 배 등의 원형 과일 및 채소 등을 세척이 가능	양파, 사과, 배 등의 원형 과일류 이외에도 도라지, 인삼 등을 세척이 가능
150~170만 원대	350~400만 원대

자동세척기의 장점으로는 많은 양의 과일 및 채소 등을 손쉽게 세척이 가능하다는 점이고, 단점은 제품 크기가 크기 때문에 공간차지를 많이 한다는 점이다. (자동세척기를 사용하기 위해서는 물의 사용량이 많기 때문에 항상 배수에 신경을 써야 한다.)

자동세척기는 일반적인 건강원에서 사용하기보다는 과일 및 채소 등을 직접 재배하는 산지, 또는 지역에 따라 주변에 사과, 배, 양파 등을 재배하는 곳이 많은 농가지역의 건강원에서 사용이 많다.

14) 자동착즙기

자동착즙기는 탕기 자체에 착즙기능 없는 증탕기로 가공하였을 경우에 건더기를 분리하고 추출액만 걸러주기 위해 사용되는 기계제품을 말한다. 자동착즙기의 종류에는 원심분리(원심력을 이용하여 혼합되어 있는 액체와 고체를 분리하거나 여과하는 조작)의 방식으로 제작된 '탈수기'와 유압의 힘을 이용하여 강한 힘을 이용하여 착즙하는 방식으로 제작된 '유압기'(착즙기) 등이 있다.

탈수기는 과거 건강원에서 유압방식의 제품이 비싼 이유로 이를 대신해 사용하였다. 탈수기가 가진 장점으로는 원심분리 방식으로 추출액을 걸러 주기 때문에 추출액을 분리하는 능력은 좋으나, 작동 중 제품이 움직이는 걸 방지하기 위해 시멘트로 바닥을 고정시켜야 하기 때문에 이동이 불편하다는 단점이 있다.

유압기는 크게 두 가지 용도로 사용하는데 첫 번째는 탈수기와 같이 중탕기에서 가공된 추출액을 착즙하기 위해 사용하고, 두 번째는 칡, 사과 등과 같은 재료를 생즙 추출할 목적으로 유압의 강한 힘을 이용하여 짜내기 위해 사용하기도 한다.

현재 유압기의 사용용도는 중탕가공에서 사용하기보다는 생즙용으로 사용되는 경우가 많다. 생즙 추출의 원리는 단순히 분쇄된 재료를 강한 힘으로 착즙하여 만드는 것이기 때문에 유압기는 생즙추출에 꼭 필요한 제품이다.

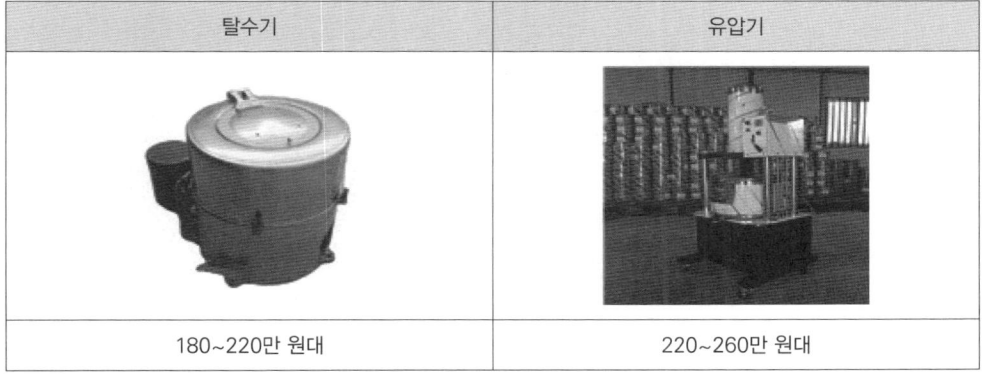

탈수기	유압기
180~220만 원대	220~260만 원대

| Chapter 5 |

탕전기기 구성

1) 탕전기기의 구성방법
2) 건강원창업의 탕전기기구성
3) 건강원 창업 시 탕전기기 비용
4) 중고제품 선택요령

탕전기기 구성

1) 탕전기기의 구성방법

건강원을 창업하기 위해서는 추출기 및 포장기, 분쇄기 등 탕전기기를 구성해야 하는데 추출기가 몇 대고 포장기가 몇 대라고 정해진 바는 없다. 다만 창업자의 창업지역, 창업의도 등을 고려하여 결정하면 된다. 아래 내용은 일반적인 도심지역에서의 탕기구성을 설명하고 있다.

▶ 탕기구성

건강원 창업 시 추출기의 구성은 크게 과일 및 채소전용, 양파전용, 약재전용, 식용 동물성전용, 홍삼전용 등 5가지로 구분할 수 있다.

과채류 전용	양파 전용	약재 전용	동물성 재료	홍삼 전용

① 과채류 전용은?

과일 및 채소 등을 추출하기 위한 구성이며 주로 배, 사과, 호박 등과 같이 향과 색이 옅은 재료를 가공한다. 건강원 운영 시 가장 많이 사용되는 구성으로 성수기와 비수기를 감안해서 추출기를 3~4대, 자동포장기 1대를 준비하는 것이 좋다.

② 양파 전용은?

건강원 운영 시 다양한 과채류를 가공하게 되는데, 그중 배, 사과, 복숭아, 포도 등과 같이 향이 연한 재료와 양파, 마늘 등과 같이 향이 진한 재료가 있다. 특히 사계절 가공이 가능하고 단골고객 확보에 유리한 양파의 경우 고객들이 자주 찾는 제품 중 하나인데, 양파즙을 가공할 때 일반 과채류 탕기를 같이 사용하면 양파의 자극적인 향이 다른 제품에 나쁜 영향을 미칠 수 있다. 예를 들어, 양파즙 가공 후 배즙을 가공하면 완성된 배즙에서 양파의 냄새가 나는 것을 확인할 수 있다. 이는 단순히 세척만으로 제거하기 어렵기 때문에 양파와 같이 향이 진한 재료를 가공할 경우에는 전용 탕기를 사용하는 것이 좋다.

※ 양파는 다른 과채류보다 쉽게 구매할 수 있으며, 가격 또한 싸고 사계절 판매가 가능하다. 실제로 건강원에서 판매율이 가장 높은 제품이다. 탕전기기 구성 시 이러한 점을 감안하여 양파즙 전용탕기를 1~2대 준비하는 것이 좋다.

③ 약재 전용은?

　방문 고객 중 한약을 직접 가져와 가공의뢰를 하거나 건조된 약재를 가공할 경우에 사용된다. 약재도 마찬가지로 향과 색이 짙어 탕기를 분류하는 것이 좋으나, 가공 횟수가 많지 않기 때문에 대부분이 동물성전용 추출기를 같이 사용하기도 한다.

※ 동물성 재료 추출기를 같이 사용하거나 별도 사용 시 1대 정도 준비하면 된다.

④ 식용동물성 전용?

　붕어, 흑염소, 잉어, 다슬기 등 기름기가 함유되어 있는 동물성 재료 가공 시 사용한다. 동물성재료를 가공하게 되면 기름기가 발생하고 많은 한약재 사용으로 향과 색이 짙어진다. 동물성재료 가공 시 가공시간이 과채류에 비해 길기 때문에 동물성 추출기는 1~2대 준비하는 것이 좋다.

⑤ 홍삼추출 전용?

홍삼추출기는 원료의 가격이 비싼 홍삼 가공 시 사용되며, 주로 포장기가 내장되어 있는 일체형으로 사용하는 것이 공간활용 및 위생관리에도 좋다. 홍삼추출기는 개별 사용 시 2대, 포장기 일체형으로 구성하는 경우는 유리관 2구를 사용하는 것이 좋다.

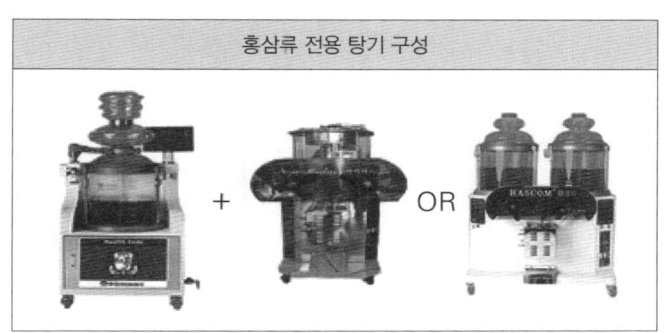

홍삼류 전용 탕기 구성

그외 기타제품으로는 세척기, 분쇄기, 유압기 등이 있는데 창업자의 필요에 따라 선택하면 된다.

창업자 또는 창업지역에 따라 생즙을 가공하는 경우가 있는데 생즙 가공 시 아래 제품 구성은 필수이다.

생즙류 전용 탕기 구성

칡분쇄기 〉

▶ 자동포장기의 구성

자동포장기 사용 시 추출기와 마찬가지로 맛과 향의 영향을 줄 수 있는 제품에 대해서는 탕기를 구분하여 사용해야 한다. 과채류(사과, 배, 호박 등) 제품을 포장할 때 양파, 마늘과 같이 맛과 향이 짙은 제품과 동일한 포장기로 포장하면 사과즙, 배즙 등과 같은 향이 연한 과일즙에서 양파의 자극적인 맛과 향이 배어 나올 수 있다. 포장기 사용 시 이러한 점을 충분히 고려하여 자동포장기 사용에도 각각의 용도를 구분하여 사용하는 것이 좋다.

※ 과거 대다수의 건강원에서 동물성 재료와 과채류 두 가지로만 구분하여 사용했지만 요즘 창업하는 건강원들은 까다로운 고객들의 만족도를 높이기 위해 재료별 향의 정도나 기름기 발생여부, 색의 진하기에 기준하여 각각의 추출기 및 포장기까지 구분하여 사용한다.

2) 건강원창업의 탕전기기 구성

건강원 창업 시 필요한 탕전기기 구성	
과채류 전용 구성	핸들식추출기 3ea + 자동포장기 1ea
양파즙 전용 구성	핸들식추출기 2ea + 자동포장기 1ea
동물성재료 전용 구성	핸들식추출기 1ea + 자동포장기 1ea

홍삼액추출 전용 구성	홍삼추출1기2ea + 자동포장기 1ea 또는 홍삼액추출기(2구) 1ea
분쇄기	과일분쇄기 1ea 도는 칡분쇄기 1ea

3) 건강원 창업 시 탕전기기 비용

창업 시 탕전기기의 비용은 가공할 재료의 구성에 따라 달라지는데, 탕전기기 예상비용을 산출하기 전에 가공할 재료의 구성을 결정한 후 산출해야 보다 정확한 금액을 측정할 수 있다.

과수원 농가와 같이 과채류 한 품목에 대해서만 가공을 계획하는 경우 추출기 1대와 자동포장기 1대, 분쇄기 1대로도 사용할 수 있지만, 임가공을 목적으로 건강원을 창업하는 경우에는 임가공의 성격을 고려하여 탕기의 용량과 수량을 선택해야 할 것이다. 특히 임가공 시에 과채류, 양파, 동물성 재료, 약재, 홍삼 등의 분류 중 모든 품목을 가공할 것인지, 제외할 품목이 있는지의 여부를 먼저 판단한 후 탕전기기를 선택해야 한다. 또 탕기방식도 압력방식 또는 무압력방식 등 어떠한 탕기방식을 선택할지에 따라서 제품 가격이 다양하게 산출될 수 있으며, 자동포장기도 이와 마찬가지로 포장방식에 따라 산출금액이 다를 수 있다. 탕전기기를 구성 시 이와 같은 사항을 관련전문가와 충분한 상의한 후 결정하는 것이 좋다.(아래는 과수원 농가 및 건강원 창업 시의 예상비용을 나열하였으니 참고하기 바람)

	탕전기기	가격	가공용도	비고
과수원 농가	추출기 1대(50~100L) 자동포장기 1대(연속)	220만~ 350만 원	과채류	한 가지 상품만 제작 압력핸들식
건강원	추출기 3대 (과채류 전용) 추출기 1대 (양파 전용) 추출기 1대 (동물성재료 전용) 추출기 1대 (홍삼 전용) 자동포장기 4대 (제품 종류별) 분쇄기 1대	1,400만~ 1,700만 원	과채류 양파 동물성재료 약재류 홍삼	다양한 상품 제작 압력핸들식
건강원	추출기 3대 (과채류 전용) 추출기 1대 (양파 전용) 추출기 1대 (동물성재료 전용) 추출기 1대 (홍삼 전용) 자동포장기 4대 (제품 종류별) 분쇄기 1대	1,400만~ 1,700만 원	과채류 양파 동물성재료 약재류 홍삼	다양한 상품 제작 무압력핸들식
건강원	추출기 3대 (과채류 전용) 추출기 1대 (양파 전용) 추출기 1대 (동물성재료 전용) 추출기 1대 (홍삼 전용) 자동포장기 4대 (제품 종류별) 분쇄기 1대	2,200만~ 2,500만 원	과처류 양파 동물성재료 약재류 홍삼	다양한 상품 제작 무압력전자동

※ 제품 구입처 및 구입 시기에 따라 다를 수 있다.

위 표는 예시로 작성하였으며 자동포장기 헤드 수량 및 홍삼액추출기 1, 2, 3구 등 또 추출기 방식이 가스식인지 전기식인지에 따라서 산출금액이 변경될 수 있으니 정확한 금액은 탕전기기 전문업체로 문의해야 한다.

4) 중고제품 선택요령

건강원 창업 시 탕전기기의 부담스러운 가격 때문에 저렴한 중고제품으로 창업을 하려는 사람이 늘고 있다. 물론 중고제품으로 창업할 경우 창업비용의 부담을 줄일 수 있겠지만 단순히 저렴한 가격만으로 중고제품을 구입하게 되면 제품이 청결하지 못하거나 구매 후에 발생되는 고장 시 원활한 서비스를 받지 못할 수 있다.

중고제품을 구매하여 창업할 경우 아래와 같은 사항을 주의해야 한다.

① 중고제품 구매 시 제조사를 확인해야 한다

제조업체를 확인하여 현재 운영이 되고 있는 업체인지, 어느 업체에서 구매한 제품인지를 확인해야 부속품 공급이 원활할 것이다.

② 새 제품의 가격대를 파악해야 한다

중고제품의 경우 정찰제가 아니기 때문에 현재 판매 중인 새 제품가격에 비례하여 제품을 구매해야 한다.

③ 탕전기기 전문가에게 자문을 구해야 한다

값이 저렴한 중고제품일수록 열매체오일, 파라핀, 퍼시픽, 게이지, 펌프, 밸브 등의 소모성 부속품을 교체해야 하는 경우가 많다. 이런 경우 구매 당시 값이 싸다고 해도 사용하면서 수리비용이 발생할 수 있다. 중고제품 구매 시 탕전기기 전문가에게 자문을 구하여 구입 전 제품을 꼼꼼히 살펴보는 것이 안전하다.

④ 자동포장기는 새 제품으로 해야 한다

탕전기기 중 고장 발생률이 가장 높은 제품이 자동포장기이다. 자동포장기에는 소모성 부속품이 다른 제품에 비해 많으며, 완성된 제품을 포장하는 단계에 사용되는 제품이기 때문에 고장 발생 시 자칫하면 이미 만들어진 제품을 냉장 보관해야 하거나 자칫하면 버려야 하는 경우가 생길 수도 있다. 자동포장기의 경우 다른 탕전기기에 비해 가격이 싼 편이기 때문에 가급적이면 새 제품으로 구매하는 것이 좋다.

많은 창업자가 사용기간이 짧은 중고제품 구매를 원하지만 실제로 거래되는 중고제품은 사용기간이 6~10년 이상 사용한 것이 많다. 이러한 제품을 구매하여 창업할 경우 소모성 부속품의 교환 시기로 인해 수리비가 발생되거나 열매체(파라핀, 오일)의 보충시기로 인해 추가 비용이 발생할 수 있다.

탕전기기 중고제품의 거래를 보면 오랜 기간을 사용한 가스식제품이 가장 많고, 사용 기간이 짧은 전기식 제품, 분쇄기, 유압기 등의 중고제품은 실제로 거래가 많지 않다.

| Chapter 6 |

실무운영에 필요한 부자재

1) 실무운영에 필요한 부자재
2) 레토르트파우치
3) 기성파우치
4) 기성BOX
5) 일회용자루와 다회용자루
6) 신규창업에 필요한 부자재
7) 파우치 제작
8) BOX 제작
9) 표시규정
10) 미리 준비해야 하는 스모성 부속품

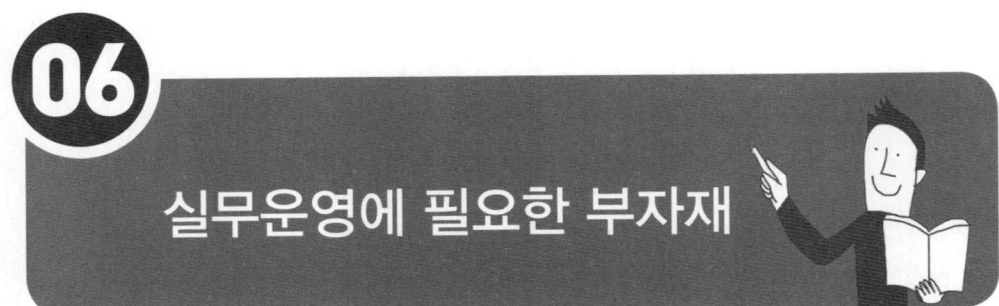

06 실무운영에 필요한 부자재

1) 실무운영에 필요한 부자재

건강원에서 사용되는 부자재란? 파우치, BOX, 자루 등을 말하는데 아래 내용을 확인하여 제품을 용도에 맞게 사용해야 한다.

▶ 임가공 및 제품판매에 사용되는 부자재

	추출 시 원재료를 담는 자루 자루는 일회용 자루인 부직포와 일반자루로 나뉘며 용도로는 탈수기에 사용되는 탈수자루, 유압기에 사용되는 유압자루, 추출기에 사용되는 추출용 자루 등이 있다. 추출용 자루는 탕기 사이즈에 맞추어 50×50, 50×60, 70×80등이 있다.
	추출액을 포장하는 파우치 파우치는 2중지와 3중지로 나뉘며, 주원료에 대한 디자인의 파우치를 사용하면 된다.(배즙 추출 시 배즙 파우치 사용).
	파우치를 담는 IN BOX IN BOX도 파우치와 마찬가지로 각 추출물에 맞는 디자인의 IN BOX를 사용하면 된다.(1 BOX=50포).
	무지 BOX 무지 BOX는 일반적인 IN BOX와 달리 포장가치는 다소 떨어지지만 많은 양을 한 번에 담을 수 있다. (1BOX=120~150포)
	OUT BOX OUT BOX는 IN BOX 포장 후 택배 배송 시 IN BOX의 안전을 위하여 사용된다. (2개입, 3개입, 4개입)

SAMPLE BOX
샘플 BOX는 주로 5~10개입으로 샘플을 홍보할 때 쓰는데 기성품이 없기 때문에 제작하여 사용한다.

2) 레토르트파우치

"레토르트(retort)식품"이라 함은 단층 플라스틱필름이나 금속박 또는 이를 여러 층으로 접착하여, 파우치와 기타 모양으로 성형한 용기에 제조·가공 또는 조리한 식품을 충전하고 밀봉하여 가열살균 또는 멸균하여 장기보존이 가능하도록 한 식품을 말한다. 레토르트식품은 공기와 광선을 차단한 상쾌에서 장기간 보존할 수 있다.

레로르트파우치란, 건강원에서 사용하는 포장재는 두 가지 혹은 세 가지 이상의 플라스틱 필름 또는 알루미늄박을 접착시켜 만든 내열성이 큰 필름이다. 이렇게 만들어진 용기를 레토르트파우치라고 하는데 레토르트파우치는 내용물이 보일 수 있도록 투명한 합성수지를 사용해 만든 2중지와, 합성수지 사이에 알루미늄박을 끼워 넣어 만든 3중지로 나뉜다. 레토르트 포장재의 특징은 다음과 같다.

· 캔이나 병보다 가볍고, 공간을 적게 차지한다.
· 기존의 식품 포장인 캔이나 병보다 가볍고, 공간을 적게 차지한다.
· 뜨거운 물이나 전자레인지로 데우기만 하면 바로 먹을 수 있어 편리하다.
· 개봉하기 쉽고 포장이 가벼우며 유연해서 다칠 위험성이 적다.
· 공기와 세균을 완전히 제거했기 때문에 장기간 보존할 수 있다.
· 납작한 형태로 가열, 살균할 때 열이 빠르게 전달되어 조리시간이 단축되고 식품의 색과 향의 손실이 적다.
· 다만, 뾰족하거나 날카로운 물체에 포장이 파손될 수 있어 주의가 필요하다.

▶ 파우치의 원료

파우치는 건강원에서 가장 많이 쓰이는 부자재이다. 파우치가 만들어지는 원리를 이해하면 올바른 파우치 선택을 할 수 있을 것이다.

건강원에서 사용하고 있는 파우치는 PET(폴리에스테르)원단에 CLP(폴리에틸렌) 또는 CPP(폴리프로필렌)원단을 접착하여 만들어진다. PET(폴리에스테르)라는 기본원단에 어떤 원단을 접착할지에 따라서 그 사용처가 달라질 수 있다.

PET(폴리에스테르)+CLP(폴리에틸렌)	CLP 2중지
PET(폴리에스테르)+CPP(폴리프로필렌)	CPP 2중지

CPP원단을 접착하여 만든 파우치는 접착력이 우수하고 모양을 일정하게 유지해 주기 때문에 제품을 포장 시에 편리하다는 장점이 있고, 충격에 약해 깨지는 현상이 나타나는 단점이 있다. 반대로 CLP원단을 접착하여 만든 파우치는 접착력은 CPP 재질의 파우치에 비해 다소 떨어지지만 충격에 강하다는 장점이 있다. 과거 건강원에서는 접착력이 우수하고 포장 시 모양이 좋은 CPP재질의 파우치를 선호하였다. 하지만 CPP재질이 충격에 약해 택배 운송 도중 깨지는 현상이 자주 발생하여 현재는 CLP재질의 파우치를 선호한다. 파우치 재질을 선택할 때 이러한 점을 염두에 두고 선택을 해야 한다.

• 원단에 따른 장점 및 단점

	장점	단점
CLP	재질이 부드럽다 충격에 강하다 원단이 두껍다	접착력이 CPP에 비해 약하다
CPP	투명도가 높다 포장 시 모양이 좋다 접착력이 강하다	충격에 약하다 깨지는 현상이 생긴다

▶ 파우치 사용 시 안전성

레토르트 포장재를 구성하는 재질 중 식품과 직접 접촉되는 재질은 폴리에틸렌(LLDPE, HDPE)이나, 폴리프로필렌(CPP)으로, 이들로부터 식품으로 유해물질이나 불순물이 이행되지 않도록 식품위생법에 기준·규격을 정하여 관리하고 있으며, 국내규격은 유럽연합(EU) 수준으로 엄격한 수준이다.

건강원에서 사용되는 파우치는 플라스틱제 식품포장용기로 관련 검사업체로부터 6개월마다 1회 검사를 받고 있다. 이는 식품을 포장하는 용기의 안전성을 인정하는 증서로 파우치 제작업체는 이를 보관하도록 되어 있다.

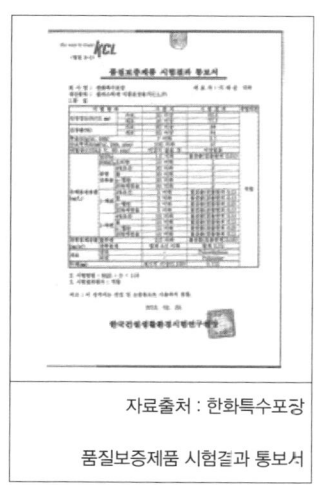

자료출처 : 한화특수포장
품질보증제품 시험결과 통보서

▶ 2중지와 3중지의 차이점

건강원에서 사용하는 파우치의 재질은 육안으로는 한 겹으로 보이나 복합다층필름으로 투명한 합성수지를 사용해 만든 2중지와, 합성수지 사이에 알루미늄박을 끼워 넣어 만든 3중지로 나뉜다. 일반적으로 가장 많이 사용되는 2중지 파우치는 'PET'(기본원단)에 CLP 및 CPP 원단을 접착하여 CLP를 사용하면 CLP 2중지라 하고, CPP를 사용하면 CPP 2중지라고 한다. 2중지+AL=AL 3중지가 된다.

투명포장재 (2중지)	· 투명한 합성수지를 사용해 내용물이 보이게 만든 포장지이다. · 빛은 통과시키지만 공기의 흐름을 차단하여 향이 날아가지 못하게 만든 포장지
불투명포장재 (3중지)	· 합성수지 중간에 알루미늄 호일을 끼워 넣어 만든다. · 향이 날아가지 않도록 막을 뿐 아니라 빛에 의한 변질을 막을 수 있는 재질이다. · 내용물을 관찰할 수 없다는 단점이 있다.

2중지와 3중지의 차이는 비닐과 알루미늄 정도로 누구나 쉽게 구분할 수 있다. 2중지로 만들어진 파우치는 3중지에 비해 가격이 저렴하기 때문에 주로 과일 및 채소류 등의 포장 수량이 많은 재료를 포장할 때 사용되고, 3중지로 만들어진 파우치는 판매가격이 비싼 홍삼제품을 포장하거나 장기간 보관하면서 색이 바랄 수 있는 포도즙 등을 포장할 때 사용된다. 파우치의 복합구조에 따라서 가격 또한 달라진다.

파우치를 만드는 제조사, 판매지역, 유통업체 등에 따라서 가격은 달라질 수 있다.

대부분의 건강원에서는 3중지에 비해 값이 싼 2중지 파우치를 주로 쓰게 되는데 단순히 싸다는 이유만으로 2중지 파우치를 사용하기보다는 제품별로 2중지와 3중지를 적절하게 사용해야 한다. 2중지 파우치는 주로 고객이 의뢰하여 제품을 가공하는 임가공 시 사용하고, 배즙, 포도즙, 홍삼엑기스 등 완성제품을 판매하는 경우에는 3중지 파우치를 사용함으로써 상품가치를 높여 주어야 한다.

　건강원 운영하다 보면 고객이 의뢰한 제품만을 가공하는 것이 아니라, 고객들이 자주 찾는 제품을 미리 가공하여 판매하기도 하는데, 이러한 경우 포장재의 상품성만으로도 높은 판매효과를 기대할 수 있다.

3) 기성파우치

 기성파우치는 건강원에서 자주 가공하는 품목을 파우치 제조업체가 미리 제작하여 건강원들에게 소량으로 공급하는 부자재를 말한다. 기성파우치는 한 개, 두 개 등의 낱개 구매가 가능하기 때문에 부담 없이 사용할 수 있다는 장점이 있지만 대부분의 건강원에서 같은 디자인의 파우치를 사용하기 때문에 차별화를 두기가 어렵다는 단점이 있다. (상호표기, 독자적인 디자인 등을 하려면 파우치를 제작해야 한다.)

출처:한화특수포장

4) 기성BOX

　기성BOX 또한 건강원에서 자주 가공하는 품목을 BOX 제조업체가 미리 제작하여 건강원들에게 소량으로 공급하는 부자재이다. 기성BOX는 한 묶음에 40매로 되어 있으며 묶음단위로 구매가 가능하다. (상호표기. 독자적인 디자인 등을 하려면 파우치를 제작해야 한다.)

출처:국일판지

5) 일회용자루와 다회용자루

추출기 사용 시 재료가 이송배관을 막지 않도록 자루를 사용하는데 자루의 종류는 세척이 가능한 다회용 자루와 1회용으로 만들어진 부직포 자루로 나뉜다. 중탕자루는 재질이 두껍고 튼튼하여 여러 차례 세척이 가능한 반면, 부직포자루는 중탕자루에 비해 재질이 약하기 때문에 1~2회용으로 사용하는 것이 좋다.

▶ 장점 및 단점

	다회용 자루	일회용 자루
장점	재질이 튼튼하여 수명이 길다.	세척이 필요 없다. 위생적이다. 가격이 싸다.
단점	약물이 물든다. 위생적이지 못해 보일 수 있다. 가격이 비싸다. 사용 후 세척이 필요하다.	재질이 약하여 수명이 짧다.

건강원에서는 추출용 자루를 다회용 자루보다는 일회용 자루를 주로 사용한다. 이유는 다회용 자루는 재질이 튼튼하여 수명이 길다는 장점이 있지만, 가공 후에 약물이 묻어나와 세척을 하여도 쉽게 지워지지 않기 때문에 방문고객들로 하여금 비위생적이게 보일 수 있기 때문이다.

▶ 추출용 자루의 종류

추출용 자루는 사용할 용도 또는 탕기 용량에 따라 달라진다.

① 제품에 따른 자루선택

중탕자루	추출자루	유압자루	탈수자루
중탕 및 추출기	중탕 및 추출기	유압기	탈수기

※ 유압기 및 탈수기 사용 시 일회용 부직포를 사용할 경우 자루가 파손될 수 있으므로 유압기 및 탈수기 전용자루를 사용하는 것이 좋다.

② 용량에 따른 자루선택

용량	사이즈	사용처
25L(±)	50×50cm(±)	한의원/홍삼전문점
50L(±)	70×80cm(±)	건강원

※ 자루 및 부직포 제조사에 따라 사이즈가 달라질 수 있다.

6) 신규창업에 필요한 부자재

건강원 신규 창업 시 준비해야 하는 부자재의 종류는 창업 시기에 따라 계절에 맞는 포장재를 준비하면 된다. 사계절 판매가 가능한 한약, 양파, 식용 동물성재료의 포장재(파우치 및 BOX)와 추출용 자루 등은 창업 시기에 관계없이 미리 준비하는 것이 좋다.

항시 준비해야 하는 부자재							
부직포(소)	양파즙	오가피	헛개나무	약장	한방건강	홍삼액	
부직포(대)	양파즙	오가피	헛개나무	한약(중)	한약(특대)	홍삼액	

일회용 부직포와 같이 가공할 때마다 자주 사용되는 부자재는 항상 떨어지지 않도록 미리 보충해야 하며, 사계절 판매가 가능한 양파, 오가피, 헛개나무, 한약, 홍삼 등의 파우치와 BOX도 항상 보유해야 한다.

▶ 계절별로 준비해야 하는 포장재

계절별로 준비해야 하는 부자재는 창업 시기에 따라 제철과일에 해당하는 포장재와 다가올 계절의 포장재를 준비해야 한다. 제철에 해당하는 포장재는 한 개씩 구매하기보다 여유 있게 구매하는 것이 좋다.

※ 가공하는 제품의 포장재 디자인이 없으면 과일 또는 한약 등으로 구분하여 종합과일, 한방건강, 약장 등의 포장재를 쓰기도 한다.

▶ 부자재 주문단위

품명	내용	주문단위
부직포	50×50, 50×60은 1BOX에 250개이며, 70×80은 1BOX에 100장으로 구성되어 있다.	1BOX
파우치	1ROLL에 전·후면 세트로 구성되어 있으며 총 길이는 400m, 포장 시 2,200~2,300팩이 포장된다.	1ROLL
IN BOX	40매가 한 묶음이며, 파우치 1ROLL과 동일하게 쓸 수 있는 양이다.	40매
OUT BOX	부피가 크기 때문에 한 묶음이 20장이다.	20매
자루	중탕, 유압, 추출, 탈수 등으로 나뉜다.	1매

※판매단위는 제조사에 따라 다를 수 있다.

7) 파우치 제작

건강원 매장 내에서 판매하던 제품을 온라인을 이용하여 전국으로 판매하기 위해서는 소비자의 알 권리를 보호하기 위해 표시규정을 해야 한다. 이러한 표시규정은 기성품에는 할 수 없기 때문에 파우치를 제작해서 사용해야 한다.

레토르트파우치가 만들어지는 방법은 아래와 같다.

① 인쇄동판 제작 : 필름제판, 실린더제판
↓
② 인쇄 : 인쇄작업(오목판(그래비어)인쇄 등)
↓
③ 라미네이션 : 다층 접착작업(주로 폴리우레탄 계열의 접착제 사용)
↓
④ 경화 : 숙성작업(40~55℃ 경화실에서 3~5일 보관)
↓
⑤ 봉투작업

▶ 파우치 제작 순서

① 디자인 및 필름 제작

파우치의 전·후면의 디자인에 들어갈 그림 또는 문구 등을 정하여 디자인한다.

디자인은 파우치를 제작해 주는 업체에서 무료로 제작해 주는 경우가 많다. 제작 기간은 디자인에 따라 3~10일 정도 소요된다.

② 인쇄동판 제작

완성된 디자인을 필름에 인쇄할 수 있도록 동판을 제작하는 과정이다.

동판은 1도(1가지 색상)당 20만 원 정도이며, 그림 및 사진 이미지가 삽입되는 경우 평균 5~6도가 작업된다. (평균 100~120만 원 소요)

제작기간은 3~4일 정도 소요된다.

③ 파우치 제작

완성된 동판을 이용해 CLP, CPP 등 원단에 인쇄를 하는 과정이다. 파우치 제작과정은 인쇄, 라미네이션, 경화 등의 작업 공정을 걸쳐 완성된다. 파우치를 제작해서 사용하는 경우에는 기성파우치와 같이 낱개로 구매할 수 없으며 최소 주문량은 2중지 30ROLL, 3중지 45ROLL 이다. 제작비용은 150만 원~400만 원 정도이며, 기간은 15일 전·후로 소요된다.

8) BOX 제작

과일 및 한약, 홍삼 등의 BOX도 파우치와 마찬가지로 온라인상에서 제품을 판매하기 위해서는 상호, 연락처, 주소, 제품명 등을 표기해야 한다.

▶ BOX 제작 순서

① 디자인 제작

제작할 BOX의 전·후·측면의 디자인에 들어갈 그림 또는 문구 등을 정하여 디자인 한다. 디자인은 BOX를 제작해 주는 업체에서 무료로 제작해 주는 경우가 많다. 제작기간은 디자인에 따라 3~10일 정도 소요된다.

② 필름 및 목형 제작

제작된 디자인의 인쇄작업을 위해 필름을 제작하고, 원하는 규격에 맞게 절단하기 위한 목형을 제작한다. 제작비용은 필름, 목형을 포함해서 30~60만 원 정도이며, 금박 인쇄를 하는 경우 금박하려는 인쇄 면적에 따라 비용이 추가될 수 있다. 제작기간은 평균 3~5일정도 소요된다.

③ BOX 제작

미리 제작된 목형을 이용하여 인쇄, 절단 등을 하여 완성제품을 만드는 과정이다.

BOX를 제작해서 사용하는 경우에는 기성BOX와 같이 낱개로 구매할 수 없으며 최소 주문량은 1,000매이다. (사이즈가 작은 경우 최소 수량이 늘어날 수 있다.)

제작기간은 12~15일 정도이며, 제작비용은 BOX의 크기, 코팅 유·무, 금박 유·무에 따라서 달라진다.

9) 표시규정

표시규정이란 제품을 판매 또는 유통함에 있어서 소비자의 알 권리를 보호하기 위해 소비자에게 전달해야 하는 사항을 포장재에 기재하는 것을 말한다. 구매하는 제품에 대한 특징, 성분, 재료, 판매자정보 등을 소비자가 한눈에 알아볼 수 있도록 최종판매되는 제품의 포장지에 표시를 하는 것이다. (표시규정에 따른 표시내용은 식품제조가공업과 즉석판매제조가공업에 대해 별도로 규제하고 있다.)

식품의약품안전처 고시 제2014-19호(2014.2.12. 개정)

제4조(표시사항) 식품 등의 표시사항은 다음과 같다.
1. 제품명(기구 또는 용기·포장은 제외한다)
2. 식품의 유형 (따로 정하는 제품에 한한다)
3. 삭제
4. 업소명 및 소재지
5. 제조연월일(따로 정하는 제품에 한한다)
6. 유통기한 또는 품질유지기한(식품첨가물과 기구 또는 용기·포장은 제외한다)
7. 내용량(내용량에 해당하는 열량) : 내용량은 기구 또는 용기·포장 제품을 제외하며, 내용량에 해당하는 열량은 영양성분 대상 식품에 한하여 표시한다.
8. 원재료명(기구 또는 용기, 포장은 재질로 표시한다) 및 함량(원재료를 제품명 또는 제품명의 일부로 사용하는 경우에 한한다)
9. 성분명 및 함량(성분표시를 하고자 하는 식품 및 성분명을 제품명 또는 제품명의 일부로 사용하는 경우에 한한다)
10. 영양성분 (따로 정하는 제품에 한한다)
11. 기타 식품등의 세부표시기준에서 정하는 사항

제5조(표시방법) 식품등(수입되는 식품등을 포함한다. 이하 같다)의 표시방법은 다음과 같다.
가. 표시장소별 표시사항 및 활자크기

표시장소	표시사항	활자크기 (포인트)
1) 주표시면	가) 제품명 나) 내용량(내용량에 해당하는 열량)	6 이상 12 이상
2) 일괄표시면	가) 식품의 유형 나) 제조연월일 다) 유통기한·품질유지기한 라) 원재료명 및 함량 마) 성분명 및 함량	8 이상 10 이상 12 이상 7 이상 7 이상
3) 기타 표시면	가) 업소명 및 소재지 나) 영양성분 다) 주의사항 표시 라) 기타사항 표시	8 이상 8 이상 10 이상 6 이상

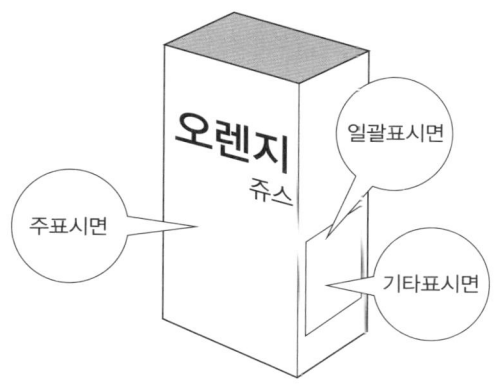

▶ 표시장소별 표시사항

① 주표시면이란?

상표, 로고 등이 인쇄되어 있어 통상적으로 소비자에게 보이는 면을 말하며, 이곳에는 '제품명'과 '내용량 (내용량에 해당하는 열량)'이 표시되어 있다.

'제품명'은 개개의 제품을 나타내는 고유의 명칭을 말하고, '내용량'은 제품의 양을 뜻하며 내용물의 성상에 따라 '중량(kg, g, mg)', '용량(L, mL)', 또는 '개수'로 표시한다. 이 때, 영양성분 표시대상 식품에는

내용량 옆에 괄호로 하여 내용량에 해당하는 열량을 함께 표시하여야 한다.

② 일괄표시면이란?

주표시면에 표시되는 사항들 이외의 다른 표시사항들은 제품의 측면이나 후면에 일괄적으로 표시되는데 이러한 부분을 말한다. 즉, 소비자가 식품에 대한 정보사항을 쉽게 알아볼 수 있도록 모아서 표시하는 면을 의미한다. 기본적으로 표시해야 하는 사항은 아래의 5가지이니 꼭 참고바람. 식품의 유형, 제조연월일(제조연월일 표시대상 식품인 경우), 유통기한 또는 품질유지기한(품질유지기한으로 표시 가능한 식품인 경우), 원재료명(성분명) 및 함량 '내용량'은 제품의 양을 뜻하며 내용물의 성상에 따라 '중량(kg, g, mg)', '용량(L, mL)', 또는 '개수'로 표시한다. 이 때, 영양성

분 표시대상 식품에는 내용량 옆에 괄호로 하여 내용량에 해당하는 열량을 함께 표시하여야 한다.

③ 기타표시면이란?

주표시면과 일괄표시면 등을 포함한 모든 표시면을 말한다. 기타표시면에 표시할 수 있는 사항은 아래와 같다. 업소명 및 소재지, 영양성분 (영양성분 표시대상 식품인 경우), 주의사항 표시, 기타사항 표시(부정불량식품 신고는 국번없이 1399 등)

※ 영양성분 표시의 경우 기타표시면 또는 주표시면에 모두 표시가 가능하다. 주표시면에 영양성분을 표시할 경우 식품등의 표시기준 [도3]의 '주표시면 표시서식도안'을 사용하여 표시하여야 하며 이때 기타 표시면의 영양성분 표시를 생략할 수 있다.[1]

식품등의 표시기준 – 식품등의 세부표시기준(제9조 관련)

다. 기구 또는 용기 · 포장(수입기구 또는 용기 · 포장을 포함한다)
1) 공통사항
   가) 합성수지제의 용기 · 포장에 있어서는 재질에 따라 염화비닐수지, 폴리에틸렌, 폴리프로필렌, 폴리스티렌, 폴리염화비닐리덴, 폴리에틸렌테레프탈레이트, 페놀수지 등으로 각각 구분하여 표시하여야 한다.

식품등의 표시기준 – 제8조 표시사항의 적용특례(즉석판매제조.가공업)

제8조(표시사항의 적용특례) 다음 각호의 식품에 대하여는 그 식품의 특성을 고려하여 제4조 및 제5조의 규정에 불구하고 다음과 같이 표시할 수 있다.

1. 즉석판매제조 · 가공업의 영업자가 「식품위생법 시행규칙」 별표 15에 따른 즉석판매제조 · 가공대상식품을 판매하는 경우로서 표시사항을 진열상자에 표시하거나 별도의 표지판에 기재하여 게시하는 때에는 개개의 제품별 표시를 생략할 수 있다.
2. 다음 각 목에 해당하는 경우에는 스티커, 라벨(Label) 또는 꼬리표(Tag)를 사용할 수 있으나 떨어지지 아니하게 부착하여야 한다.

※ 즉석판매제조가공업에서의 택배, 퀵서비스 등이 가능해지면서 판매자가 직접 배송하지 않는 사항 즉, 온라인으로 제품을 판매하여 택배로 배송해야 하는 경우 등에 대해서는 일부 표시규정을 적용한다.

---

1) 출처 : 식품안전정보서비스 식품나라(http://www.foodnara.go.kr/foodnara)

이외의 사항에 대해서는

식품의약품안전처 홈페이지 → 법령·자료 → 고시·훈령·예규 → 검색창에 '표시기준'을 검색 후 → 글번호 4번 「식품등의 표시기준」을 참고 하면 된다.

아래는 표시규정을 위반 또는 미이행 시 행정처분에 대한 사항이다.

행정처분 기준(제89조 관련)

위반사항	행정처분기준		
	1차 위반	2차 위반	3차 위반
1) 표시대상 식품에 표시사항 전부를 표시하지 아니하거나 표시하지 아니한 식품을 영업에 사용한 경우	영업정지 1개월과 해당 제품 폐기	영업정지 2개월과 해당 제품 폐기	영업정지 3개월과 해당 제품 폐기
1) 주표시면에 표시하여야 하는 제품명 및 내용량을 전부 표시하지 아니한 경우	품목 제조정지 1개월	품목 제조정지 2개월	품목 제조정지 3개월
2) 내용량을 표시하지 아니한 경우	시정명령	품목 제조정지 15일	품목 제조정지 1개월
다. 제품명 표시기준으로 위반한 경우로서 1) 특정 성분을 제품명에 사용시 주표시면에 그 함량을 표시하지 않은 경우 2) 제품명을 표시하지 아니하거나 표시기준에 위반한 제품명을 사용한 경우	품목 제조정지 15일	품목 제조정지 1개월	품목 제조정지 2개월
1) 제조연월일 또는 유통기한을 표시하지 아니하거나 표시하지 아니한 식품등을 영업에 사용한 경우(제조연월일 유통기한 표시대상 식품등만 해당한다)	품목 제조정지 15일과 해당 제품 폐기	품목 제조정지 1개월과 해당 제품 폐기	품목 제조정지 2개월과 해당 제품 폐기
3) 제조연월일 또는 유통기한을 변조하는 등의 행위를 한 경우	영업정지 1개월과 해당 제품 폐기	영업정지 2개월과 해당 제품 폐기	영업정지 3개월과 해당 제품 폐기
1) 사용한 원재료의 전부를 표시하지 않은 경우	품목 제조정지 15일	품목 제조정지 1개월	품목 제조정지 2개월
2) 사용한 원재료의 일부를 표시하지 않은 경우	시정명령	품목 제조정지 15일	품목 제조정지 1개월
사. 내용량을 표시함에 있어 부족량이 허용오차를 위반한 경우로서 1) 20퍼센트 이상 부족한 것 2) 10퍼센트 이상 20퍼센트 미만 부족한 것 3) 10퍼센트 미만 부족한 것	품목 제조정지 2개월 품목 제조정지 1개월 시정명령	품목 제조정지 3개월 품목 제조정지 2개월 품목 제조정지 15일	품목류 제조정지 3개월 품목 제조정지 3개월 품목 제조정지 1개월
아. 조사처리식품의 표시기준을 위반한 사항으로			

10) 미리 준비해야 하는 소모성 부속품(탕전기기)

탕전기기를 사용하다 보면 예상치 못한 고장이 발생할 수 있다. 탕전기기가 고장이 발생하면 판매업체로 A/S접수를 하고 제품 수리를 받으면 된다. 하지만 자동포장기의 경우 중탕·추출기와는 달리 완성된 제품(추출액)을 포장하는 단계에 사용되는 제품이기 때문에 만약 판매업체로부터 즉각조치를 받지 못하게 된다면 완성된 제품(추출액)이 식어 버리거나 여름철의 경우에는 부패될 수도 있다. 창업자는 이러한 점을 염두에 두고 자주 사용되는 소모성부속품을 미리 준비하여 간단한 고장 시에는 창업자가 즉각적으로 조치할 수 있어야 한다. (자동차의 타이어가 펑크가 났을 때 운전자가 스페어(spare)타이어를 교환하는 것과 같다)

탕전기기 고장의 가장 큰 원인은 소모성부속품의 교환시기로 인해 발생된다. 탕전기기가 고장이 발생하면 대부분의 창업자는 당황하거나 고장접수를 하고 마냥 기다리는 경우가 많다. 하지만 이렇게 해서는 수리기사가 방문할 때까지 당장 업무가 중단될 것이다. 탕전기기 고장 시 올바르게 대처하려면 앞서 말한 것처럼 수리기사가 방문할 때까지 마냥 기다리기보다는 판매업체로 문의하여 고장증상에 대해 먼저 설명한 후 고장의 심각성에 따라 간단한 고장에 대해서는 창업자가 조치할 수 있어야 한다. 또 실제로 탕전기기 고장접수에 대한 처리결과를 보면 대부분이 탕전기기 사용미숙인 경우가 많다. 특히 탕전기기의 사용이 서투른 신규 창업자들의 부주의로 발생하는데 사용미숙으로 인한 고장접수는 전화상으로도 원활히 해결할 수 있다.

다음은 자동포장기 및 중탕·추출기 사용 시 자주 사용되는 소모성부속품과 그 사용처를 나열하였다.

▶ 자동포장기의 소모성 부속품

솔레노이드밸브	메인 PCB	V칼날
펌프(일자형)	해드테이프	살균히터
히터(2P)	센서히터(4P)	리미트스위치
여과기	작동·주입 스위치	메인·보조 기어

• 위 부속품은 포장기 사용 시 자주 사용되는 소모성 부속품으로 미리 준비해야 하고, 교환주기 및 교체방법 등을 숙지해야 한다.

▶중탕 및 추출기의 소모성 부속품

압력게이지(6K)	바킹(25 · 50 · 100L)	퍼시픽
안전변(다이알)	볼트	온도계(大)
점화트랜스	솔레노이드밸브(가스용)	안전변

- 위 부속품은 포장기 사용 시 자주 사용되는 소모성 부속품으로 미리 준비해야 하고, 교환주기 및 교체방법 등을 숙지해야 한다.
- 제품 연료방식(가스 · 전기)에 따라 달라질 수 있다.

▶ 미리 준비해야 하는 공구

방청윤활유	육각렌치(세트)	철 브러쉬
자동포장기의 산화방지	자동포장기의 칼날을 교체할 때 사용됨	자동포장기 해드의 이물질 제거용으로 사용
바이스플라이어	몽키스패너	니퍼
자동포장기 해드 조절	부속해체 및 조절	전기선 절단
• 기타 필요품		
절연테이프, 케이블타이, 드라이버, 철수세미 등		

| Chapter 7 |

시설 및 인테리어

1) 시설 및 인테리어
2) 수도시설
3) 가스시설
4) 전기시설
5) 판매시설
6) 조명시설
7) 환기시설
8) 부자재 보관시설

시설 및 인테리어

1) 시설 및 인테리어

건강원을 창업할 때는 다른 업종과 다르게 美를 중요시하는 인테리어가 아닌, 실무운영 시 운영자의 편리함을 고려하여 시설과 인테리어를 해야 한다. 이는 만들어진 제품을 판매하기보다 즉석에서 제조하는 즉석제조가공의 성격이 더 강하기 때문이다. 건강원 창업 시 이러한 부분에 중점을 두고 시설을 준비해야 앞으로 있을 실무운영에 있어서 많은 불편사항을 해소할 수 있다.

건강원 창업 시 내부시설은 탕전실에 가장 큰 비중을 두어야 하며, 전기와 가스, 배수, 수도시설의 중요성이 매우 크기 때문에 시설에 관련하여 탕전기기 전문가와 충분한 상의한 후 결정을 해야 한다.

▶ 건강원 창업 시 고려해야 할 5가지 시설

수도시설	전기시설	가스시설	조명시설	부자재보관시설

2) 수도시설

건강원 창업에 있어서 가장 중요한 것은 수도시설이다. 이는 물의 사용량이 많은 건강원 운영에 가장 직접적인 연관성을 갖고 있으며 시설 유무에 따라 불편성을 염려할 수 있는 사항이기 때문이다. 건강원의 작업 중 가장 많은 비중을 차지하는 부분이 원재료와 탕기 세척인데, 재료 세척을 하거나 가공 전후로 탕기를 세척해야 한다는 점을 고려했을 때 가장 중요한 부분이 수도시설이므로 이를 간과해서는 분명 안 될 것이다. 현재 운영되고 있는 건강원의 경우 바가지로 탕기 안에 물을 채우거나 탕기 세척 시 별도의 통에 세척물을 받아 운반하여 버리는 경우가 많은데, 이는 이미 배수 공사를 할 수 없었거나, 그렇지 않으면 설비과정에서 건강원의 실무를 고려하지 않았기 때문이다. 건강원 운영에 있어서 수도시설과 배수시설만 완벽히 준비해도 작업량의 1/3은 줄일 수 있을 것이다.

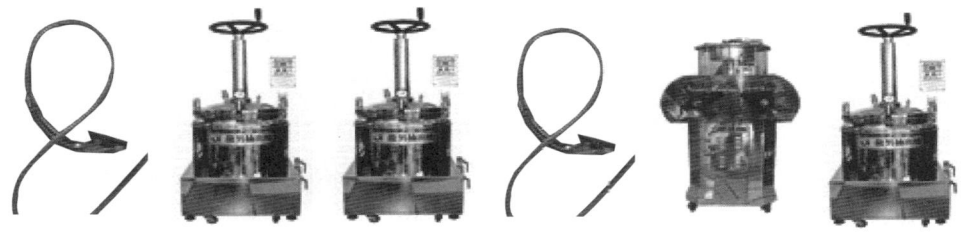

※ 탕기 2~3대 사이에 수도시설을 설치하고, 탕기 주위로 배수시설을 준비하여 건강원 실무의 편의성을 고려해 작업의 능률을 높여야 한다.

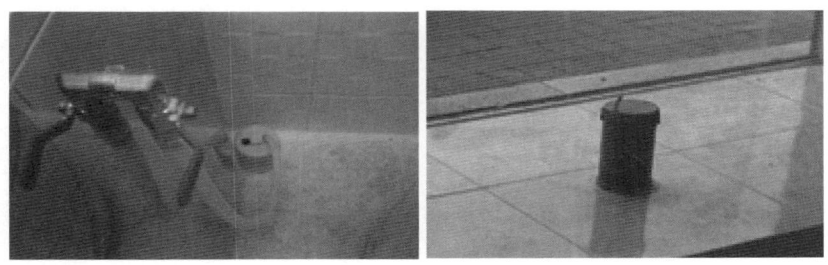

※ 창업을 계획하는 점포가 정해지면 건강원 창업 컨설턴트에게 미리 의뢰해서 긴테리어를 하기 전에 사전점검을 하고 매장 레이아웃을 설정하여 탕기 위치와 배수시설, 수도시설을 준비하면 보다 편리한 시설을 갖출 수 있다.

[별표 14] 〈개정 2014.10.13.〉

업종별시설기준(제36조 관련)

라. 급수시설
1) 수돗물이나 「먹는물관리법」 제5조에 따른 먹는 물의 수질기준에 적합한 지하수 등을 공급할 수 있는 시설을 갖추어야 한다.
2) 지하수 등을 사용하는 경우 취수원은 화장실·폐기물처리시설·동물사육장, 그 밖에 지하수가 오염될 우려가 있는 장소로부터 20미터 이상 떨어진 곳에 위치하여야 한다.
3) 먹기에 적합하지 않은 용수는 교차 또는 합류되지 않아야 한다.
다만, 인근에 수돗물이나 「먹는물관리법」 제5조에 따른 먹는물 수질기준에 적합한 지하수 등을 공급할 수 있는 시설이 있는 경우에는 이를 설치하지 아니할 수 있다.

행정처분 기준(제89조 관련)

위반사항	행정처분기준		
	1차 위반	2차 위반	3차 위반
바. 급수시설기준을 위반한 경우(수질검사결과 부적합판정을 받은 경우를 포함한다)	영업정지 1개월	영업정지 3개월	영업허가·등록취소

3) 가스시설

LPG:액화석유가스 LNG:액화천연가스

가스시설은 LPG와 LNG 두 가지로 나뉘는데, 탕전기기 제품 설치 후 가스시공업체로 문의하여 시공하면 된다. 가스배관 시공비용은 탕기 수량에 따라 다른데 LPG는 40만~60만 원 선이며, LNG는 80만~130만 원 선으로 LPG에 비해 다소 가격이 높다(지역 및 시공업체에 따라 다를 수 있다).

LPG는 인근 가스시공업체를 이용하여 시공할 수 있고, LNG는 도시가스, 가스안전공사를 통해 시공할 수 있다. (한국가스안전공사 www.kgs.or.kr)

※ 같은 가스방식이라 하더라도 LPG, LNG 등에 따라서 제품이 다르기 때문에 제품을 구매하기 전에 탕전기기업체로 통보해야 한다.

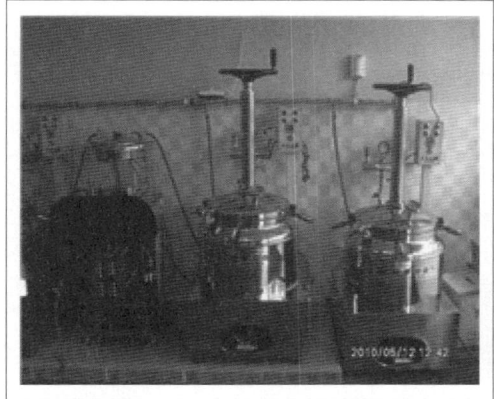

가스식제품 배관 설치(LPG)

▶ 안전한 가스사용을 위하여

① LP가스 누출 시 대처 방법

밀폐된 공간에서 가스가 누출되면 가스가 공기보다 무겁기 때문에 높은 곳의 창문을 열고 환기를 시키는 것보다 현관문을 열고 방석, 빗자루 등을 이용하여 가스를 쓸어 내야 한다.

② LP가스 누출 시 확인요령

LP가스를 제조할 때 냄새나는 물질을 첨가하도록 규정하였기 때문에 냄새로 확인할 수 있다. (누출 농도가 0.1%일 때 냄새를 맡을 수 있으며, 가스가 폭발하기까지는 2%가 넘어야 한다)

③ 가스누출경보기

LPG혹은 LNG가스가 누출될 때, 미리 설정된 가스농도를 초과하면 경보를 울리는 장치로 일반적으로 검지부와 경보발생 및 차단기로 작동신호를 보내는 수신부로 구성되어 있다. 검지부의 경우에는 직접 누출가스를 접촉할 수 있어야 하기 때문에 가스의 종류에 따라서 위치가 달라진다.

④ 가스검지부의 설치 높이

가스의 특성에 따라 가스검지부의 설치 높이가 달라진다. LPG는 공기보다 무거운 가스이기 때문에 공기 중에 누출되면 아래로 가라앉게 된다. 그러므로 공기보다 가스의 비중이 크면 바닥면에서 검지부 상단까지 높이가 30cm 이내인 범위에서 가능한 바닥에 가까운 곳에 설치해야 한다.

반대로 LNG처럼 공기보다 가벼운 가스의 경우에는 위로 퍼지는 성질 때문에 천정으로부터 검지부 하단까지 거리가 30cm 이하가 되도록 설치하는 것이 좋다.

더욱 안전하게 가스를 이용하기 위해서는 가스누출경보기를 설치하였다고 끝나는 것이 아니라 정기적으로 점검해야 한다.

4) 전기시설

전기식 탕전기기를 사용할 경우 제품의 총 사용전력을 확인하여 부족한 전력에 대해서는 별도의 승압, 증설공사를 해야 한다. 일반적으로 50L 탕기 1대당 전력용량이 2.4~3kw이며, 구입할 제품에 수량을 계산하여 15~18kw(탕기 5~6대)는 준비해야 한다. 승압비용은 자재비, 용량, 지역에 따라 다를 수 있다.(15~18kw 증설시 200~300만 원 정도 소요)

전기공사는 탕전기기의 콘센트 사용여부를 확인하여 탕기의 위치와 배선의 위치가 일치하는 것이 좋다. 그러기 위해서는 탕전기기의 위치를 먼저 선정한 후 전기공사를 진행해야 하며, 탕전기기의 위치선정은 전문가의 도움을 받은 후 공사하는 것이 좋다.(핸들식 추출기는 정면이 아닌 7가지 방향으로 탕기가 열리는 것을 염두에 두어야 한다)

제품 용량별 소비전력		
47~55L	2.4~3KW	1대당
80~100L	4KW	1대당
140L	5KW	1대당
170L	6KW	1대당
250L	9~12KW	1대당

- 탕전기기 복수 설치 시 용량에 대한 소비전력 ×탕기수량을 계산하여 승압을 해야 하며, 탕전기기 이외의 간판 및 냉장고, PC 등의 전기사용량도 고려해야 한다.
- 점포가 많은 상가는 이미 영업 중인 점포의 전기 사용량에 따라 증설이 불가능한 경우도 있으니 꼭 확인해야 한다.(건물마다 최고 사용량이 정해져 있다)

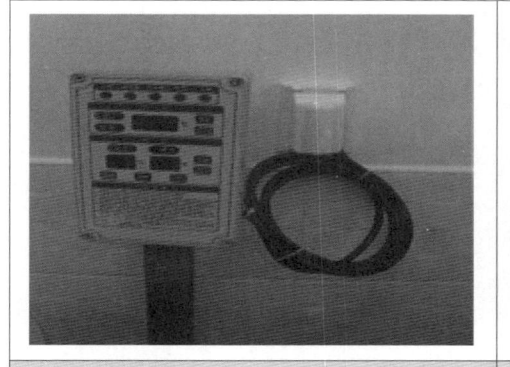

콘센트의 위치선정

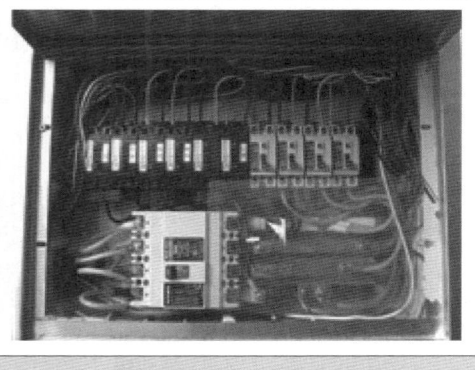

배전함 (탕기수량×누전차단기)

※ 전기공사를 진행하기 전에 전기업체, 탕전기기업체, 창업자가 모두 모여 의논하는 것이 좋다. 전기식 탕전기기를 사용 시 콘센트 1개에 차단기 1개를 사용하는 것이 좋다(20~30A 누전차단기사용).

▶ 계약전력을 변경(증설)방법

계약전력을 증설하는 경우는 전기공사면허업체를 선정하여 내선공사를 한 후 전기사용신규신청과 동일하게 신청하면 된다. "사이버지점〉신청·접수〉업무찾기"에서 "전기사용신청(증설)"을 검색하여 신청 가능하며 관할 한전지사에 내방 또는 우편·FAX로 신청하거나 전기공사업체를 통한 대행신청도 가능하다.

※ 계약전력을 변경한 후 1년 이내에는 특별한 사정이 없는 한 계약전력을 감소시킬 수 없다.

〈구비서류〉
① 계약전력 6kw 이상 - 전기사용신청서Ⅱ (한전양식, "사이버지점〉신청·접수〉서식자료실"에서 다운로드)

※ 단, 건물소유자가 아닌 사용자(임차인 등)명의로 신청 시는 전기사용신청서의 전기사용자란 밑에 소유자 날인 후 임대차계약서 사본 첨부 및 신청서 뒷면의 전기요금 연대보증각서에 소유자 인감 날인 후 인감증명서 첨부(또는 소유자 자필서명시 한전방문 및 소유자 주민등록증 사본 제출)

② 주민등록증 사본
③ 건축허가서 사본, 건축물관리대장, 건물등기부등본 중 하나
④ 사용전점검신청서 및 전기설비단선결선도 (사용 전 점검 수행기관이 안전공사인 경우 사용전점검필증 제출)
⑤ 사업자등록증 사본(산업용 및 세금계산서 필요고객에 한함) - 사용전검사필증 사본 및 내선설계도(자가용전기설비 고객에 한함)
⑥ 사용설비 및 콘덴서 내역(전기사용신청서 뒷면 활용)

※ 사용전점검신청서와 전기설비단선결선도(옥내배선도)는 사용전점검 희망일 3일 전까지 제출해야 하며, 사업자등록증 사본, 사용전검사실시 확인서는 전기사용개시 전까지 제출하면 되고, 사업자 등록증 사본을 전기사용개시 전까지 제출하지 못하는 경우에는 주민등록증 사본 또는 다른 전기사 용장소의 사업자등록증 사본(사업체 이전의 경우)의 제출도 가능(단, 사업자등록증 발급 즉시 그 사본 제출)

기본시설부담금 단가표[1]

구분		금액(부가가치세 불포함)	
		공중공급	지중공급
저압	매 계약에 대하여 계약전력 5KW까지	220,000원	527,000원
	계약전력 5KW 초과분의 매 1KW에 대하여	86,000원	123,000원
고압 또는 특별고압	신증설 계약전력 매 1KW에 대하여	17,000원	44,000원

※ 고압 또는 특별고압 : 계약전력 100KW 이상에 적용/고객부담 시설부담금 부가가치세를 별도로 추가해야 한다.

거리시설부담금 단가표

구분			금액(부가가치세 불포함)		
			공중공급		지중공급
			단상	삼상	
신설거리 시설부담금	기본거리를 초과하는 신설거리 매 1M에 대하여	저압	39,000원	43,000원	60,000원
		고압 또는 특별고압	43,000원		110,000원
첨가거리 시설부담금	기본거리를 초과하는 첨가거리 매 1M에 대하여	저압	5,000원		–
		고압 또는 특별고압	10,000원		–

※ 1M 미만의 끝자리 수는 버린다.
※ 삼상으로 공급하기 위하여 기존 단상 배전선로에 첨가공사를 하는 경우에는 첨가거리시설부담금 단가를 적용한다. 다만, 지중 배전선로인 경우에는 신설거리시설부담금 단가를 적용한다.
※ 기본거리(공중200M, 지중50M)

---

1) 출처 : 한국전력 홈페이지(http://cyber.kepco.co.kr)
   한국전력 고객센터 국번없이 123 (휴대폰 지역번호+123)

5) 판매시설

건강원에서 판매시설은 창업자가 제품을 생산해 판매하거나, 건강기능식품을 판매 할 수 있는 공간을 말한다. 판매시설은 점포 내에 공간을 마련하여 진열장을 갖추고 제품을 진열한 후 판매할 수 있다.

[별표 14] 〈개정 2014.10.13.〉

업종별시설기준(제36조 관련)

즉석판매제조 · 가공업
마. 판매시설
식품을 위생적으로 유지 · 보관할 수 있는 진열 · 판매시설을 갖추어야 한다.

유통전문판매업
가) 영업활동을 위한 독립된 사무소가 있어야 한다. 다만, 영업활동에 지장이 없는 경우에는 다른 사무소를 함께 사용할 수 있다.
나) 식품을 위생적으로 보관할 수 있는 창고를 갖추어야 한다. 이 경우 보관창고는 영업신고를 한 영업소의 소재지와 다른 곳에 설치하거나 임차하여 사용할 수 있다.
다) 상시 운영하는 반품 · 교환품의 보관시설을 두어야 한다.

6) 조명시설

건강원은 식품을 가공하는 가공업이다. 대부분의 식품가공관련 업종은 밝은 시설을 갖추며 청결을 강조하는 경우가 많은데, 기존에 운영되는 건강원들은 실내가 다소 어두운 곳이 많고 약재 보관 또한 종류 구분 없이 그냥 방치해 두는 경우가 많다.

건강원이 이러한 이유는 내부시설을 중요하게 여기지 않기 때문이며, 그중 일부는 가공과정이 청결하지 못한 것을 감추기 위해서이기도 하다.

보약도 음식이다! 식품을 가공하기 위해서는 가공과정이 투명해야만 방문고객들의 신뢰를 얻을 수 있다. 건강원 창업 시 내부시설과 조명시설 또한 청결을 강조할 수 있도록 밝게 유지해야 한다.

값비싼 조명등보다는 저렴한 조명등의 수량을 늘림으로써 매장 내부를 환하게 해야 한다.

매장 밖에서도 내부가 잘 보이게 해야 한다.

※ 건강원 창업 시 다른 식품가공업종과 같이 매장 안이 환하게 보이도록 조명시설을 밝게 준비하여 청결을 더 강조하고 전면유리 또한 광고에 의한 코팅지로 가리기보다 내부가 밖에서도 잘 보이도록 해야 한다.

7) 환기시설

환기시설은 창업 시 식품위생법 시설규정에 따라 환풍기를 설치해야 하는데, 건강원 창업 시 가장 많이 쓰이는 환기시설은 주로 사각형으로 창문이나 출입문 전면 상단에 많이 설치한다. 약재와 양파 등 향이 짙은 제품의 가공량이 많을 경우 탕기 상단에 환풍기 시설을 하고 자바라배관을 설치하여 건물 옥외로 환기하는 경우도 있다. 환기시설 시 주변 점포들의 환경을 고려하여 설치해야 한다.

건강원에서 주로 사용되는 환기시설

※ 주변 점포들 중 추출도중 발생하는 냄새가 나쁜 영향을 줄 수 있는 옷가게와 같은 업종들이 있는지 먼저 확인해야 한다. 창업 후 주변에 냄새로 인해 분쟁의 요소가 될 수 있는 점포가 있는지 확인해야 한다.

[별표 14] 〈개정 2014.10.13.〉

업종별시설기준(제36조 관련)

2) 건물의 구조는 제조하려는 식품의 특성에 따라 적정한 온도가 유지될 수 있고, 환기가 잘 될 수 있어야 한다.

8) 부자재 보관시설

건강원의 부자재는 포장용 BOX와 포장지(POUCH), 부직포(일회용 자루) 등이 있다. 가장 많이 사용되는 포장용 BOX, 포장지(POUCH)는 종류도 많고 부피도 크기 때문에 별도의 보관시설을 고려해야 한다. 부자재 보관 시 통풍이 잘 되고 습이 차지 않는 곳으로 정해야 하며 별도의 선반이나, 진열장을 준비하여 좁은 공간의 활용성을 높여야 한다. 현재는 과거와 달리 다양한 도장재가 생산되기 때문에 보관시설에도 과거에 비해 많은 공간을 준비해야 한다.

▶ 부자재 보관 시 참고 사항
  ① 부자재의 규격을 확인하여 선반을 만들어야 한다.
  ② 부자재 보관 시 습이 차지 않고 통풍이 잘 되는 곳으로 정한다.
  ③ 부자재 이외에도 한약재 등의 공간 확보가 필요하다.

부자재 보관시설

  ④ 부자재 보관 시 BOX와 파우치 등의 규격을 미리 확인하여 좁은 공간을 효과적으로 활용할 수 있어야 한다.
  ⑤ 평균적인 BOX의 규격은 가로 60×세로 40cm, 파우치 사이즈 가로 30×세로 30cm이다.(제조사 및 품목에 따라 차이가 날 수 있다).

| Chapter 8 |

주원료 및 첨가물

1) 주원료 및 첨가물
2) 식품공전
3) 가공할 수 없는 재료
4) 건강원에서 자주 가공되는 재료
5) 첨가물의 종류와 사용법
6) 추출가공식품 첨가물
7) 주원료와 첨가물 구매방법
8) 우리나라 약재시장
9) 제철과일
10) 지역별 특산물

주원료 및 첨가물

1) 주원료 및 첨가물

　식품원료는 식품을 제조·가공·조리하는 데 사용되는 원료를 말한다.

　식품을 제조·가공하는 과정에는 여러 가지 원료가 사용된다. 국제 교류가 발달한 현대에는 다양한 새로운 원료를 이용해서 식품을 가공하기도 하는데 식품으로 사용할 수 있는 원료와 그렇지 않은 원료를 꼭 확인해야 한다. 식품의약품안전처는 여러 제도를 통해서 식품에 대한 안전성을 관리하고 있으며, 식품 원료 단계에서부터 어떤 원료를 식품에 사용할 수 있는지에 대한 기준을 정하고 관리하고 있다.

　일반적으로 밭이나, 산에서 재배된 상태에서는 농산물로 취급한다. 하지만 천연의 식물이라 하더라도 종류에 따라 잎, 뿌리, 줄기, 열매 등으로 구분하여 사용가능여부를 판단하기 때문에 생소한 재료를 사용할 경우 사용가능 여부를 반드시 확인해야 할 것이다. 식품사용가능여부는 아래 식품원료 길라잡이를 참고하면 쉽게 알 수 있다.

　▶ 식품으로의 사용가능여부를 확인방법
　식품의약품안전처(http://www.mfds.go.kr) 접속 → 분야별정보 → 식품안전 → 관련사이트(좌측게시판) → 2page → 식품원료길라잡이 → 검색창에 재료명을 작성 후 검색 → 식용가능여부확인

※ 식용가능여부는 총 세 가지로 나뉜다

① 가능 (표시되어 있는 부위를 사용할 수 있다)
② 제한적 (재료의 함량이 50%를 초과할 수 없다)
③ 불가능 (사용해서는 안 된다)

아래는 개똥쑥을 검색하여 나온 정보이다. 원재료명을 클릭하면 더 자세한 정보를 확인할 수 있다.

원재료	이명	학명	생약명	식용가능여부		
				가능	제한적	불가능
개똥쑥	잔잎쑥, 개땅쑥	Artemisia annua Linne	청호(靑蒿)-꽃필 때의 전초	어린잎		

[별표 15] 〈개정 2014.12.26.〉

즉석판매제조·가공 대상식품(제37조 관련)

1. 영 제21조제1호에 따른 식품제조·가공업 및 「축산물위생관리법 시행령」제21조제3호에 따른 축산물가공업에서 제조·가공할 수 있는 식품에 해당하는 모든 식품

2) 식품공전 [Korean Food Standards Codex]

우리나라 식품위생법 제7조 1항 규정에 의하면 보건복지부장관은 국민 보건상 필요하다고 인정하는 때에는 판매를 목적으로 하는 식품 또는 첨가물의 제조, 가공, 조리 및 보존의 방법에 관한 기준과 그 식품 또는 첨가물의 성분에 관한 규칙을 정하여 고시할 수 있다고 정하고 이 근거에 의하여 동법 제12조에서 식품, 첨가물의 기준, 규격을 수록한 식품, 첨가물 등의 공전을 작성, 보급하여야 한다고 규정하고 있다.

▶ 식품원재료 분류

다음의 식품원재료 분류는 일반적인 분류로서 당해 식품과 원재료의 특성 및 목적에 따라 이 분류에 의하지 아니할 수 있다.

① 식물성 원료

대분류	소분류	품목
곡류	-	쌀, 보리, 밀, 메밀, 조, 수수, 옥수수, 귀리, 호밀, 고량미, 율무, 기장, 피, 퀴노아, 트리티케일 등
서류	-	감자, 고구마, 토란, 마, 카사바(타피오카), 곤약(구약) 등
콩류	-	대두, 녹두, 완두, 강낭콩, 동부, 팥, 잠두, 피전피, 리마콩, 이집트콩, 그린콩, 렌즈콩, 작두콩 등
견과종실류	땅콩 또는 견과류	밤, 호두, 은행, 잣, 땅콩, 아몬드, 피칸, 케슈너트, 개암, 마카다미아, 피스타치오, 도토리 등
	유지 종실류	참깨, 면실, 해바라기씨, 호박씨, 들깨, 올리브, 달맞이꽃씨, 목화씨, 유채(카놀라)씨, 팜, 홍화씨 등
	음료 및 감미 종실류	커피원두, 카카오원두, 콜라 너트, 과라나
과실류	인과류	사과, 배, 모과, 감, 석류 등
	감귤류	감귤, 오렌지, 자몽, 레몬, 유자, 라임, 금귤, 탱자, 시트론 등
	핵과류	복숭아, 대추, 살구, 자두, 매실, 체리, 넥타린, 앵두, 산수유, 오미자 등
	장과류	포도, 딸기, 무화과, 오디, 월귤, 커런트, 베리, 구기자, 머루, 복분자(산딸기, 나무딸기 포함), 으름 등
	열대과일류	바나나, 파인애플, 키위(참다래), 아보카도, 파파야, 대추야자, 망고, 구아바, 코코넛, 리치, 패션 프루트, 두리안, 망고스틴 등

대분류	소분류	품목
채소류	결구 엽채류	배추, 양배추, 브로콜리 등
	엽채류	엇갈이배추(쌈배추, 봄동 등 포함) 상추, 양상추, 시금치, 들깻잎, 쑥갓, 아욱, 근대, 머위, 무(열무 포함, 잎), 취나물, 고춧잎, 참나물, 케일, 청경채, 갓, 냉이, 치커리(잎), 앤디브, 파슬리, 호박잎, 신선초, 고추냉이(잎), 비름나물, 씀바귀, 우엉잎, 갓자채, 뉴그린, 다청채, 당귀잎, 쑥, 둥글레(잎) 등
	엽경채류	파, 부추, 미나리, 고구마줄기, 토란줄기, 고사리, 아스파라거스, 셀러리, 죽순, 콜라비, 원추리, 두릅, 달래, 고비, 풋마늘(마늘쫑 포함), 돌나물, 락교 등
	근채류	무(뿌리), 양파, 마늘, 당근, 생강, 연근, 우엉, 도라지, 더덕, 비트(사탕무), 순무, 파스닙, 야콘, 고추냉이(뿌리), 치커리(뿌리), 인삼(산양삼 포함), 둥글레(뿌리) 등
	박과 과채류	오이, 호박, 참외, 수박, 멜론, 서양호박(단호박) 등
	박과 이외 과채류	토마토, 방울토마토, 고추, 피망(파프리카 포함), 가지, 오크라, 풋콩 등
버섯류	-	느타리버섯, 송이버섯, 표고버섯, 양송이, 싸리버섯, 팽이버섯, 목이버섯, 영지버섯, 새송이 버섯, 목질진흙버섯(상황버섯), 갓버섯, 나도팽나무버섯(맛버섯), 황금뿔나팔버섯, 신령버섯, 석이버섯 등
향신료	-	겨자, 계지, 계피(육계), 고수열매, 고추냉이, 로즈마리, 몰약, 바실(바질), 박하, 백리향, 사프란, 산초, 서강박하, 월계잎, 육두구, 정향, 차조기, 회향, 후추, 쿠민, 카퍼, 강황, 심황, 소두구 등
차	-	차
호프	-	호프
조류	-	갈래곰보, 갈파래, 곰피, 김, 꼬시래기, 다시마, 돌가사리, 둥근돌김, 뜸부기, 매생이, 모자반, 미역, 불등가사리, 석묵, 스피루리나, 우뭇가사리, 진두발, 청각, 클로렐라, 톳, 파래 등
기타식물류	-	사탕수수, 단수수, 결명자, 마테, 쟈스민, 돌외잎, 마타리, 물방기, 질경이, 참나리 등

② 동물성 원료

대분류	중분류	소분류	품목
축산물	-	식육류	소고기, 돼지고기, 양고기, 염소고기, 토끼고기, 말고기, 사슴고기, 닭고기, 꿩고기, 오리고기, 거위고기, 칠면조고기, 메추리고기 등
	-	우유류	우유, 산양유 등
	-	알류	계란, 오리알, 메추리알 등
수산물	어류	민물어류	가물치, 메기, 미꾸라지, 붕어, 팅어, 쏘가리, 잉어, 참붕어, 칠성장어, 향어 등
		회유어류	상어, 송어, 연어, 은어, 장어 등
		해양어류	1) 가다랑어, 가오리, 가자미, 갈치, 강달이, 고등어, 꽁치, 날치, 넙치, 노래미, 농어, 다랑어, 대구, 도루묵, 돔, 망둥어, 멸치, 명태, 민어, 박대, 방어, 밴댕이, 뱀장어, 뱅어 병어, 복어, 복기우럭, 볼락, 붕장어, 삼치, 상어, 새치, 서대, 숭어, 쌍동가리, 양미리, 우럭, 은대구, 임연수어, 전갱이, 전어, 정어리, 조기, 준치, 쥐치, 청어, 홍어 등 2) 심해성어류 : 쏨뱅이류(적어포함, 연안성어종 제외), 금눈돔, 칠성상어, 얼룩상어, 악상어, 청상아리, 곱상어, 귀상어, 은상어, 청새리상어, 흑기흉상어, 다금바리, 체장메기(홍메기), 블랙오레오도리(Allocyttus niger), 남방달고기(Pseudocyttus maculatus), 오렌지라피(Hoplostethus atlanticus), 붉평치, 먹장어(연안성 제외), 흑점샛돔(은샛돔), 비막치어(파타고니아이빨고기), 은민대구(뉴질랜드계군에 한함) 등 3) 다랑어류 및 새치류 : 참다랑어, 남방참다랑어, 날개다랑어, 눈다랑어, 황다랑어, 돛새치, 청새치, 녹새치, 백새치, 황새치, 백다랑어, 가다랑어, 점다랑어, 몽치다래, 물치다래 등
	-	어란류	명태알, 연어알, 철갑상어알 등
	무척추동물	갑각류	새우, 게, 바닷가재, 가재, 방게, 크릴 등
		연체류	1) 패류 : 굴, 홍합, 꼬막, 재첩, 소라, 고동, 대합, 전복, 바지락, 조개류 등 2) 두족류 : 문어, 오징어, 낙지, 갑오징어, 꼴뚜기, 주꾸미 등 3) 기타 연체류 : 개불, 군소, 해파리 등
		극피류	성게, 해삼 등
		피낭류	멍게, 미더덕, 주름미더덕(오만둥이) 등
기타동물	-	파충류 및 양서류	식용자라, 식용개구리 등
	-		식용달팽이 등

3) 가공할 수 없는 재료

식품의약품안전처에서 검토 회신한 동식물 원료 중 식품의 안전성과 건전성이 입증되지 않거나 기본 특성상 약리작용이 강하고 유독성 물질을 함유하고 있는 원료에 대해서는 사용할 수 없다.

- 식용근거와 안전성, 건전성이 입증되지 않은 동식물 원료
- 기본특성상 약리작용이 강하거나 유독성 물질을 함유하고 있는 동식물
- 원료의 구비요건에 부적합한 동·식물 원료

※ 정부에서는 국민의 건강을 위협할 수 있는 아래 사항에 대해 규제하고 있다.

식품위생법 [법률 제12719호 일부개정 2014. 05. 28.]

제2장 식품과 식품첨가물

제4조 (위해식품등의 판매 등 금지) 관련판례벌칙규정
누구든지 다음 각 호의 어느 하나에 해당하는 식품등을 판매하거나 판매할 목적으로 채취·제조·수입·가공·사용·조리·저장·소분·운반 또는 진열하여서는 아니 된다.
[개정 2013.3.23 제11690호(정부조직법)]
1. 썩거나 상하거나 설익어서 인체의 건강을 해칠 우려가 있는 것
2. 유독·유해물질이 들어 있거나 묻어 있는 것 또는 그러할 염려가 있는 것. 다만, 식품의약품 안전 처장이 인체의 건강을 해칠 우려가 없다고 인정하는 것은 제외한다.
3. 병(病)을 일으키는 미생물에 오염되었거나 그러할 염려가 있어 인체의 건강을 해칠 우려가 있는 것
4. 불결하거나 다른 물질이 섞이거나 첨가(添加)된 것 또는 그 밖의 사유로 인체의 건강을 해칠 우려가 있는 것
5. 제18조에 따른 안전성 평가 대상인 농·축·수산물 등 가운데 안전성 평가를 받지 아니하였거나 안전성 평가에서 식용(食用)으로 부적합하다고 인정된 것
6. 수입이 금지된 것 또는 제19조제1항에 따른 수입신고를 하지 아니하고 수입한 것
7. 영업자가 아닌 자가 제조·가공·소분한 것

※ 정부는 식품위생법 4조 '위해식품등의 판매등 금지'에 대해 위반하는 자에게는 엄중히 처벌하고 있다. (아래 벌칙내용 참고)

식품위생법 제94조 (벌칙)

제4조 (위해식품등의 판매 등 금지) 관련판례벌칙규정을 위반한 자는 10년 이하의 징역 또는 1억 원 이하의 벌금에 처하거나 이를 병과할 수 있다. [개정 2013.7.30, 2014.3.18] [[시행일 2014.9.19]]

※ 위 사항 이외에도 야생생물 보호 및 관리에 관한 법률에 의해 야생동물을 이용하여 음식물을 가공하거나 그 사실을 알면서 취득, 먹는 행위까지도 엄중히 처벌하고 있다. 또 멸종위기의 야생동물, 야생식물에 대해서도 채취, 훼손, 고사 등을 금지하고 있고, 이를 위반하는 자를 처벌하고 있다.

야생생물 보호 및 관리에 관한 법률 (약칭: 야생생물법) 약칭
[시행 2015.3.25.] [법률 제12521호, 2014.3.24., 일부개정]

제9조(불법 포획한 야생동물의 취득 등 금지) ① 누구든지 이 법을 위반하여 포획·수입 또는 반입한 야생동물, 이를 사용하여 만든 음식물 또는 가공품을 그 사실을 알면서 취득(환경부령으로 정하는 야생동물을 사용하여 만든 음식물 또는 추출가공식품을 먹는 행위를 포함한다)·양도·양수·운반·보관하거나 그러한 행위를 알선하지 못한다.
② 환경부장관이나 지방자치단체의 장은 이 법을 위반하여 포획·수입 또는 반입한 야생동물, 이를 사용하여 만든 음식물 또는 가공품을 압류하는 등 필요한 조치를 할 수 있다.
[전문개정 2011.7.28.]

제67조(벌칙) ① 제14조제1항을 위반하여 멸종위기 야생생물 Ⅰ급을 포획·채취·훼손하거나 고사시킨 자는 5년 이하의 징역 또는 500만원 이상 5천만원 이하의 벌금에 처한다. [개정 2014.3.24.]
② 상습적으로 제1항의 죄를 지은 사람은 7년 이하의 징역에 처한다. 이 경우 7천만 원 이하의 벌금을 병과할 수 있다. [개정 2014.3.24.]
[전문개정 2011.7.28.]

제68조(벌칙) ① 다음 각 호의 어느 하나에 해당하는 자는 3년 이하의 징역 또는 300만원 이상 3천만원 이하의 벌금에 처한다. 〈개정 2013.7.16., 2014.3.24.〉
1. 제14조제1항을 위반하여 멸종위기 야생생물 Ⅱ급을 포획·채취·훼손하거나 고사시킨 자
② 상습적으로 제1항제1호 또는 제3호의 죄를 지은 사람은 5년 이하의 징역에 처한다. 이 경우 5천만원 이하의 벌금을 병과할 수 있다. 〈개정 2014.3.24.〉
[전문개정 2011.7.28.]

제69조(벌칙) ① 다음 각 호의 어느 하나에 해당하는 자는 2년 이하의 징역 또는 2천만원 이하의 벌금에 처한다. 〈개정 2013.7.16., 2014.3.24.〉
1. 제14조제1항을 위반하여 멸종위기 야생생물 Ⅱ급을 가공·유통·보관·수출·수입·반출 또는 반입한 자
[전문개정 2011.7.28.]

제70조(벌칙) 다음 각 호의 어느 하나에 해당하는 자는 1년 이하의 징역 또는 1천만원 이하의 벌금에 처한다. 〈개정 2013.7.16., 2014.3.24.〉
1. 제8조를 위반하여 야생동물에게 학대행위를 한 자
2. 제9조제1항을 위반하여 포획·수입 또는 반입한 야생동물, 이를 사용하여 만든 음식물 또는 가공품을 그 사실을 알면서 취득(음식물 또는 추출가공식품을 먹는 행위를 포함한다)·양도·양수·운반·보관하거나 그러한 행위를 알선한 자
[전문개정 2011.7.28.]

제73조(과태료)
② 다음 각 호의 어느 하나에 해당하는 자에게는 200만원 이하의 과태료를 부과한다. 〈개정 2011.7.28., 2013.3.22., 2014.3.24.〉
1. 제14조제4항을 위반하여 멸종위기 야생생물의 포획·채취등의 결과를 신고하지 아니한 자
2. 제14조제5항을 위반하여 멸종위기 야생생물 보관 사실을 신고하지 아니한 자

제57조(포상금) 환경부장관이나 지방자치단체의 장은 다음 각 호의 어느 하나에 해당하는 자를 환경행정관서 또는 수사기관에 발각되기 전에 그 기관에 신고 또는 고발하거나 위반현장에서 직접 체포한 자와 불법포획한 야생동물 등을 신고한 자, 불법 포획 도구를 수거한 자 및 질병에 걸린 것으로 확인되거나 걸릴 우려가 있는 야생동물(죽은 야생동물을 포함한다)을 신고한 자에게 대통령령으로 정하는 바에 따라 포상금을 지급할 수 있다. 〈개정 2012.2.1., 2014.3.24.〉
1. 제9조제1항을 위반하여 불법적으로 포획·수입 또는 반입한 야생동물, 이를 사용하여 만든 음식물 또는 가공품을 취득·양도·양수·운반·보관하거나 그러한 행위를 알선한 자
[전문개정 2011.7.28.]

[별표 4] 〈개정 2012.7.27.〉

먹는 것이 금지되는 야생동물(제8조 관련)

1. 공통 적용기준
가. 야생동물을 가공·유통 및 보관하는 경우에는 죽은 것을 포함한다.
나. 포유류, 조류, 양서류·파충류: 살아 있는 생물체와 그 알을 포함한다.

2. 멸종위기 야생동물

구 분	등급	종 명
포유류	Ⅰ급	가. 반달가슴곰 Ursus thibetanus ussuricus 나. 사향노루 Moschus moschiferus parvipes 다. 산양 Naemorhedus caudatus 라. 수달 Lutra lutra
	Ⅱ급	가. 담비 Martes flavigula 나. 물개 Callorhinus ursinus 다. 삵 Prionailurus bengalensis
조류	Ⅱ급	가. 뜸부기 Gallicrex cinerea 나. 큰기러기 Anser fabalis 다. 흑기러기 Branta bernicla
파충류	Ⅱ급	구렁이 Elaphe schrenckii

3. 멸종위기 야생동물 외의 야생동물

구 분	종 명
포유류	가. 고라니 Hydropotes inermis 나. 너구리 Nyctereutes procyonoides 다. 노루 Capreolus pygargus 라. 멧돼지 Sus scrofa 마. 멧토끼 Lepus coreanus 바. 오소리 Meles leucurus
조류	가. 가창오리 Anas formosa 나. 고방오리 Anas acuta 다. 쇠기러기 Anser albifrons 라. 쇠오리 Anas crecca 마. 청둥오리 Anas platyrhynchos 바. 흰뺨검둥오리 Anas poecilorhyncha
양서류	가. 계곡산개구리 Rana huanrensis 나. 북방산개구리 Rana dybowskii 다. 한국산개구리 Rana coreana
파충류	가. 까치살모사 Gloydius saxatilis 나. 능구렁이 Dinodon rufozonatum 다. 살모사 Gloydius brevicaudus 라. 유혈목이 Rhabdophis tigrinus 마. 자라 Pelodiscus maackii

[별표 6] 〈개정 2012.12.31.〉

포획금지 야생동물(제24조 관련)

1. 공통 적용기준: 살아 있는 생물체와 그 알을 포함한다.

2. 포유류(MAMMALIA)

관박쥐, 애기박쥐, 고바야시박쥐, 생박쥐, 문둥이박쥐, 큰집박쥐, 긴가락박쥐, 관코박쥐, 긴꼬리수염박쥐, 쇠큰수염박쥐, 큰발윗수염박쥐, 큰수염박쥐, 흰배윗수염박쥐, 작은멧박쥐, 집박쥐, 북방애기박쥐, 애기박쥐, 큰귀박쥐, 큰귀박쥐, 고슴도치, 제주땃쥐, 땃쥐, 작은땃쥐, 갯첨, 첨서, 뒤쥐, 쇠뒤쥐, 꼬마뒤쥐, 큰첨서, 긴발톱첨서, 두더지, 멧토끼, 만주토끼, 우는토끼, 청설모, 등줄쥐, 흰넓적다리붉은쥐, 비단털등줄쥐, 쇠갈밭쥐, 멧밭쥐, 갈밭쥐, 대륙밭쥐, 숲들쥐, 비단털쥐, 뛰는쥐, 긴꼬리꼬마쥐, 승냥이, 너구리, 큰(불)곰, 산달, 오소리, 족제비, 멧돼지, 노루, 붉은사슴, 고라니

3. 조류(AVES))

흰부리아비, 큰회색머리아비, 회색머리아비, 아비, 귀뿔논병아리, 뿔논병아리, 큰논병아리, 검은목논병아리, 논병아리, 알바트로스, 슴새, 흰배슴새, 붉은발슴새, 쇠부리슴새, 바다제비, 사다새, 푸른얼굴얼가니새, 갈색얼가니새, 군함조, 가마우지, 민물가마우지, 쇠가마우지, 붉은뺨가마우지, 대백로, 중대백로, 왜가리, 붉은왜가리, 해날개해오라기, 알락해오라기, 황로, 검은댕기해오라기, 검은해오라기, 쇠백로, 중백로, 흑로, 열대붉은해오라기, 덤불해오라기, 해오라기, 검은머리흰따오기, 원앙, 고방오리, 아메리카홍머리오리, 미국쇠오리, 넓적부리, 쇠오리, 청머리오리, 가창오리, 홍머리오리, 청둥오리, 흰뺨검둥오리, 발구지, 미국오리, 알락오리, 쇠기러기, 회색기러기, 흰기러기, 흰머리기러기, 미국흰죽지, 붉은가슴흰죽지, 흰죽지, 댕기흰죽지, 검은머리흰죽지, 큰흰죽지, 캐나다기러기, 흰뺨오리, 북방흰뺨오리, 바다꿩, 흰줄박이오리, 검둥오리, 검둥오리사촌, 흰비오리, 비오리, 바다비오리, 붉은부리흰죽지, 원앙사촌, 황오리, 혹부리오리, 초원수리, 왕새매, 말똥가리, 털발말똥가리, 개구리매, 수염수리, 관수리, 뿔매, 비둘기조롱이, 헨다손매, 쇠황조롱이, 황조롱이, 들꿩, 메추라기, 멧닭, 꿩, 쇠재두루미, 캐나다두루미, 시베리아흰두루미, 흰배뜸부기, 알락뜸부기, 물닭, 쇠물닭, 쇠뜸부기사촌, 한국뜸부기, 쇠뜸부기, 흰눈썹뜸부기, 세가락메추라기, 물꿩, 흰물떼새, 꼬마물떼새, 큰왕눈물떼새, 왕눈물떼새, 큰물떼새, 검은가슴물떼새, 개꿩, 민댕기물떼새, 댕기물떼새, 깝작도요, 꼬까도요, 메추라기도요, 세가락도요, 민물도요, 붉은가슴도요, 붉은갯도요, 아메리카메추라기도요, 작은도요, 좀도요, 종달도요, 흰꼬리좀도요, 붉은어깨도요, 꺅도요, 큰꺅도요, 꺅도요사촌, 청도요, 바늘꼬리도요, 노랑발도요, 송곳부리도요, 긴부리도요, 큰부리도요, 큰뒷부리도요, 흑꼬리도요, 꼬마도요, 마도요, 쇠부리도요, 중부리도요, 붉은배지느러미발도요, 지느러미발도요, 큰지느러미발도요, 목도리도요, 멧도요, 학도요, 알락도요, 큰노랑발도요, 청다리도요, 삑삑도요, 쇠청다리도요, 붉은발도요, 누른도요, 뒷부리도요, 장다리물떼새, 뒷부리장다리물떼새, 호사도요, 제비물떼새, 구레나룻제비갈매기, 흰죽지갈매기, 검은제비갈매기, 한국재갈매기, 갈매기, 괭이갈매기, 긴목갈매기, 수리갈매기, 작은흰갈매기, 줄무늬노랑발갈매기, 흰갈매기, 붉은부리갈매기, 큰재갈매기, 재갈매기, 북극흰갈매기, 세가락갈매기, 쇠목테갈매기, 쇠제비갈매기, 큰제비갈매기, 붉은부리큰제비갈매기, 검은등제비갈매기, 제비갈매기, 큰부리제비갈매기, 목테갈매기, 북극도둑갈매기, 작은바다오리, 흰수염작은바다오리, 알락쇠오리, 흰눈썹바다오리, 흰수염바다오리, 바다쇠오리, 바다오리, 분홍가슴비둘기, 양비둘기, 염주비둘기, 멧비둘기, 홍비둘기, 녹색비둘기, 사막꿩, 밤색날개뻐꾸기, 뻐꾸기, 검은등뻐꾸기, 두견이, 벙어리뻐꾸기, 매사촌, 쇠부엉이, 칡부엉이, 금눈쇠올빼미, 솔부엉이, 흰올빼미, 큰소쩍새, 소쩍새, 긴꼬리올빼미, 쏙독새, 쇠칼새, 칼새, 바늘꼬리칼새, 물총새, 호반새, 청호반새, 뿔호반새, 파랑새, 후투티, 아물쇠다구리, 붉은배오색딱다구리, 쇠딱다구리, 큰오색딱다구리, 오색딱다구리, 쇠오색딱다구리, 개미잡이, 세가락딱다구리, 청딱다구리, 귀제비, 흰털발제비, 제비, 갈색제비, 종다리, 쇠종다리, 북방쇠종다리, 붉은가슴밭종다리, 쇠밭종다리, 흰등밭종다리, 힝둥새, 큰밭종다리, 한국밭종다리, 밭종다리, 물레새, 알락할미새, 백할미새, 검은턱할미새, 노랑할미새, 노랑머리할미새, 긴발톱할미새, 검은등할미새, 직박구리, 때까치, 노랑때까치, 재때까치, 긴꼬리때까치, 물때까치, 칡때까치, 검은할미새사촌, 할미새사촌, 황여새, 홍여새, 물까마귀, 굴뚝새, 바위종다리, 멧종다리, 큰부리개개비, 쇠개개비, 개개비, 점무늬가슴쥐발귀, 휘파람새, 북방개개비, 붉은허리개개비, 쥐발귀개개비, 알락꼬리쥐발귀, 큰개개비, 쇠솔딱새, 흰머리딱새, 쇠솔새, 산솔새, 솔새사촌, 노랑눈썹솔새, 버들솔새, 노랑허리솔새, 긴다리솔새사촌, 되솔새, 쇠흰턱솔새, 숲새, 큰유리새, 파랑딱새, 흰꼬리딱새, 노랑딱새, 황금새, 흰눈썹황금새, 붉은가슴울새, 진홍가슴, 쇠유리새, 울새, 흰눈썹울새, 꼬까직박구리, 바다직구리, 제비딱새, 솔딱새, 검은등사막딱새, 딱새, 검은머리딱새, 검은뺨딱새, 검은딱새, 유리딱새, 검은목지빠귀, 검은지빠귀, 붉은배지빠귀, 개똥지빠귀, 되지빠귀, 대륙검은지빠귀, 노랑지빠귀, 흰눈썹붉은배지빠귀, 흰배지빠귀, 호랑지빠귀, 흰눈썹지빠귀, 개개비사촌, 꼬리치레, 상모솔새, 수염오목눈이, 붉은머리오목눈이, 북방긴꼬리딱새, 진박새, 박새, 북방쇠박새, 쇠박새, 곤줄박이, 오목눈이, 스윈호오목눈이, 동고비, 쇠동고비, 나무발발이, 한국동박새, 동박새, 긴발톱멧새, 붉은머리멧새, 노랑눈썹멧새, 멧새, 노랑턱멧새, 붉은뺨멧새, 점박이멧새, 흰머리멧새, 북방검은머리쑥새, 쇠붉은뺨멧새, 쑥새, 꼬까참새, 검은머리쑥새, 촉새, 흰배멧새, 검은멧새, 흰멧새, 홍방울새, 쇠홍방울새, 방울새, 검은머리방울새, 붉은양진이, 양진이, 콩새, 밀화부리, 큰부리밀화부리, 되새, 갈색양진이, 솔잣새, 흰죽지솔잣새, 솔양진이, 멋쟁이새, 긴꼬리홍양진이, 찌르레기, 쇠찌르레기, 잿빛쇠찌르레기, 북방쇠찌르레기, 흰점찌르레기, 참새, 섬참새, 꾀꼬리, 바람까마귀, 회색바람까마귀, 검은바람까마귀, 흰가슴숲제비, 까마귀, 갈까마귀, 떼까마귀, 큰부리까마귀, 물까치, 어치, 잣까마귀, 까치, 붉은부리까마귀

4. 양서류(AMPHIBIA)
도롱뇽, 제주도롱뇽, 고리도롱뇽, 이끼도롱뇽, 꼬리치레도롱뇽, 두꺼비, 물두꺼비, 한국산개구리, 북방산개구리, 계곡산개구리

5. 파충류(REPTILIA)
장수거북, 바다거북, 자라, 도마뱀, 줄장지뱀, 대륙유혈목이, 능구렁이, 실뱀, 누룩뱀, 무자치, 유혈목이, 살모사, 까치살모사, 쇠살모사, 먹대가리바다뱀, 바다뱀

4) 건강원에서 자주 가공되는 재료

건강원 창업 시 식품원료에 따라 가공방법을 세 가지로 나눌 수 있다. 그중 첫 번째는 과일 및 채소류이고, 두 번째는 식용동물성재료, 세 번째는 홍삼 등이다. 이 세 가지 구성은 건강원에서 가장 많이 사용되는 원료들을 구분한 것이고 자주 사용되는 만큼 한 가지만 빠지더라도 주변 건강원들에게 경쟁력이 떨어질 수 있다.

창업자의 취향 등에 따라 취급품목을 제한하게 되면 가공과정이나 품목관리 등이 편리할 수 있지만 다양한 고객확보가 힘들 것이고 다양한 고객을 확보하지 못한 만큼 매출을 보장받기도 어려울 것이다.

필자는 창업컨설팅을 하면서 창업을 계획하는 여성이 식용동물성재료 가공을 혐오스럽다는 이유로 꺼리는 것을 볼 수 있었는데. 창업의 유형이 생계형인 경우라면 품목을 제한하기보다는 보다 다양한 제품을 가공·판매함으로써 주변의 경쟁업체보다 더 많은 고객층을 확보할 수 있어야 한다.

건강원에서 주로 가공되는 제품을 아래표로 나열하였다.

과채류	식용동물성재료	약재류
사과, 배, 포도, 토마토, 야콘, 복숭아, 복분자, 오디, 양파, 블루베리, 돼지감자, 대추, 단감, 매실, 머루, 석류, 호박 등	붕어, 잉어, 흑염소, 개, 녹용, 다슬기, 닭발, 장어, 달팽이, 가물치, 토끼, 우육, 사슴, 오골계, 오리, 미꾸라지 등	헛개나무, 가시오가피, 칡, 울금, 생강, 흑마늘, 상황버섯, 영지버섯, 인삼, 홍삼, 대보차, 쌍화차, 조제한약 (한의원에서 처방된 경우에 한함)

※ 지역에 따라 다를 수 있음

현재 약용식물에 대한 관심이 늘어나면서 다양한 원료를 이용하여 가공품을 생산하고 있다. 창업 시 이러한 점을 염두에 두고 가공재료에 대한 정보, 전망, 유익한 점 등을 보다 빠르게 준비해야 한다.

과거 식용동물성재료 가공 시 개소주, 흑염소, 가물치 등을 주로 사용했지만 현재는 다슬기, 닭발 등의 유익한 점이 알려지면서 식용동물성재료도 다양해지고 있다. 실제로 식용동물성재료의 가공이 많은 편은 아니지만 단골고객을 확보하거나, 계절별로 판매하기에 좋기 때문에 식용동물성재료의 가공은 없어서는 안 될 구성이다. (건강원 창업 시 식용동물성재료와 과채류에 대한 임가공 수익률도 비교하여 효율성을 고려해야 한다.) 식용동물성원료에 많이 쓰이는 재료는 과거 견육, 흑염소 등이 주를 이루었지만 현재는 다슬기, 닭발, 녹용, 붕어 등이 주를 이루며 갈수록 종류도 다양해지고 있다.

5) 첨가물의 종류와 사용법

첨가물이란 주원료를 가공함에 있어서 덧붙이거나 보태는 식품을 말한다. 첨가물은 주로 주원료를 가공할 때 맛을 내거나 주원료가 가진 효능을 좀 더 높여 주기 위하여 사용된다.

건강원에서 사용할 수 있는 첨가물은 반드시 식품 또는 농산물로 등록되어 있어야 한다. 동일한 원료를 사용하더라도 약품으로 등록, 구분되어 판매되는 약품은 사용할 수 없다.

▶ 첨가물 사용방법

첨가물을 사용하기 전에 건강원은 즉석판매제조·가공업으로써 고객을 치료목적으로 한의원과 같이 처방·조제 등을 할 수 없다는 걸 명심해야 한다. 건강원에서의 첨가물 사용은 가공품의 맛을 내기 위함이나, 고객이 복용하기 편리할 수 있도록 더해 주는 용도로 사용해야 한다.

건강원에서 주원료를 가공할 때 사용하는 첨가물은 주원료의 맛이 변형되지 않도록 주의해야 하고, 복용대상에 따라 그 양을 달리 해야 한다. 아래는 첨가물 사용방법 나열하였다.

① 첨가물을 사용할 때는 반드시 고객의 동의를 얻어야 하며, 원재료의 맛이 첨가물로 인해 달라질 수 있다.
② 첨가물의 종류와 양은 고객의 요구에 따라 달리한다.
③ 첨가물은 잘게 분쇄하여 사용하는 것이 좋으며, 분쇄 정도에 따라 맛이 달라질 수 있다.
④ 식용동물성재료를 가공할 때는 마시기 편하게 하기 위해 포장 전 꿀을 첨가하기도 한다.
⑤ 식용동물성재료를 가공할 때는 함께 사용하는 약용식물 24~30종과의 중복을 확인한 후 중복되지 않도록 해야 한다.

6) 추출가공식품 첨가물

▶ 주로 사용하는 첨가물

아래 목록은 건강원에서 자주 쓰이는 첨가물이다.

약용식물 26종 : 식용동물성재료 가공 시 주로 사용되는 한약재
녹각 : 값비싼 녹용을 대신해 사용되며 동물성재료 가공 시 주로 사용
대추 : 식용동물성재료 또는 양파즙 등 맛과 향이 짙은 재료를 가공 시 사용
생강 : 식용동물성재료에 주로 사용되며, 배즙, 도라지즙 등에도 사용
도라지 : 배즙 등에 첨가물로 사용(길경), (도라지즙의 주원료이며)
인진쑥 : 식용동물성재료와 양파즙 등에도 사용(인진쑥즙의 주원료)
은행 : 식용동물성재료 및 배즙 등에 주로 사용
솔잎 : 양파즙에 주로사용(조선솔)
오갈피 : 식용동물성재료 및 과채류 첨가물로도 사용(오갈피 중탕액의 주원료)
홍삼 : 4~6년근 홍삼 (검사품)
꿀(물엿) : 식용동물성재료 가공 시 주로 사용되며, 호박이나 민들레, 한약같이 약재의 맛이 쓰거나 밋밋한 경우에 마시기 편하게 하는 용도로 사용

이외에도 다양한 첨가물을 사용하며 건강원에서 사용되는 첨가물은 지역 및 고객의 기호에 따라 다를 수 있다.

▶ 추출가공식품 부원료 효능

최소량만 사용가능 식용식품

NO	품 명	효능
1	감 초	건위, 소화, 지혈의 효능이 있으며 궤양치료효과가 있다. 기가 정체된 것을 풀어 주고 기침을 그치게 한다.
2	갈 근	해열에 효과가 있으며, 여름철 급성장염으로 인해 배가 아파 설사를 할 때 치료 효과가 있다. 〈임산부와 신체허약자는 감기가 있으면 사용을 금한다.〉

NO	품 명	효 능
3	구기자	강장보신, 콜레스테롤 감소작용이 있다. 관상동맥경화로 혈압이 높고 콜레스테롤이 많을 때 이를 저하시켜준다.
4	구 판	보혈, 어혈을 풀어 주는 작용을 한다
5	길 경 (도라지)	가래가 끓고 기침이 심한 경우나 호흡기 질환 기관지염에 좋으며 기침 가래 천식, 강장, 해소, 거담 등에 좋다.
6	계 피	각종 신경통이나 근육통에 효과가 있으며 해열작용도 있다.
7	결명자	변비에 좋으며, 혈압을 낮추거나 피 속의 콜레스테롤을 낮추는 작용을 한다.
8	곽 향	위장의 습열을 제거하며 건위 및 식체의 소화작용을 하고 구토, 설사를 중지시키며 소화기능을 증강하는 효능이 있다. 소염, 해열의 효과가 있다.
9	노루귀	병변으로 인한 심한 통증과 담이 없이 소리만 심한 통증을 진정시킨다.
10	녹 용	조혈, 보혈, 골수생성, 익위
11	녹 각	보간, 보양, 보기
12	당 귀	빈혈치료에 중요한 약재이며 월경조정에도 좋은 효능을 발휘, 보혈의 작용뿐 아니라 어혈을 제거하는 효능〈열이 있는 사람은 신중히 사용할 것〉
13	두충치 (두충나무가지)	기력 및 정력증강, 혈압강하, 소변을 자주 볼 때, 허리 무릎이 아플 때에 좋다.
14	대 추	비위를 보하고, 기를 돕고, 진액을 생기게 하며, 약들을 조화롭게 한다. 식욕부진, 설사, 기혈부족, 심장이 두근거릴 때에 좋다.
15	달개비	열사에 의하여 서열의 증상을 제거하는 일.
16	모 과	다발성 신경염의 초기마비증상에 효과가 있고 육류를 과다하게 섭취해서 가슴과 배가 더부룩하고 아플 때 효과가 있다.
17	맥 아	소화하기 힘든 당질식품의 소화를 돕고 소호불량의 증상에 사용. 영양불량으로 인한 부종이나 신진대사의 기능장애로 인한 부종을 치료하는 효능이 있다. ※ 산모는 사용을 금한다. (젖의 분비가 감소할 우려가 있음)
18	복분자	생리기능의 쇠퇴현상을 방지, 눈을 맑게 하고 시력을 증강시킨다. (소변을 볼 때 따끔거리는 통증이 있는 사람은 신중히 사용한다.)
19	백작약	관상동맥 경화성 고혈압, 신경의 자극으로 몸이 아프고 쑤시는 통증에 효과가 있다. (만성장염이 있는 사람은 신중히 사용한다.)
20	백 출	소화를 돕고, 식욕부진, 땀이 날 때, 태아를 편케 하며, 몸의 열을 내리게 한다.

NO	품 명	효능
21	백복령	혈당치를 내리는 작용을 하며, 신진대사 기능 이상과 여러 가지 영양실조에서 일어나는 하지부종을 고치는 작용을 한다. 〈소변이 많고 유뇨증인 사람은 신중히 사용, 자라와 함께 복용하지 않는다〉
22	박 하	박하의 성질은 차고 맛은 매우며 건위, 구풍, 산열, 소종작용이 있다. 청량, 해열작용을 한다. 항염작용을 한다. 소염 지통작용을 한다.
23	사 인	체내에 있는 기의 섭취에 의하여 생기는 병증을 해제하고 운행시키는 데 도움을 준다.
24	숙지황	자양보혈(慈瀁補血), 강심(强心), 지혈(止血), 〈소화기능이 나쁘고, 배가 더부룩하며, 검고 묽은 변을 보는 사람은 신중히 사용〉
25	산수유	보신장양, 이뇨, 향균 등의 작용 / 위산과다 배뇨통이 있는 사람은 사용금지 (도라지와 함께 사용을 금한다)
26	사상자	수렴작용이 있고, 자궁하수에는 사상자가루를 기름에 익혀 환부에 바르면 효과가 있다. 트리코모나스균에 대한 살균효과가 있다.
27	삼백초	급작스런 습기의 침범으로 인하여 생기는 발열과 습도의 이상증가로 오는 습사가 침입한 독의 해독작용.
28	석창포	의식각성, 거담, 간질을 멈추게 하는 효능이 있고 어지러움증 치료에 효과가 있다. (체질이 허약한 사람은 신중히 사용한다.)
29	산 약	자양강장, 강정, 설사를 멈추게 하는 데 효과가 있다.
30	산사자	소화흡수의 기능을 증진시키는 데 효능이 있다. 특히 육류의 과식으로 배가 더부룩한 증상을 완화시킨다. 혈압을 낮추는 작용이 있다. 〈위산과다인 사람은 금기, 생 것을 많이 먹으면 치아가 상하기 쉽다.〉
31	생 강	식중독을 일으키는 균을 살균하는 작용, 식욕을 돋우는 작용, 소화 흡수를 돕는다. 위장의 연동운동이 제대로 이루어지지 않아 가스가 차고 속이 답답할 때 좋다.
32	인 진	황달, 모든 피부습진 등의 초기에 가려움증이나 열과 통증이 있을 경우와 감염예방에도 우수한 효능이 있다. 또한 소변을 잘나오게 한다. (간경화에 의한 복수 및 만성간염이나 황달이 나타나지 않는 사람은 금한다.)
33	원 지	자양성강장약으로 효능이 있으며 건망증에도 좋다. 심장의 박동이 잦은 상태를 진정시키는 효과가 있어서 심장질환에 가장 많이 사용된다.
34	우 슬	월경이 늦어지는 경우와 지혈작용, 좌골 신경통에 효능. 임산부, 습관성 유산자, 월경과다자는 복용을 금하고 쇠고기와는 먹지 않는것이 좋다.
35	울 금	숙취 및 치질, 노하방지, 당뇨병치료, 동맥경화예방에 효과가 있다.
36	인 산	강심보신, 항균작용, 지혈, 혈당저하, 간장보호, 간기능 이상에 효과가 있다 (*감염성질황에 감염되어 열이 발생되고 갈증과 변비가 생기며 혀에 태가 생기는 증상에는 금하며, 실열증환자에게는 사용을 금한다.)
37	오갈피	혈중 콜레스테롤 감소, 면역능력 강화, 심장병, 동맥경화예방, 당뇨병, 피로회복, 저혈압 등.

NO	품 명	효능
38	진 피	기관지에 효능이 있고 위를 좋게 한다. (토혈병을 앓은 적이 있는 사람은 신중히 사용)
39	작 약	기가 약한 사람의 기를 회복시키며, 과로 및 감기에 효능이 있다.
40	측백엽	양혈, 지혈효과가 있다. 어린이의 유행성이하선염에 좋다. (국화나 밀가루와 함께 사용하는 것을 금한다.)
41	천 궁	빈혈 또는 어혈 때문에 월경불순이나 월경통 유발이 될 때 순조롭게 돕는 효능이 있다. (임산부의 출혈에는 신중히 사용한다.)
42	치 자	성질은 차고 맛이 쓰며 독이 없는 약재이다. 가슴과 대소장의 열, 위 속의 열로 답답함에 효능이 있다.
43	토사자	양위, 조루 및 정자의 마소나 운동능력 저하에 따라 일어나는 남성불임의 치료에 사용 / 과민성 장염, 습관성 유산의 치료에 사용
44	황 기	강장보신(안색이 창백하고 땀이 많으며 오한기 있는 증상에 사용) 이뇨소종(체내에 있는 불필요한 수분 제거)
45	홍화씨	정혈작용이 있어 월경분순, 혈액순환장애, 산후 훗배앓이에도 좋다.
46	하수오	태를 편안히 하고 유산방지의 효과, 강압 및 콜레스테롤을 감소시키는 작용이 있다. 보혈효과가 있다. (만성장염인 사람은 신중히 사용)

첨가물을 사용할 때에는 반드시 식품원료로의 사용이 가능한지 확인해야 한다. 만약 부적합한 원료를 첨가물로 사용할 경우 식품위생법에 의거하여 처벌대상이 될 수 있다. 아래는 올바르지 않은 원료를 사용하다 적발 시에 대한 행정처분 기준이다.

행정처분 기준(제89조 관련)

위반사항	행정처분 기준		
	1차 위반	2차 위반	3차 위반
마. 법 제18조에 따른 안전성 평가 대상인 농·축·수산물 등 가운데 안전성 평가를 받지 아니하였거나 안전성 평가에서 식용으로 부적합하다고 인정된 것	영업정지 2개월과 해당 제품 폐기	영업정지 3개월과 해당 제품 폐기	영업허가·등록취소 또는 영업소 폐쇄와 해당 제품 폐기
바. 수입이 금지된 것 또는 법 제19조제1항에 따른 수입신고를 하지 아니하고 수입한 것(식용 외의 용도로 수입된 것을 식용으로 사용한 것을 포함한다)	영업정지 2개월과 해당 제품 폐기	영업정지 3개월과 해당 제품 폐기	영업허가·등록취소 또는 영업소 폐쇄와 해당 제품 폐기
사. 농산물 또는 식육의 농약잔류허용기준을 위반한 것	품목류 제조정지 1개월과 해당 제품 및 원료 폐기	영업정지 1개월과 해당 제품 및 원료 폐기	영업정지 3개월과 해당 제품 및 원료 폐기

7) 주원료와 첨가물 구매방법

건강원을 창업하는 인구가 늘면서 건강원을 상대로 자주 사용되는 주원료와 약재 등을 공급하는 업체가 지역별로 늘고 있다. 실제로 건강원을 창업한 후 시간이 지나면 아마도 이러한 업체들로부터 한두 번쯤은 제품 구매요구를 받을 수 있을 것이다. 하지만 이러한 업체가 나를 알고 찾아올 때까지 마냥 기다릴 수는 없을 것이다. 창업을 준비한다며 건강원 운영에 필요한 재료들과 판매경로에 대해 미리 알아 두어야 한다.

건강원에서 필요한 제철과일은 가까운 과수원과 직접 거래하여 공급을 받는 방법이 있고, 인근 농수산시장을 이용하여 쉽게 구매할 수도 있다. 또 추출가공협회에 가입한 경우 추출가공협회에 문의하여 가까운 주원료 공급처를 전달받아 공급받기도 한다.

건강원을 창업하려면 주원료 및 첨가물을 구할 수 있는 공급처를 확보해 두어야 한다. (건강원에서 다루는 재료는 농산물, 축산물, 수산물, 한약재 등으로 나뉜다.)

농산물	축산물(도축)	수산물(어류)
양파, 사과, 배, 포도, 복숭아 등의 농산물	견육, 흑염소 등의 축산물	붕어, 장어, 가물치 등의 수산물
과수원 및 농수산시장	인근 도축장	인근 수산물도매상
인삼, 홍삼	한약재	기타
인삼, 홍삼 등	도라지, 감초, 오가피, 갈근, 녹각, 녹용 등의 약재	늙은호박, 대추, 은행 등
금산, 풍기, 진안 등	한약재도매상	호박도매상, 재래시장

8) 우리나라 약재시장

▶ 국내에서 규모가 큰 약초시장

제천약초시장 (http://www.jcyakcho.org)	
주소	충북 제천시 원화산로 121 / (지번) 제천시 화산동 987
취급품목	약용식물, 한약재 등

금산인삼도매센터 (http://www.insamdome.com)	
주소	충청남도 금산군 금성면 화림리 559-2
취급품목	인삼, 홍삼, 약용식물, 한약재 등

경동시장 인터넷상인회 쇼핑몰 http://www.internetkyungdong.or.kr	
주소	서울특별시 동대문구 제기동 1109-9
취급품목	약용식물, 한약재 등

경동시장 (http://www.kyungdongmart.com/index/index.htm)	
주소	서울특별시 동대문구 용두동 일대
취급품목	약용식물, 한약재 등

제기동 약재시장 (쇼핑몰 미개설)	
주소	서울특별시 동대문구 제기동 일대
취급품목	약용식물, 한약재 등

산청약초시장 (쇼핑몰 미개설)	
주소	경상남도 산청군 금서면 매촌리 87-31번지
취급품목	약용식물, 한약재 등

9) 제철과일

월	제철 과일 및 채소 등
1	과일 : **귤, 사과, 감, 배** 채소 : **늙은호박, 돼지감자, 취**
2	과일 : **사과, 귤,** 레몬 채소 : **돼지감자, 취**
3	과일 : 딸기 채소 : 돌미나리, 달래, 냉이, 고들빼기, 쑥, 고사리, **돼지감자**
4	과일 : 딸기, 살구 채소 : 죽순, 상추, 두릅, 아스파라거스, 고사리, **더덕, 돼지감자,** 민들레
5	과일 : 딸기, 앵두, 오디 채소 : **양배추, 도라지, 양파, 미나리,** 민들레
6	과일 : **토마토,** 참외, **매실, 블루베리,** 오디, **복분자** 채소 : 옥수수, 부추, 마늘, 여주
7	과일 : 수박, 참외, 자두, **복숭아,** 아보카도, 멜론, **블루베리,** 복분자 채소 : 가지, 부추, **여주, 토마토**
8	과일 : 멜론, **복숭아,** 수박, **포도, 복분자** 채소 : 옥수수, 가지, **수세미, 토마토,** 인삼
9	과일 : **사과, 배, 포도, 석류, 머루, 오미자** 채소 : 감자, 고구마, **수세미, 토마토,** 인삼
10	과일 : **사과, 포도, 감, 대추, 오미자, 석류,** 밤, 유자, 모과 채소 : 송이버섯, **양배추, 야콘, 울금, 생강,** 와송
11	과일 : **배, 사과, 귤,** 키위 채소 : 브로콜리, **늙은호박, 돼지감자, 야콘, 울금, 생강, 취,** 와송
12	과일 : **배, 사과, 귤,** 키위, 바나나 채소 : **생강, 늙은호박,** 산마, **돼지감자, 취**

10) 지역별 특산물

지역	특산물	지역	특산물
순창	고추장	강화	약쑥
산청	곶감	가평	잣
창녕	양파	홍천	찰옥수수
밀양	얼음사과	진부	당귀
영암	무화과	횡성	한우
하동	녹차	여주	쌀
함안	수박	이천	쌀
남해	마늘	충주	사과
보성	녹차	정선	찰옥수수, 황기
광양	매실	서산	마늘
해남	겨울배추	청양	고추, 구기자
진도	대파	정안	밤
장흥	표고버섯	괴산	고추, 고춧가루
고흥	유자	단양	마늘
보은	대추	봉화	송이
영동	포도	영양	고춧가루
장수	사과	청송	사과
예산	사과	상주	곶감
풍기	인삼	의성	마늘
금산	인삼, 홍삼	군산	찹쌀보리
논산	딸기	무주	사과
나주	배	성주	참외
성환	배	경산	대추
유성	배	고창	복분자

| Chapter 9 |

추출가공법

1) 추출가공법
2) 과일과 채소 등의 가공
3) 과일과 채소 등의 가공순서
4) 건조된 약재의 가공방법
5) 식용동물성재료의 가공
6) 식용동물성재료의 가공순서
7) 생즙 가공법
8) 증류한약
9) 음식과 건강
10) 우리 몸에 좋은 음식

추출가공법

1) 추출가공법

모든 고객을 만족시키려면 고객별 레시피를 만들어야 한다!

예비 창업자들이 건강원 창업을 앞두고 가장 두려워하는 것 중 하나가 바로 추출가공법일 것이다. 필자는 많은 예비창업자가 추출가공법을 배우기 위해 거액의 돈을 지불해 가면서 현재 운영하고 있는 건강원을 찾아 가공방법을 배우거나 또는 프랜차이즈에 가맹하는 경우를 종종 보았다. 실제로 건강원에서 다루는 재료가 과일, 채소, 식용동물 등 다양하지만 가공 공방법이 유사하기 때문에 예비창업자들이 두려워하는 만큼은 어렵지 않게 배울 수 있다.

건강원 창업을 계획하면서 가공방법을 부담스럽게 느끼는 이유는 경험 부족과 재료가 생소하기 때문이나 막상 창업 전 일정기간의 연습만 거친다면 누구나 손쉽게 배울 수 있다. 또 건강원에서 가공되는 제품은 맛보다도 보양식의 성향을 갖기 때문에 마트에서 판매하는 맛에 기준한 음료와는 복용 및 구매대상이 다르다는 것을 명심해야 한다. 현재 건강원을 운영하는 점포 중에서도 맛을 내기 위해 설탕, 뉴수가 등의 첨가물을 사용하기도 하는데, 이런 경우 방문 고객들에게 건강원의 의미가 무색해질 수 있다. 건강원 가공법은 방문고객의 유형에 맞게 맛보다는

건강식품에 비중을 두고 고객에게 필요한 주원료와 첨가물을 적절히 사용해야 할 것이다.

필자는 건강원을 직접 운영하면서 추출가공방법에 대해 많은 걸 느낄 수 있었는데, 그중 하나가 모두에게 맛있는 가공법은 존재하지 않는다는 것이다. 제 아무리 정성을 기울여 가공한 제품일지라 하더라도 고객에 따라서 만족도가 다를 수 있기 때문이다. 이는 복용대상에 따라 맛의 기준이 다르기 때문인데, 필자가 생각하는 가장 현명한 가공법은 한 가지 방식을 고집하기보다는 복용대상에 따라 맛을 달리한다는 것이다. 주원료와 첨가물을 가공 시 복용대상이 누구인지 먼저 확인하여 고객이 원하는 맛을 낼 수 있도록 노력해야 한다.(고객관리프로그램을 활용하여 고객의 성향, 맛의 취향 등을 기록한다면 고객이 만족할 수 있는 고객별 RECIPE를 만들 수 있다.)

실제로 달걀을 요리하더라도 먹는 이마다 반숙, 완숙 등 개인이 가진 맛의 기준이 다름을 알 수 있다. 건강원의 추출가공법도 달걀요리와 마찬가지로 가공온도, 가공시간 등을 늘리거나 혹은 단축시켜 고객별로 가공법을 달리할 수 있어야 한다(탕전기기의 온도와 시간을 조절함으로써 제품의 맛을 연하거나 진하게 조절할 수 있다).

아래는 건강원에서 사용하기에 부적합한 원료를 사용했을 때에 대한 식품위생법상의 행정처분 기준이다.

위반사항	행정처분기준		
	1차 위반	2차 위반	3차 위반
하. 1) 허용한 식품첨가물 외의 식품첨가물	영업정지 1개월과 해당 제품 폐기	영업정지 2개월과 해당 제품 폐기	영업허가·등록취소 또는 영업소 폐쇄
너. 2) 식품제조·가공 등의 원료로 사용하여서는 아니 되는 동식물을 원료로 사용한 것	품목 제조정지 15일과 해당 제품 폐기	품목 제조정지 1개월과 해당 제품 폐기	품목 제조정지 2개월과 해당 제품 폐기
3) 식용으로 부적합한 비가식 부분을 원료로 사용한 것	품목 제조정지 1개월과 해당 제품 폐기	품목 제조정지 2개월과 해당 제품 폐기	품목 제조정지 3개월과 해당 제품 폐기

행정처분 기준(제89조 관련)

2) 과일과 채소 등의 가공

건강원은 즉석판매·제조가공업으로 고객이 의뢰한 재료를 정해진 가공비를 받고 가공을 대행해 주는 업종이다. 건강원의 1회 가공기준은 지역별로 차이가 날 수 있지만 평균 탕기(중탕 및 추출기)의 용량은 50(±)리터를 사용하고, 가공비용은 가공할 재료에 따라 달라진다.

탕기(중탕 및 추출기) 50리터를 기준했을 때 1회 가공에 필요한 과채류(과일 및 채소)의 양은 재료의 단단함 또는 수분의 함량, 분쇄의 정도에 따라 다를 수 있다.

예를 들어, 동일한 50리터의 탕기(중탕 및 추출기)를 사용했을 때 양파, 배, 포도 등과 같이 수분의 함량이 많고 입자가 연한 과채류(과일 및 채소)는 분쇄 정도에 따라 30~35kg(±)를 가공할 수 있다. 하지만 호박, 사과, 고구마, 감자 등과 같이 수분의 함량이 적고 입자가 단단한 과채류(과일 및 채소)는 분쇄 정도에 따라 25~28kg(±) 정도밖에 가공할 수 없다. 이러한 이유는 수분의 함량이 적고 입자가 단단한 재료는 분쇄를 하였다 하더라도 입자의 크기가 크기 때문에 동일한 용량의 탕기(중탕 및 추출기)를 사용 시 입자가 연한 과채류(과일 및 채소)에 비해 적게 들어가게 된다. 이렇게 각 재료가 가진 수분의 함량 또는 입자의 단단함 정도에 따라 동일한 용량의 탕기에 넣을 수 있는 양이 달라지고 또 넣는 양에 따라 생산되는 제품의 수량이 달라진다. (INPUT = OUTPUT)

아래 내용은 탕기 50L 기준, 분쇄기 사용, 1회 가공 시 주원료의 양과 포장수량을 표기한 것이다.

품명	재료	포장수량	품명	재료	포장수량
포도	30kg	180~205	복숭아	30kg	160~180
사과	25kg	140~160	양파	30kg	180~200
배	30kg	180~200	돼지감자	28kg	160~180
호박	27kg	150~180	야콘	28kg	160~180

※탕기 50L 기준(분쇄의 정도에 따라 다를 수 있음)

※ 재료의 보관 상태에 따라 포장수량이 다를 수 있다.
※ 생수 2L를 동일하게 적용하였다.
※ 포장용량을 120ml 동일하게 적용하였다.
※ 가공온도와 가공시간은 재료에 따라 달리하였다.

건강원에서 주원료에 대한 가공방법은 재료가 가진 수분 함량과 재료의 특성에 따라 온도와 시간 또는 물의 양을 달리해야 하는데, 재료에 따라 온도, 시간 등을 적절히 조절해야 한다.

건강원에서 사용되는 탕전기기는 온도와 시간을 이용하여 가공하는 방식이다. 가공 시 온도가 너무 높으면 추출액의 색이 검게 변하거나 탄맛이 나는 탄화현상이 생길 수 있고, 반대로 온도가 너무 낮으면 추출액의 색이 옅고 재료가 완전히 익지 못할 수 있다. 또 시간 설정 시에도 이와 마찬가지로 가공시간이 길면 색이 짙어지고 가공 시간이 짧으면 색이 연할 수 있는데, 이처럼 각 재료가 가진 수분의 함량이나 재료의 특성에 따라 설정온도와 시간을 달리하여 가공해야 한다.

※ 추출가공법 또는 첨가물은 지역에 따라 다를 수 있다.

• 발생현상에 따른 대처방법

발생 현상	대처 방법
제품의 색이 연하거나 재료가 완전히 익지 않은 현상	온도를 높여 주거나 시간을 늘려 준다
제품의 색이 진하거나 탄맛이 나는 현상	온도를 내려 주거나 시간을 줄여 준다
온도조절 방법	온도는 5℃ 단위로 조절
시간조절 방법	시간은 30분 단위로 조절
온도와 시간은 하나씩 조절하는 것이 좋다. 일정한 가공을 위하여 재료별 가공온도와 시간을 기록하는 것이 좋다	

3) 과일과 채소 등의 가공순서

과채류(과일 및 채소) 가공 시 재료의 단단한 정도와 수분함량 등을 고려하여 온도와 시간 그리고 물의 양을 조절하여 가공해야 한다.

▶ 과채류 가공순서
① 가공할 주원료와 첨가물을 깨끗이 세척한다.
  (깨끗한 세척을 위해서 흐르는 물에 씻는 것이 좋다)
② 가공할 주원료를 분쇄한다.
  (분쇄기가 없을 시 칼로 절단해야 하고, 분쇄 정도에 따라 추출의 양이 달라진다)
③ 분쇄된 주원료와 첨가물을 골고루 섞어 준다.
  (첨가물의 주원료 사이사이에 들어갈 수 있도록 한다)
④ 골고루 섞인 주원료 및 첨가물을 자루에 담아 탕기 안에 넣은 후 자루를 묶어 자루 밖으로 재료가 새어 나오지 않도록 한다.

(탕기에 따라 자루를 사용하지 않을 수 있다)
⑤ 탕기 뚜껑을 닫고 가공온도와 시간을 설정한다.
(제품별 가공온도와 시간을 달리해야 한다)
⑥ 탕기 밸브를 모두 닫는다.
(밸브가 열려 있을 경우 증발하거나, 누수될 수 있다)
⑦ 가공 시작한다.
(가공 중에는 탕기가 뜨거우니 안전사고에 유의해야 한다)
⑧ 가공이 완료되면 자동포장기로 이송한다.
(탕기마다 이송방식이 다를 수 있다. 압력 중탕 및 추출기 사용 시 압력게이지 0.15mpa 이상이어야 한다)
⑨ 포장기로 이송이 완료되면 포장을 한다.
(탕기 용량이 포장기 용량보다 크면 이송 도중 포장하기도 한다)

- 포장기로 이송하기 30분 전에 포장기의 전원을 켜 예열을 시작하는 것이 좋다.
- 가공순서는 재료와 탕기에 따라 다르기 때문에 재료와 탕기에 맞는 가공방법으로 가공해야 한다.
- 포장 도중에 포장기의 살균히터를 이용하여 온도를 유지해 주어야 한다. 만약 포장 시 추출물의 온도가 95℃ 이하로 떨어질 경우 포장 후에도 제품의 변질 또는 부패의 가능성이 높다.
- 추출가공법 또는 첨가물은 지역에 따라 다를 수 있다.

• 배즙 가공법(예시)

재료	첨가제	생수	시간	온도	포장수량
배 30kg	도라지 400g, 대추 200g	2L	4시간	115℃	190~220 (120ml)

• 호박즙 가공법(예시)

재료	첨가제	생수	시간	온도	포장수량
호박 28kg	옥수수수염 400g	4L	8시간	105℃	160~170 (110ml)

※ 배와 호박의 가공방법에서 보면 생수의 양과 탕기의 시간과 온도의 차이, 포장수량에 차이가 있는데, 이는 배와 호박이 가진 수분함량과 단단함의 정도가 다르기 때문이다.

• 과채류별 가공 온도와 시간

품명	온도	시간	품명	온도	시간
포도	120℃	3시간 이내	복숭아	115℃	4시간
사과	115℃	5시간	양파	115℃	5시간
배	115℃	4시간	돼지감자	115℃	5시간
호박	105℃	8시간	야콘	115℃	5시간

※ 가공온도와 시간의 경우 지역에 따라 다를 수 있음

4) 건조된 약재의 가공방법

건조된 재료를 사용할 경우 재료가 수분을 흡수하는 것을 감안하여 물의 양을 추가로 조절해야 한다.

▶ 물량 조절방법

약재 무게×1.3+포장수량(1포 110ml)

예제) 약재 1.8kg이면 1,800g ×1.3(2,340cc) + 4,400(110ml×40포) = 6,740cc(넣어야 할 물의 양)

한약 1제(1.8kg)당 110ml×35포

재료	생수	온도	가공시간	포장수량
약재 1.8kg	6,190 cc	115℃	3시간	40 (110ml)

5) 식용동물성재료의 가공

 식용동물성재료를 가공할 때는 의뢰한 고객의 복용 이력(다른 건강원에서 복용한 이력)이나, 맛의 기준을 먼저 확인해야 한다. 식용동물성재료는 과일 및 채소를 가공할 때처럼 재료가 가진 수분을 추출하는 것이 아니라 식용동물성재료에 물을 혼합하여 재료를 장시간 우려내어 가공하는 것이다. 이러한 가공법은 동일한 양의 재료를 가지고도 물의 양을 얼마나 넣을지에 따라서 추출의 양도 달라진다. 식용동물성재료의 추출량은 지역 및 복용대상에 따라 다를 수 있지만 일반적으로 110ml ×120포~150포를 추출한다. 만약 고객이 진하게 우려내는 것을 원하면 물의 양을 적게 넣고, 연하게 우려내는 것을 원하면 그만큼의 물의 양을 넣으면 된다. 식용동물성재료를 가공할 때는 반드시 가공 전에 주문고객에게 물의 양을 조절하여 진하거나 연할 수 있다는 사실을 알려야 하고, 기존에 복용이력이 있는 고객에게는 기존에 복용했던 추출의 양을 맞추어야 한다.

 식용동물성재료를 가공할 때는 과일 및 채소류를 가공할 때보다 첨가하는 첨가물이 다양하다. 식용동물성재료를 가공할 때 다양한 첨가물을 사용하는 이유는 식용동물성재료만을 사용하여 가공할 경우 비린 맛이 심해서 복용이 힘들기 때문이다. 또 건강기능에 대한 기대가 있기 때문이기도 하다.

 식용동물성재료를 가공할 때 모든 고객에게 동일한 첨가물을 사용하는 것이 아니다. 첨가물을 사용할 때도 물의 양을 조절하는 때와 같이 복용대상의 성별, 연령을 확인하고 고객의 복용 이유나 취향 등에 따라 사용하는 첨가물도 달리해야 한다.

※ 추출가공법 또는 첨가물은 지역에 따라 다를 수 있다.

식용동물성재료 가공 시 주로 사용되는 첨가물	
약용식물24종, 녹각, 생강, 은행, 양파, 대추, 꿀 등	
남성이 자주 찾는 첨가물	여성이 자주 찾는 첨가물
오가피, 산수유, 헛개나무 등	쑥, 전나무, 익모초, 호박, 잔대 등

▶ 동물성재료 가공방법

식용동물성재료(흑염소, 붕어, 자라, 다슬기, 닭발 등 식용동물성으로 기름기가 함유된 재료)를 가공할 때는 과채류(과일 및 채소)와는 다르게 1, 2차로 나누어 가공한다. 1차 가공 시에는 주원료만 넣고 가공한 다음 2차 가공 시에 첨가물과 약재 등을 재투입한 후 가공하는데, 이는 장시간 가공할 때 약재가 타는 현상을 막기 위한 것이다. 또 포장 전 완성된 가공품의 기름기를 꼭 제거해야 한다(아래내용 참고).

① 1차 가공

재료	생수	시간	온도
다슬기 8~12kg	14L	8시간	110℃

※ 1차에서 2차 가공으로 전환 시 압력배출을 꼭 해야 한다(압력탕기 사용 시).

② 2차 가공

첨가물	시간	온도	포장용량	수량
약용식물 24종, 녹각, 생강, 대추, 양파 등(기호에 따라 다름)	3시간	115℃	110ml	120~150 (110ml)

6) 식용동물성재료의 가공순서

① 가공할 식용동물성재료와 첨가물을 깨끗이 세척한다.
   (핏기를 제거하기 위해 흐르는 물에 씻어야 한다)
② 가공할 첨가물을 분쇄한다.
   (생강, 은행 등을 첨가할 때는 분쇄해서 사용하는 것이 좋다)
③ 깨끗이 씻어낸 식용동물성재료를 자루에 담아 탕기 안에 넣은 후 자루를 묶어 자루 밖으로 재료가 새어 나오지 않도록 한다.
   (탕기에 따라 자루를 사용하지 않을 수 있다)
④ 탕기 뚜껑을 닫고 가공온도와 시간을 설정한다.
   (제품별 가공온도와 시간을 달리해야 한다)
⑤ 탕기 밸브를 모두 닫는다.
   (밸브가 열려 있을 경우 증발하거나, 누수될 수 있다)
⑥ 1차 가공을 시작한다.
   (가공 중에는 탕기가 뜨거우니 안전사고에 유의해야 한다)
⑦ 1차 가공이 완료되면 압력배출밸브를 열어 탕기 내부의 압력을 모두 뺀다.
   (탕기에 압력이 남아 있을 경우 위험할 수 있으니 반드시 확인해야 한다)
⑧ 탕기 압력이 모두 빠지면 탕기 뚜껑 및 자루를 열고 첨가물을 넣은 다음 다시 자루를 묶어 자루 밖으로 재료가 새어 나오지 않도록 한다.
   (자루가 뜨거우므로 장갑을 끼고 작업해야 하며 안전사고에 주의해야 한다)
⑨ 2차 가공을 시작한다.
   (가공 중에는 탕기가 뜨거우니 안전사고에 유의해야 한다)
⑩ 2가공이 모두 완료되면 자동포장기로 이송한다.
   (탕기마다 이송방식이 다를 수 있다. 압력 중탕 및 추출기 사용 시 압력게이지 0.15mpa 이상이어야 한다).
⑪ 포장기로 이송이 완료되면 준비된 도구를 이용하여 기름기를 제거한다.
   (기름기 제거방법이 다른 경우 그에 맞게 하면 된다)

▶ 기름기 제거방법

식용동물성재료를 가공하면 재료에 함유되어있는 기름기가 발생하게 된다. 이때 발생하는 기름기를 충분히 제거한 후에 포장을 해야 하는데 만약 기름기 제거를 충분히 하지 않고서 복용할 경우 설사나 복통을 유발할 수 있다는 점을 명심해야 한다.

① 기름기를 제거하는 방법은 장비에 따라 여러 가지가 있다. 그중 가장 많이 사용하는 방법으로는 중탕 및 추출기에서 포장기로 이송한 후 시간이 지나면서 추출액이 식기 때문에 포장기 유리관 상단 부분에 기름이 떠올라 층을 이루게 된다. 이렇게 생겨나는 기름기를 국자, 주걱 등을 이용하여 걸러내면 된다. 모든 기름기를 제거하고 나면 다시 가열하였다 식혀 또다시 기름기를 제거하는 방식으로 이러한 과정을 3~4차례를 반복하면 된다.

② 기름기를 제거방법 중 또 다른 방법은 가공이 완성된 츄출액을 별도의 들통(스테인레스 재질)에 담은 후 가스버너를 이용하여 끓여 주면서 국자 등을 이용하여 기름기를 제거하는 방법이다. 이러한 방법은 별도의 가스시설, 가스버너 등이 필요하다.

위의 두 가지 방법에는 장·단점이 있는데 1번의 기름기 제거방법은 별도의 가스시설이 필요하지 않고, 안전할 수 있지만 작업시간이 많이 소요된다는 단점이 있다. 2번의 기름기 제거방법은 별도의 가스시설을 준비해야 하고 포장기로 이송하는 과정이 위험할 수 있지만 1번에 비해 작업시간이 빠르다는 장점이 있다.

※ 추출가공법은 지역이나 고객의 유형에 따라 다를 수 있다.
※ 맛의 차별화 '똑같은 맛은 경쟁력에서 앞서 갈 수 없다.'

건강원 운영 시 가격으로 경쟁하기보다는 진정한 보약의 의미, 건강식의 의미를 새겨 주어 방문고객에게 보다 높은 품질의 제품을 제공해야 할 것이다. 신규로 건강원 창업하는 경우 이미 자리 잡고 있는 업체와 같은 운영방식을 고집해서는 결코 경쟁력에서 앞서 갈 수 없다.

▶ 약용식물 22~26종

약용식물 22~26종이란? 건강원에서 식용동물성재료 가공 시 주로 사용되는 약재인데 약용식물 22~26종을 만드는 제조사에 따라서 22종에서 26종으로 약재의 구성이 다르다. 약용식물 22~26종은 원료가 국산, 수입산 또는 약재의 무게 등 따라서 1만 원대부터~수십만 원까지 가격이 달라진다. 약용식물 22~26종은 본 제품만을 이용하여 가공하기도 하고, 식용동물성재료 가공할 때 첨가물로 사용하기도 한다. 만약 식용동물성재료 가공할 때 첨가물로 사용하는 경우라면 추가로 첨가하는 약재 등과 중복이 되는지를 확인해서 중복이 되지 않도록 해야 한다.

약용식물 26종					
NO	약명	무게	NO	약명	무게
1	찐지황	150g	14	천 궁	100g
2	백복령	130g	15	죽 여	25g
3	당 귀	70g	16	결명자	250g
4	황 기	110g	17	유근피	100g
5	홍화자	200g	18	진 피	150g
6	작 약	130g	19	산 사	200g
7	감 초	100g	20	두 충	150g
8	구기자	100g	21	박 하	70g
9	하수오	110g	22	맥 아	200g
10	오갈피	130g	23	계 지	150g
11	복분자	130g	24	상 엽	150g
12	계 피	150g	25	갈 근	200g
13	지구자	150g	26	인 진	120g

※ 이 자료는 특정상품에 관한 것으로, 상품별 포함단위나, 약재가 다를 수 있다.
※ 약용식물 22~26종을 구매할 때는 식품인지 약품인지를 꼭 확인해야 한다. (건강원에서는 식품으로 분류된 주·부원료 사용만이 가능하다)

약용식물은 'medicinal plant'라 하여 약효를 가진 천연에서 산출되는 식물을 말한다. 약용식물은 천연의 상태에서는 농수산물로 구분하지만 법제·수치과정을 거쳐 약재의 기준을 충족시키면 농수산물이 아닌 약재로 구분된다. 건강원에서는 약재가 되기 전 농수산물로 구분되어 있는 원료만 사용이 가능하다. 약재로 구분된 원료는 한의원, 한약국 등에서 환자의 질병 등의 치료목적으로 사용하게 된다.

7) 생즙 가공법

생즙은 가공과정을 통해 생채소의 섬유질에 갇혀 있는 풍부한 영양소를 효과적으로 섭취하기 위함이다.

생(生)즙이란? 과일이나 채소 등에 열을 가하지 않고 날것으로 짜내서 만드는 것을 말한다. 생즙에 사용되는 재료는 지역에 따라 다를 수 있지만 열을 이용해서 만드는 추출가공품에 비해 가공할 수 있는 재료가 한정적이다.

생즙 추출을 하는 목적은 재료가 가지고 있는 천연의 맛, 천연의 색 등을 보존하기 위함이다. 생즙을 추출에 사용되는 재료는 다양할 수 있지만 건강원에서 주로 사용되는 생즙의 재료로는 사과, 칡 등이 있다.(건강원에서 가공되는 생즙은 가정에서 만드는 녹즙과도 비슷하다)

생즙 추출이 가진 장점으로는 첨가물을 전혀 사용하지 않고 최소한의 가공과정을 거쳐 만들기 때문에 천연적인 맛을 보존할 수 있다. 하지만 가공과정에 열을 전혀 이용하지 않았기 때문에 세균감염의 위험이 있고 보관기간이 짧다. 실제로 건강원에서 생즙을 가공할 때 이러한 단점을 보완하기 위해 마지막 공정에서 보관기간을 늘려주고 살균을 목적으로 열처리를 하기도 한다.

• 생(生)즙 가공의 장·단점

생즙의 장점	생즙의 단점
• 천연의 맛과 향을 보존한다. • 가공과정이 단순하다. • 첨가물을 사용하지 않는다.	• 생즙가공을 위한 탕전기기를 사용해야 한다. • 보관기간이 짧다. • 냉동 또는 냉장보관해야 한다. • 가공할 수 있는 재료가 한정적이다. • 세균감염의 위험성이 있다.

생(生)즙을 가공하기 위해서는 가열하여 추출하는 중탕 및 추출기로는 생즙을 가공할 수 없기 때문에 생즙 가공을 위한 별도의 탕전기기를 준비해야 한다.

생(生)즙 가공을 위한 탕전기기로는 분쇄기, 착즙기 등이 있다.(아래는 생즙을 가공하기 위한 탕전기기를 나열하였다)

• 생(生)즙 가공에 사용되는 탕전기기 구성

분쇄	착즙	살균	포장

최소한의 공정으로 만들어지는 생즙을 가공함에 있어서 가장 중요한 탕전기기는 생즙용 분쇄기이다. 생즙용 분쇄기는 중탕가공에 사용되고 있는 속도에 비중을 둔 분쇄기와는 달리 입자크기에 비중을 둔 스크류방식의 분쇄기를 주로 사용한다. 생즙을 가공할 때는 분쇄되어 나오는 입자 크기에 따라서 착즙의 정도가 달라질 수 있기 때문이다. 원활한 생즙 가공을 위해서라면 가공할 재료의 특성을 고려하여 생즙용 분쇄기를 선택해야 할 것이다. (생즙용 분쇄기 선택은 아래 내용을 참고)

• 재료에 따른 분쇄기 선택

가공재료	사과, 배 등의 과일 및 채소	칡
모터	1~3HP(마력)	3HP(마력) 이상
전기	단상(정회전)	3상(정·역회전)
투입구	15cm(±)	20cm(±) 이상
방식	스크류	스크류
가격	150~230만 원대	400~600만 원대

• 분쇄기별 사용용도

	소형분쇄기	중형분쇄기	대형분쇄기
외형			
칼날			
용도	생강, 은행, 다슬기 등	과일 및 채소	생칡
가격	60~80만 원대	160~230만 원대	400~600만 원대

▶ 생(生)즙 가공순서

① 가공할 주원료와 첨가물을 깨끗이 세척한다.

(깨끗한 세척을 위해서 흐르는 물에 씻는 것이 좋다)

② 가공할 주원료를 분쇄한다.

(분쇄되어 나오는 입자의 크기에 따라 추출의 양이 달라진다)

③ 잘게 분쇄된 재료를 착즙한다.
(착즙기에 따른 전용 자루를 사용해야 한다)
④ 착즙되어 나오는 추출액을 살균한다.
(가열시간에 비례해서 보관기간이 길어지거나 짧아질 수 있다. 또 보관기간을 길게 하기 위해 장시간 가열하게 되면 생즙의 의미가 퇴색될 수 있다)
⑤ 살균을 마친 추출액을 포장기로 이송하여 포장한다.
(포장기로 이송은 수작업으로 직접 해야 하며 이때 안전사고에 주의해야 한다)

▶ 생(生)즙 살균방법

생즙의 살균은 복용자의 안전 또는 보관기간을 늘리기 위해 열처리하는 과정을 말하는데 생즙을 살균하는 방법으로는 포장 전 높은 온도로 열처리함으로써 살균하는 방법이 있다. 이러한 경우에는 추출액의 색이 짙어지거나, 생즙의 천연의 맛이 떨어질 수 있다. 또 다른 방법은 위와 같은 현상을 줄이기 위해 착즙되어 나오는 제품을 곧바로 포장한 후 포장된 파우치를 끓는 물에서 일정한 시간동안 끓여 주는 방법이다. 이때 주의해야 할 점은 앞서 말한 방법에 비해 보관기간이 짧을 수 있고, 반대로 너무 장시간 끓일 경우 파우치의 변형이 생길 수 있다.

건강원에서는 가정에서처럼 소량으로 생산하여 짧은 기간 동안 복용하는 것이 아니라 1~3개월 분량의 제품을 가공해야 하기 때문에 살균과정은 분명 필요하다. 또 살균과정을 거쳤다 하더라도 높은 온도로 가공된 중탕액보다는 보관기간이 짧기 때문에 반드시 냉장 또는 냉동 보관해야 한다.(생즙, 저온추출 등을 전문적으로 하는 식품제조업에서는 초음파살균기, 저온살균기 등을 사용하기도 하는데 제품가격이 워낙 고가이기 때문에 건강원에서의 사용은 쉽지 않다)

8) 증류한약

증류한약은 한약재에서 추출한 한약액을 다시 가열하여 기화시킨 다음 이때 발생하는 증기를 냉각장치를 통하여 다시 액화시켜 얻어지는 추출물을 말한다. 이러한 과정을 통해 만들어진 증류한약은 겉으로 보기에는 물과 같이 무미, 무색이지만 휘발성 정유성분이 함유되어 있는 무공해 자연요법의 한약액이다. (약을 달일 때 나오는 수증기를 냉각하여 추출하는 방식을 한방에서는 '노법'이라고 한다.)

증류한약은 한약이 갖고 있는 독특한 맛과 향을 최대한 줄여 한약을 먹기 힘들어 하는 아이들도 쉽게 먹을 수 있다. 실제로 증류한약을 이용하여 영·유아, 어린이 등에게 조제와 처방을 하는 한의원도 있고 또 이를 전문적으로 활용하는 곳도 늘어나고 있다.

증류추출액을 가공하기 위해서는 건강원에서 일반적으로 사용하는 탕전기기로는 가공할 수 없기 때문에 증류추출액을 위한 별도의 탕전기기를 준비해야 한다. 증류추출액을 위한 탕전기기로는 중탕 및 추출기, 냉각기, 농축기 등이 있다. 아래는 증류추출액을 가공하는 순서를 나열하였다

• 증류추출액 가공과정

1차	2차	3차
중탕액 가공	증류발생	증류수 포장

1차 가공

1차 가공에는 일반적인 과일 및 한약 등을 추출하는 방법으로 가공한다.
(시간 및 온도설정은 재료에 따라 다르다)

2차 가공

1차 가공에서 완성된 추출액을 이용하여 2차 가공을 한다. 이때 1차 가공과는 달리 수증기를 발생시켜야 하고, 준비된 냉각기를 이용하여 발생된 수증기를 다시 액화상태를 만든다.

3차 가공

수증기를 액화시켜 만든 액상 증류수를 포장한다.

증류추출액을 가공하기 위해서는 1차 가공을 위한 중탕기 및 추출기 이외에도 수증기를 액화시킬 수 있는 냉각장치가 필요하다. 과거에는 별도의 냉각을 위해 여러 가지 방법을 이용했지만 현재는 증류추출액의 용도가 늘어나면서 중탕 및 추출기에 냉각기를 장착함으로써 추가장비 없이도 한 대의 탕전기기에서 중탕·착즙·냉각까지 한 번에 가공할 수 있도록 만들어진 제품도 있다.

※ 냉각기의 방식(공냉·수냉)에 따라 증류추출의 속도, 제품의 가격 등이 달라질 수 있다.

• 냉각방식에 따른 증류추출이 가능한 탕전기기

냉각방식	공냉방식	수냉방식
외형		
냉각속도	시간당 1,500cc	시간당 3,000cc
가격	2백~3백만 원대 (용량에 따라 다름)	5백~9백만 원대 (용량에 따라 다름)

증류추출액 가공 시 증류 추출량에 따라 서 탕전기기를 선택해야 한다. 증류란 1차 추출액을 농축하면서 발생되는 수증기를 다시 액화시켜 만들어지는 추출액을 말하는데 1차 가공된 추출액을 10~30% 미만 농축을 하는 경우 일반적인 냉각장치가 장착되어 있는 제품 사용이 가능하지만 30% 이상을 농축하는 때에는 증류추출은 가능하나 탕기 안에 남아 있는 1차 추출액의 점도가 높아져 이송배관을 막아 버리거나, 수분이 빠져나가면서 재료가 모두 타 버리는 현상이 발생한다. 증류추출을 위한 탕전기기 선택 시 이러한 점을 염두에 두어야 한다.

▶ 증류 전용추출기

증류 전용추출기란 1차로 가공된 추출액을 진공펌프를 이용하여 탕기 내부를 진공상태를 만들어 줌으로써 저온에서 수증기를 발생시켜 많은 양을 농축하여도 재료가 타지 않도록 설계되었다. 또, 별도의 내통을 사용하여 이송 등의 배관을 막지 않도록 하였다. 이러한 탕전기기는 주로 증류 사용량이 많은 곳에서 사용된다.

• 증류추출 및 농축 전용추출기

증류	10~20%	10~40%	10~90%
외형			
농축방법	고온	고온	진공저온
내통	사용 안 함	사용 안 함	사용함
용량	25~80L	50~80L	50~80L
가격	2백~3백만 원대	5백~6백만 원대	7백~8백만 원대
냉각방식	공냉방식	수냉방식	수냉방식
사용처	건강원 및 한의원	건강원 및 한의원	연구소 및 대학교

① 인체와 물의 관계 : 우리의 인체에는 혈액의 83%, 신장83%, 심장75%, 근육 75%, 폐85%, 뇌75%, 땀의95%가 물로 형성되어 있다. 이렇듯 인체와 물의 관계는 밀접한 관계를 유지하고 있다. 음식을 먹지 않고 9일간 살 수 있으나 물을 마시지 않고서는 74시간 이내 혼수상태에 도달될 수 있다. 또, 한편 물은 외부로부터 들어온 몸속의 독성물질과 노폐물을 몸 밖으로 배설을 통하여 내보내는 역할을 하며, 인체의 생명 유지에 없어서는 안 될 중요한 역할을 하는 것이다.

② 증류한약과 소주법

과거에도 이러한 증류법을 이용한 한약을 복용하여 왔는데, 대표적인 것이 개소주이다. 현재 건강원에서 만드는 '개소주'를 보면 견육과 한약재를 함께 추출한 것을 말하는데, 이는 '소주'라기보다는 '탕'이라 할 수 있다. '개소주'는 소주법으로 가공하여 만드는 것으로, 안동소주의 증류주를 만드는 것과 동일한 방법이다. 즉, 장시간 가공하면서 발생되는 증류를 냉각과 액화를 시켜 복용하는 방법으로, 겉으로 보기에는 물과 같으나 액체의 유분 중에 가장 맑은 성분이 들어 있는 한약이다.

③ 증류한약의 특징

증류한약은 0세부터 13세의 소아에게 탁월한 효과가 있는 순수천연한약제로 한약의 쓴맛이 전혀 없어 거부감 없이 쉽게 먹을 수 있으며 영유아와 같은 어린 아이들은 분유나 이유식에 물을 대신하여 사용할 수 있다. 증류한약은 특히 소아감기, 소아알레르기질환, 야제증(밤낮이 바뀐 영유아), 허약체질 등 소아들의 각종 질환에 뛰어난 치료효과가 있다.

▶ 임신금기
 ① 임신 중에는 특히 약물 금기에 주의하여야 한다.
 ② 어떤 약은 유산을 일으킬 수 있기 때문이다.
 ③ 이런 약재 중에도 임부와 태아에 대한 위험성이 같지 않으므로 절대적으로 쓰지 못하는 것과 삼가해 쓰는 경우가 있다.
 ④ 쓰지 못하는 약재는 대다수가 독성이 비교적 강하거나 약성이 맹렬한 것들이다.
 ⑤ 삼가해 쓰는 약재는 통경작용과 어혈을 제거하며 행기파체(行氣破滯)하거나 신열(辛熱), 활리(滑痢)하는 약들이다.
 ⑥ 임산부들이 금해야 할 대표적인 약재는 독성이 세거나 설사 작용이 강한 약, 혹은 자궁수축 작용이 강한 약재들이다.

• 임신금기 약재의 종류

식물성 금기약	오두, 부자, 천남성, 끼무릇, 파두, 팥꽃나무꽃, 박새뿌리, 버들옻, 쇠무릎풀, 주염나무열매, 나팔꽃씨, 후박, 복숭아씨, 모란뿌리껍질, 매자기, 잇꽃, 용뇌, 아욱씨, 봉출, 마늘 등
광물성 금기약	신석, 석웅황, 자황, 수은, 망초, 유황 등
동물성 금기약	가뢰, 지네, 우황, 사향 등

• 제품 복용 시 금기사항

식품명	내용
돼지고기	특이체질이거나 몸이 냉한 사람이 과식을 하게 되면 돼지의 찬 성질이 속을 더 냉하게 만들어 약효를 감소시키거나 설사를 유발할 가능성이 있다. 위가 약할 때는 장에 부담을 주어 약의 흡수를 방해하여 약효를 떨어지게 하기 때문에 주의하여야 한다.
닭고기	몸에 열이 많은 사람이 과식하게 되면 몸안에서 열이 과하게 발생해 뽀루지가 나타나기도 하며 한약의 약효를 떨어뜨리기도 한다.
밀가루	밀가루의 성질이 찬 성질이며 소화기에 부담을 준다. 위기능이 약한 사람이 먹게 되면 소화가 안 되어 한약의 흡수를 방해한다.
찬음식	인체의 장기능을 침체하게 만들어 소화 흡수력을 약하게 할 뿐 아니라 조혈, 강장기능의 회복을 더디게 한다.
술	알코올은 일시에 몸을 흥분시켜 신경을 마비시키는 작용을 함으로 정상적인 생체리듬을 흔들어 약의 흡수를 방해한다.
녹두	녹두는 찬성질의 식품이며 기능저하 체질의 사람이 한약을 복용할 때 먹게 되면 중화작용으로 인해 한약의 약효를 떨어지게 한다.
숙지황 및 생무우	약효가 떨어지기 때문이다. 나복자(무 씨)를 소화가 안 될 때 처방하고 이때 숙지황과 같이 처방하면 약효가 떨어진다. 보혈작용이 약화된다.

9) 음식과 건강

음식의 성질은 구분하여 사성(四性)이라 한다.

이렇게 성질을 구분하는 기준은 음식 차갑고, 따뜻한 차이를 물리적으로 뜻하는 것이 아니라 음식이 인체에서 어떠한 변화를 주는가에 따라서 구분하는 것이다.

음식을 만들 때 사용하는 재료들은 본래의 성질을 가지고 있다. 이 본래의 성질은 조리 또는 가공을 하여도 바뀌지 않는다. 예를 들어 돼지고기나, 팥 등의 음식은 아무리 따뜻하게 데운다 하여도 인체에서는 차갑게 반응을 한다. 이렇게 음식의 성질을 이해한다면 음식을 조리 · 가공함에 있어서 분명 도움이 될 것이다.

• 조리 · 가공에 사용되는 재료의 성질

	따뜻한 성질	찬 성질
과일	귤, 레몬, 모과, 키위, 복숭아, 석류 대추, 매실, 살구 등	오렌지, 배, 딸기, 바나나, 수박, 참외, 감, 딸기, 포도, 사과, 키위, 메론 등
차	둥글레, 오미자, 커피, 꿀 등	녹차, 율무차, 결명자, 구기자 등
채소	양파, 쑥, 호박, 인삼, 갓, 무, 냉이, 당근, 시금치, 아욱, 감자, 쑥갓, 우엉, 부추, 마늘, 생강 등	미나리, 양배추, 배추, 고구마, 오이 등
생물	닭, 쇠고기, 양고기, 오징어, 뱀장어, 가자미, 새우, 복어, 쏘가리, 숭어, 미꾸라지, 조기, 명태, 고등어, 잉어, 붕어, 전복, 해삼 등	오리, 생선회, 돼지고기, 낙지, 갈치, 고등어 등
기타	현미, 찹쌀, 고추냉이, 유황, 후추, 좁쌀, 엿, 익모초, 계피, 검은콩 등	오미자, 들깨, 호두, 밀가루, 메밀, 녹두, 보리밥, 댁주, 식초, 황설탕, 팥 등

10) 우리 몸에 좋은 음식

"의식동원(医食同源)"
"모든 약과 음식은 같은 근원을 가진다."

보약도 음식이며, 음식이 보약이다. 현대사회에서는 잘못된 식습관으로 인해 병을 일으키기도 하고 또 이러한 병을 음식을 이용하여 치료하기도 한다. 이처럼 어떠한 음식은 어떻게 먹느냐에 따라서도 병의 원인이, 치료의 목적을 갖기도 한다. 우리 몸에 이로운 음식과 해로운 음식을 미리 알고 준비하여 건강한 삶을 유지해야 할 것이다.

간에 이로운 음식
토마토, 부추, 복숭아, 바지락, 다슬기, 재첩, 양배추, 버섯, 마늘, 율무, 우엉, 결명자, 닭고기, 추어탕, 흰민들레, 헛개나무열매, 두부, 청국장, 칡, 인진쑥, 단호박 등
해로운 음식
알콜, 치즈, 아이스크림, 유제품, 쿠키, 과자, 튀김, 인스턴트음식, 설탕, 밀가루 등

감기에 이로운 음식
더덕, 배, 마늘, 은행, 무, 대추, 모과, 홍차, 쇠고기, 버섯, 도라지, 콩나물, 유자차, 생강, 고구마, 매실차, 레몬차, 귤 등
해로운 음식
성질이 차 몸을 차게 하고 소화가 잘 안되는 음식을 피하는 것이 좋다.

갑상선에 이로운 음식
복숭아, 토마토, 다시마, 검은콩, 굴, 양배추, 적포도주 등
해로운 음식
조개 및 해조류, 계란, 인스턴트식품, 유제품, 밀가루음식 등

갱년기에 이로운 음식
홍삼, 우유, 석류, 토마토, 콩, 칡, 자두, 홍화씨, 배, 죽순, 국화, 크랜베리 등
해로운 음식
육류, 버터, 치즈, 아이스크림, 마가린, 감자튀김, 패스트푸드음식, 카페인, 알콜 등

고지혈에 이로운 음식
고등어, 연어, 참치 등 등푸른생선, 현미, 고구마, 완두콩, 호박, 양파, 신선한 과일 및 채소 등
해로운 음식
라면, 튀김, 육류, 인스턴트식, 알콜, 과자, 오징어, 마요네즈, 치즈, 소간, 설렁탕, 동물성기름, 아이스크림, 전복, 피조개, 유제품 등

고혈압에 이로운 음식
크랜베리, 견과류, 마늘, 양파, 보리밥, 사과, 무, 채소, 감귤, 우유, 생선, 호박, 감자, 현미, 율무, 땅콩, 부추, 표고버섯, 인삼, 메밀, 가지 등
해로운 음식
짠음식, 팥, 호두, 참깨, 베이컨, 햄, 설탕, 국수, 새우, 조개, 곱창, 막창, 알콜, 육류, 커피, 홍차, 녹차, 카페인식품 등

골다공증에 이로운 음식
견과류, 치즈, 다슬기, 홍화씨, 연어, 콩, 멸치, 마른표고버섯, 족발, 닭발, 도가니, 돼지껍데기, 사골, 우유, 치즈, 두부 등
해로운 음식
탄산음료, 동물성단백질, 설탕 등

관절에 이로운 음식
멸치, 미역, 치즈, 토마토, 우유, 두부, 검정콩, 연어, 새우, 호두, 밤 등
해로운 음식
알콜, 나트륨, 카페인 등

기관지에 이로운 음식
호박, 수세미, 인삼, 도라지, 무, 모과, 더덕, 배, 감, 생강, 은행 등
해로운 음식
밀가루, 성질이 찬 음식 등

기력회복에 이로운 음식
장어, 잣, 꿀, 마늘, 율무, 인삼, 땅콩, 전복, 솔잎, 닭고기, 김, 녹용, 아스파라거스 등

기미에 이로운 음식
토마토, 장어, 두부, 연어, 키위, 브로콜리, 콜라겐함유음식 등

수족냉증에 이로운 음식
레몬, 생강, 마늘, 양파, 생강, 인삼, 홍삼, 땅콩, 미나리, 따뜻한성질의 음식 등

노화방지에 이로운 음식
초콜릿, 코코아, 야쿠르트, 딸기, 블루베리, 브로컬리, 시금치, 토마토, 살구, 콩 등

대장에 이로운 음식
사과, 양배추, 고구마, 간장, 청국장, 유산균이함유된 발효식품, 김, 다시마, 현미, 잡곡, 고구마 등
해로운 음식
튀김류, 짠음식, 탄음식, 인스턴트식품 등

동맥경화에 이로운 음식
고구마, 콩, 땅콩, 토마토, 가지, 표고버섯, 천마, 솔잎, 양파껍질, 양파, 고등어, 연어, 겨우살이, 천삼, 다시마 등
해로운 음식
육류, 마가린, 밀가루, 튀김, 인스턴트음식 등

두통에 이로운 음식
시금치, 파, 수박, 은행, 감자, 오이, 토마토, 우유, 요쿠르트, 연어, 두부, 청국장, 아몬드 등
해로운 음식
초콜릿, 적포도주, 양파, 땅콩버터 등 편관을 확장, 수축 시키는 성분을 가진 음식은 피하는 것이 좋다.

면역력에 이로운 음식
녹차, 브로컬리, 감귤류, 블랙베리, 마늘, 꿀, 계피, 차가버섯, 은행, 토마토, 냉이, 여주, 유자, 자몽, 연어, 콩, 현미, 당근, 표고버섯, 미역, 굴, 홍삼 등

변비에 이로운 음식
생수, 콩, 우엉, 보리, 명태, 레몬, 견과류, 키위, 브로컬리, 사과, 배, 포도, 복숭아, 수박, 감귤, 고구마, 다시마, 표고버섯 등
해로운 음식
유제품, 붉은고기, 덜익은바나나, 초컬렛, 커피, 알콜, 밀가루, 인스턴트식품, 카페인 등

불면증에 이로운 음식
대추씨, 생양파, 키위, 상추, 삶은계란, 호두, 파, 연근, 영지, 사과, 바나나, 따뜻한우유, 콩, 연어, 체리, 마늘 등
해로운 음식
초콜릿, 고당도음식, 패스트푸드, 매운음식, 알콜 등

붓기에 이로운 음식
옥수수염, 율무, 팥, 호박, 검정콩, 다시마, 감자, 바나나 등

비만에 이로운 음식
잡곡밥, 견과류, 키위, 두부, 버섯, 다시마, 콩나물, 율무 등

빈혈에 이로운 음식
달걀노른자, 치즈, 콩, 시금치, 브로콜리, 쑥, 조개, 굴, 육류, 감귤, 딸기, 토마토, 톳, 파슬리, 연근, 콩나물, 미역 등
해로운 음식
커피, 홍차, 녹차, 감, 콜라, 현미 등

설사에 이로운 음식
바나나, 사과, 생강, 당근, 석류, 요거트, 매실, 보리차, 참마, 국화차, 꿀물 등
해로운 음식
매운음식, 아이스크림, 성질이 찬음식 등

성장에 이로운 음식
닭고기, 소고기, 우유, 계란, 멸치, 참치, 고등어, 꽁치, 콩, 두부, 시금치, 당근, 미역, 다시마, 김, 귤, 키위, 토마토, 사과, 호박, 표고버섯 등
해로운 음식
라면, 국수, 빵, 과자, 콜라, 탄산음료, 커피, 율무, 오렌지, 파인애플, 자몽, 생마늘, 매운음식 등

숙취에 이로운 음식
오이, 북어, 칡, 콩나물, 미나리, 꿀, 헛개나무, 감, 구기자, 어성초, 개똥쑥, 매실, 알로에, 검은콩, 굴, 우유, 치즈 등

시력에 이로운 음식
계란, 견과류, 당근, 시금치, 블루베리, 참치, 연어, 고등어, 올리브유, 여주, 바나나, 키위, 포도 등

식도에 이로운 음식
양배추, 당근, 단호박, 민들레, 알로에, 도라지, 감자, 마 등
해로운 음식
커피, 녹차, 오렌지, 귤, 초컬렛, 우유, 탄산음료, 맥주, 밀가루, 토마토, 튀김, 뜨거운음식 등

신경통에 이로운 음식
가지, 율무, 오이, 참마, 잣, 수세미, 달팽이, 호박, 검은콩, 우슬 등

신장에 이로운 음식
두충, 호박, 오이, 율무, 미나리, 콩, 옥수수염, 밤, 검은콩, 팥, 새우, 황기, 구기자, 양파, 등푸른생선, 결명자, 국화차, 토마토 등
해로운 음식
밀가루, 설탕, 조미료, 맛소금, 육류, 계란 등

여드름에 이로운 음식
상추, 여드름, 도라지, 토마토, 애호박, 시금치, 사과, 레몬, 오렌지, 바나나, 현미, 검은콩 등
해로운 음식
튀김, 초콜렛, 갑각류, 기름진음식, 밀가루 유제품 등

위 기능에 이로운 음식
대추, 배, 알로에, 백작약, 백출, 감자, 옥수수, 파래, 민들레, 연근, 마늘, 마, 두부, 계란, 유자, 양배추, 미나리, 노루궁뎅이버섯, 브로콜리 등
해로운 음식
설탕, 소금, 조미료, 라면, 인스턴트, 탄산음료, 튀김, 고지방음식 등

장 기능에 이로운 음식
새우, 당근, 양배추, 양파, 우엉, 바나나, 현미, 율무, 고구마, 옥수수, 카레, 사과, 콩, 다시마, 미역, 톳 등
해로운 음식
튀김, 육류, 고지방음식, 성질이 찬 음식 등

저혈압에 이로운 음식
마늘, 검은콩, 유제품, 인삼, 생강, 미역, 다시마, 해조류, 숙지황, 가시오가피 등
해로운 음식
백미, 팥, 젓갈, 통조림, 김, 김치, 짱아치, 단무지 등

폐 기능에 이로운 음식
토마토, 브로콜리, 녹차, 당근, 율무, 마늘, 무, 복숭아, 사과, 생강, 자몽, 고구마, 멜론, 연근, 은행, 파래, 겨우살이, 마, 도라지 등

피로회복에 이로운 음식
모시조개, 인삼, 구기자, 전복, 고구마, 딸기, 적양파, 토마토, 브로컬리, 당근, 쇠간 등
해로운 음식
소화가 잘 되지 않는 음식 등

피부에 이로운 음식
피망, 참외, 호두, 딸기, 석류, 블루베리, 녹차, 사과, 오렌지, 올리브유, 오이, 연어 등
해로운 음식
알콜, 설탕, 커피, 육류, 나트륨, 매운음식 등

해열작용에 이로운 음식
파, 배, 무, 민들레, 더덕, 도라지, 가지, 국화 등

호흡기에 이로운 음식
미역, 배, 생강, 마늘, 브로컬리, 다시마, 굴, 도라지, 연근, 늙은호박 등

|Chapter 10|

건강원 창업 실무운영

1) 창업의 실무운영
2) 영업자의 준수사항
3) 실무운영에 필요한 집기
4) 실무운영에 필요한 소도구
5) 가공비용
6) 건강기능식품판매
7) 성수기와 비수기
8) 매년 주기적으로 해야 하는 사항
9) 자가품질검사
10) 식품위생 지도 및 점검
11) 한국추출가공식품업중앙회

10 건강원 창업 실무운영

1) 창업의 실무운영

건강원을 창업하여 실무를 운영하기 위해서는 영업자의 준수사항, 주기적으로 시행해야 하는 사항 등을 숙지해야 하고 실무에 필요한 집기, 소도구 등을 준비해야 한다. 이러한 사항을 간과하면 자칫 과태료를 지불하거나 영업에 불이익을 받을 수 있다는 점을 명심해야 한다. 건강원 창업의 실무운영에 필요한 사항들을 하나하나 빠짐없이 준비하여 성공창업의 발판을 마련하자.

2) 영업자의 준수사항

아래 '식품등의 위생적인 취급에 관한 기준'은 식품위생법으로 정한 영업자의 준수사항이다. 총 7가지 항목으로 모든 식품을 제조·가공하는 창업자에게 해당된다. 아래 내용을 하나씩 읽어 보면 아마 이러한 사항은 사실 누구라도 알만한 내용이고 꼭 식품위생법으로 정하지 않더라고 지켜야 하는 사항일 것이다. 식품을 가공함에 있어서 가장 중요하면서도 꼭 실천해야 하는 사항이기에, 또 건강원 창업자에 의무사항이기에 나열하였다.

식품등의 위생적인 취급에 관한 기준(제2조 관련)

1. 식품등을 취급하는 원료보관실·제조가공실·조리실·포장실 등의 내부는 항상 청결하게 관리하여야 한다.
2. 식품등의 원료 및 제품 중 부패·변질이 되기 쉬운 것은 냉동·냉장시설에 보관·관리하여야 한다.
3. 식품등의 보관·운반·진열시에는 식품등의 기준 및 규격이 정하고 있는 보존 및 유통기준에 적합하도록 관리하여야 하고, 이 경우 냉동·냉장시설 및 운반시설은 항상 정상적으로 작동시켜야 한다.
4. 식품등의 제조·가공·조리 또는 포장에 직접 종사하는 사람은 위생모를 착용하는 등 개인 위생관리를 철저히 하여야 한다.
5. 제조·가공(수입품을 포함한다)하여 최소판매 단위로 포장(위생상 위해가 발생할 우려가 없도록 포장되고, 제품의 용기·포장에 법 제10조에 적합한 표시가 되어 있는 것을 말한다)된 식품 또는 식품첨가물을 허가를 받지 아니하거나 신고를 하지 아니하고 판매의 목적으로 포장을 뜯어 분할하여 판매하여서는 아니 된다. 다만, 컵라면, 일회용 다류, 그 밖의 음식류에 뜨거운 물을 부어주거나, 호빵 등을 따뜻하게 데워 판매하기 위하여 분할하는 경우는 제외한다.
6. 식품등의 제조·가공·조리에 직접 사용되는 기계·기구 및 음식기는 사용 후에 세척·살균하는 등 항상 청결하게 유지·관리하여야 하며, 어류·육류·채소류를 취급하는 칼·도마는 각각 구분하여 사용하여야 한다.
7. 유통기한이 경과된 식품 등을 판매하거나 판매의 목적으르 진열·보관하여서는 아니 된다.

식품을 가공하면서 위생과 청결은 영업자의 의무이다. 이러한 의무를 이행하지 않는 영업자에 대해서 정부는 과태료를 부과하거나 1, 2, 3차로 나누어 제품폐기 및 영업정지, 영업허가를 취소하기도 한다.

행정처분 기준(제89조 관련)

위반사항	행정처분 기준		
	1차 위반	2차 위반	3차 위반
다. 유독·유해물질이 들어 있거나 묻어 있는 것이나 그러할 염려가 있는 것 또는 병을 일으키는 미생물에 오염되었거나 그러할 염려가 있어 인체의 건강을 해칠 우려가 있는 것	영업허가·등록취소 또는 영업소 폐쇄와 해당 제품 폐기		
라. 불결하거나 다른 물질이 섞이거나 첨가된 것 또는 그 밖의 사유로 인체의 건강을 해칠 우려가 있는 것	영업정지 1개월과 해당 제품 폐기	영업정지 2개월과 해당 제품 폐기	영업허가·등록취소 또는 영업소 폐쇄와 해당 제품 폐기

법 제3조 및 제88조제2항제5호를 위반한 자에 대한 과태료 금액 (제100조 관련)

위반행위	근거 법령	과태료금액
1. 법 제3조(법 제88조에서 준용하는 경우를 포함한다)를 위반한 경우	법 제101조 제2항제1호 및 영 제67조	
가. 식품등을 취급하는 원료보관실·제조가공실·조리실·포장실 등의 내부에 위생해충을 방제(防除) 및 구제(驅除)하지 아니하여 그 배설물 등이 발견되거나 청결하게 관리하지 아니한 경우		50만 원
나. 식품등의 원료 및 제품 중 부패·변질이 되기 쉬운 것을 냉동·냉장 시설에 보관·관리하지 아니한 경우		30만 원
다. 식품등의 보관·운반·진열 시에 식품등의 기준 및 규격이 정하고 있는 보존 및 유통기준에 적합하도록 관리하지 아니하거나 냉동·냉장시설 및 운반시설을 정상적으로 작동시키지 아니한 경우(이 법에 따라 허가를 받거나 신고한 영업자는 제외한다)		30만 원
라. 식품등의 제조·가공·조리 또는 포장에 직접 종사하는 사람에게 위생모를 착용시키지 아니한 경우		20만 원
마. 제조·가공(수입품을 포함한다)하여 최소판매 단위로 포장된 식품 또는 식품첨가물을 영업허가 또는 신고하지 아니하고 판매의 목적으로 포장을 뜯어 분할하여 판매한 경우		20만 원

3) 실무운영에 필요한 집기

건강원 창업 시 탕전기기 이외에도 진열장, 냉장고, 컴퓨터 등의 집기시설을 갖추어야 한다. 집기시설은 실무운영에 꼭 필요하면서 성공창업의 발판이 될 수도 있기 때문에 쉽게 생각해서는 안 될 것이다.

첫째, 비수기를 대비하여 진열장을 준비하라.

건강원은 임가공의 비중이 다소 높은 업종이다. 하지만 제철과일이 한창인 성수기가 지나고 비수기가 오면 임가공만으로는 수익을 기대하기가 어렵다. 이러한 시기에는 홍삼, 헛개나무, 오가피 등 비수기 대안상품을 만들어 임가공이 아닌 판매업에 주력해야 하며, 건강기능식품을 활용하여 수익을 올려야 한다. 비수기를 올바르게 대처하기 위해서는 대안상품의 제품판매가 원활할 수 있도록 진열장을 준비해야 한다.

진열장은 두 가지로 기성품과 맞춤형 상품으로 나뉜다. 맞춤형 제품은 건강원 점포 크기를 고려하여 설계하므로 창업자의 편리성 의주로 제작할 수 있다는 장점이 있지만 이동이 불가능하고 가격이 비싸다는 단점이 있다. 반대로 기성제품은 규격제품으로 원하는 크기, 활용성은 만족할 수 없지만 가격이 저렴하다는 장점이 있다.

※ 점포의 구조에 따라 실용성을 고려하여 진열장을 구매해야 한다.

둘째, 컴퓨터를 활용하여 다양한 정보를 수집하고 관리하라.

현대 사회에서 컴퓨터는 없어서는 안 될 생활용품이다. 건강원 창업 시 컴퓨터의 활용은 꼭 온라인 판매를 하는 것 이외에도 약재나 과일 등의 다양한 정보를 수집하거나 고객정보를 보관하여 고객관리를 할 때에도 쓰인다.

셋째, 냉장고는 실무 운영의 핵심 집기다.

실무운영 시 냉장고는 필수 품목이다. 냉장고의 활용은 식용동물성재료를 보관하거나 식용동물성재료를 가공할 때 자주 사용하는 생강, 은행 등을 대량으로 분쇄했다가 1회 가공량만큼만 팩에 담아 냉동실에 보관하기도 한다. 또 시음용으로 미리 만든 제품을 냉장고에 보관하였다가 방문고객에게 제공하기도 하는데 과일즙, 한약액 등 종류가 다양하기 때문에 이러한 점을 염두에 두고 냉장고를 선택해야 한다.

- 식용동물성재료는 냉동실에 보관해야 하고, 과일즙, 한약액 등은 냉장실에 보관해야 하기 때문에 냉장고 선택 시 냉장·냉동실이 분류되어 있는 제품이 좋다.
- 식용동물성 재료 가공을 하지 않을 때는 냉동실이 구분되어 있지 않더라도 사용이 가능하다.(마트에서 음료 냉장용으로 사용하는 냉장고)
- 점포의 공간을 고려하여 제품을 선택해야 한다.
- 시음용으로 제공할 제품들을 냉장고에 미리 보관했다가 고객 방문 시 제공할 수 있어야 한다.

가정용 냉장고	업소용 냉장고	냉동이 가능한 업소용 냉장고
30만~70만 원대	50만~100만 원대	90만~200만 원대

4) 실무운영에 필요한 소도구

건강원을 창업하려면 운영에 주로 사용되는 소도구에는 어떤 것들이 있고 어떻게 사용되는지 미리 알고 준비해야 한다. 또 식품가공에 적합한지를 따져보아야 하는데 재질에 따라서 사용가능한 제품과 사용이 불가능한 제품이 있기 때문에 이러한 점을 염두에 두고 준비해야 한다.

식품위생법 제3조

누구든지 판매(판매 외의 불특정 다수인에 대한 제공을 포함한다. 이하 같다)를 목적으로 식품 또는 식품첨가물을 채취·제조·가공·사용·조리·저장·소분·운반 또는 진열을 할 때에는 깨끗하고 위생적으로 하여야 한다. 또 영업에 사용하는 기구 및 용기·포장은 깨끗하고 위생적으로 다루어야 한다.

건강원의 실무운영에 있어서 탕전기기 이외에도 저울, 국자, 칼 등의 다양한 도구가 필요하다.(아래는 건강원 실무운영에 꼭 필요한 도구를 나열하였다)

제품명	용 도
저울 50kg(±)	고객이 가져온 과채류와 식용생물의 무게 측정 등에 사용 (디지털이 아니어도 무관하다)
저울(디지털) 3kg(±)	포장재와 첨가물의 무게 측정 등에 사용(정확한 측정을 위해 디지털로 사용하는 것이 좋다)
국자(깊은 것)	식용동물성재료 가공 시 거름기 제거 등에 사용 (손잡이가 길게 만들어진 제품) 스테인레스 재질이어야 함
칼(과채류용)	늙은 호박 절단 등에 사용 가능한 칼 (두껍고 큰 것으로 사용)
작두	가시오가피 및 단단한 한약재 절단 등에 사용 (작은 것보다 큰 것이 더 실용적이다)
사각채반	포장기 사용 시 포장되어 나오는 제품정리 등에 사용
빨래건조대	자루 및 장갑 등을 세척 후 건조 등에 사용
가위	파우치 재포장 및 교체 등에 사용
장갑(목장갑, 고무장갑)	추출물을 포장 등에 사용 (포장 시 추출물의 온도가 95℃ 이상)
바가지(2L용)	건조된 한약이나 식용동물성재료를 가공 등에 계량하기 위해 사용 (스테인레스 재질이어야 함)
철 수세미	자동포장기 실링부위 및 탕기 내부 세척 등에 사용
수세미	자동포장기 유리관 세척 등에 사용
장화	탕전기기를 세척 등에 사용
고무장갑	탕전기기 세척 및 제품포장 등에 사용
채망	약용식물 26종 세척 등에 사용
앞치마	과채류 분쇄, 제품가공 등에 사용
양푼(대야)	과일 및 약재 세척 등에 사용 (스테인레스 재질이어야 하고, 2~3개 준비하는 것이 좋다)

아래는 식품취급 시설에 관한 사항이다.

[별표 14] 〈개정 2014.10.13.〉

별시설기준(제36조 관련)

다. 식품취급시설 등
1) 식품을 제조·가공하는데 필요한 기계·기구류 등 식품취급시설은 식품의 특성에 따라 식품 등의 기준 및 규격에서 정하고 있는 제조·가공기준에 적합한 것이어야 한다.
2) 식품취급시설 중 식품과 직접 접촉하는 부분은 위생적인 내수성재질[스테인레스·알루미늄·에프알피(FRP)·테프론 등 물을 흡수하지 아니하는 것을 말한다. 이하 같다]로서 씻기 쉬운 것이거나 위생적인 목재로서 씻는 것이 가능한 것이어야 하며, 열탕·증기·살균제 등으로 소독·살균이 가능한 것이어야 한다.
3) 냉동·냉장시설 및 가열처리시설에는 온도계 또는 온도를 측정할 수 있는 계기를 설치하여야 한다.

과태료 부과기준 (제67조 관련)

위반행위	근거 법령	과태료금액
바. 식품등의 제조·가공·조리에 직접 사용되는 기계·기구 및 음식기를 사용한 후에 세척 또는 살균을 하지 아니하는 등 청결하게 유지·관리하지 아니한 경우 또는 어류·육류·채소류를 취급하는 칼·도마를 각각 구분하여 사용하지 아니한 경우	법 제101조제2항제1호 및 영 제67조	20만 원

5) 가공비용

고객이 가져온 재료에 대한 임가공 비용은 가공품목을 기준해서 4가지로 나누어 받는데 전국에 있는 모든 건강원에서 동일 요금을 적용하는 것이 아니기 때문에 창업지역의 주변 건강원들의 가공비를 참고하거나, 창업지역의 건강원 협회에 문의 하여 확인하는 것이 좋다. 지역에 따라서는 건강원간의 가격경쟁을 막기 위해 동일요금을 적용하는 곳도 있다.

과채류 가공비	동물성재료 가공비	홍삼 가공비	한약류 가공비
40,000원	60,000원	(24시간 기준)	(1재 기준)
		50,000원	25,000원

※ 실제 가공비용은 지역 및 가공과정에 따라 다를 수 있음

6) 건강기능식품판매

건강기능식품 판매업은 비수기를 대안하기 위한 좋은 수단이 될 수 있다. 현재 운영되고 있는 건강원들 대부분이 임가공에만 비중을 두고 판매업은 등한시하는 경우가 많은데, 과거와는 달리 소가족화 되어 있는 현재에는 1회 가공에서 생산되는 양이 부담스럽게 작용할 수 있다. 실제로 젊은 여성들은 1회 가공량을 가공하기보다는 소량으로 1~2 BOX를 구매하는 경우가 많다. 건강원 창업 후 높은 소득을 기대하기 위해서는 단순히 임가공에만 연연하기보다는 독자적인 제품을 개발, 마케팅하여 임가공과 판매업 모두를 나란히 해야 한다.

※ 건강기능식품판매업 신고 및 관련사항은 해당페이지를 참고

7) 성수기와 비수기

건강원은 성수기와 비수기가 뚜렷한 업종이다. 건강원의 이러한 특성을 염두에 두고 성수기와 비수기를 대안을 미리 준비해야 한다.

건강원의 성수기는 8월 말부터 시작되는데, 8월 말부터 포도를 비롯하여 9월이 되면 배, 사과, 호박, 칡 등 많은 과일과 채소 등의 수확기가 오면서 맛 좋은 과일을 싼 값에 구매할 수 있기 때문에 제품판매와 임가공 등 전반적인 매출이 늘어나므로 이를 건강원에서는 성수기라고 볼 수 있다. 반대로 건강원의 비수기는 성수기가 끝난 3월 이후부터 성수기 이전 8월 초까지가 될 수 있다. ※성수기와 비수기의 시기는 지역별 특산물 등에 따라 다를 수 있다.

건강원 운영 시 제철과일을 적절히 활용하여 성수기의 매출을 극대화할 수 있어야 하며, 비수기를 대비하여 홍삼, 양파, 헛개나무, 오가피 등의 사계절 가공 및 판매가 가능한 제품을 주력해서 홍보해야 할 것이다. 실제로 건강원 운영은 성수기보다는 비수기를 어떻게 대비하는지에 달려 있다. 눈에 띄게 고객 방문과 작업량이 많은 성수기와 반대로 비수기에는 모든 것이 현저히 줄기 때문에 비수기를 극복할 수 있는 상품을 미리 마련하여 이를 대비해야 한다.

사계절 판매가 가능한 제품					
홍삼액	흑마늘	양파즙	가시오가피	헛개나무	다슬기

8) 매년 주기적으로 해야 하는 사항

건강원을 운영하면서 매년 주기적으로 시행해야 하는 사항으로는 보건증 재발급, 식품위생교육(기존영업자), 자가품질검사 등이 있다. 이렇게 주기적으로 해야 하는 사항을 간과하여 이행하지 않는 경우 식품위생법 위반으로 불이익을 받을 수 있으니 꼭 염두에 두어야 한다.

보건증	위생교육 수료증	자가품질 검사서

▶ 보건증 발급

보건증 발급은 매년 1회 관할 보건소에서 발급을 수 있으며 공공보건포털(G-health, http://www.g-health.kr)로 접속해서 보건증을 제증명받을 수 있다. 발급 수수료는 신규발급과 동일하게 1,500원이다.

(보건증 발급이 처음인 경우는 인터넷으로 발급받을 수 없으며 반드시 보건소에서 검사 후 발급받아야 한다.)

건강진단 항목 및 횟수(제2조 관련)

대상	건강진단 항목	횟수
식품 또는 식품첨가물(화학적 합성품 또는 기구등의 살균·소독제는 제외한다)을 채취·제조·가공·조리·저장·운반 또는 판매하는 데 직접 종사하는 사람. 다만, 영업자 또는 종업원 중 완전 포장된 식품 또는 식품첨가물을 운반하거나 판매하는 데 종사하는 사람은 제외한다.	1. 장티푸스(식품위생 관련 영업 및 집단급식소 종사자만 해당한다) 2. 폐결핵 3. 전염성 피부질환(한센병 등 세균성 피부질환을 말한다)	1회/년

과태료 부과기준 (제67조 관련)

위반행위	근거법령	과태료금액
법 제40조제1항(법 제88조에서 준용하는 경우를 포함한다)을 위반한 경우 가. 건강진단을 받지 아니한 영업자 또는 집단급식소의 설치·운영자(위탁급식영업자에게 위탁한 집단급식소의 경우는 제외한다)	법 제101조제2항 제1호	20만 원
나. 건강진단을 받지 아니한 종업원		10만 원

▶ 기존영업자 식품위생교육

　식품위생교육은 신규창업자와 기존영업자로 구분하여 진행하며 교육방법은 온라인·오프라인 모두 가능하다. 기존영업자 식품위생교육은 매년 1회 추출가공식품업중앙회가 주관하는 집합교육과 온라인교육 중 한 가지를 선택해서 받으면 된다. 온라인교육은 한국추출가공식품업중앙회 'e-kemfa.or.kr'에 접속해 회원가입 후 접수할 수 있다.

홈페이지에 접속하면 기존 영업자의 온•오프라인 교육신청을 할 수 있으며, 교육기간 및 교육시간 그리고 교육실시방법부터 수강료의 결제방법 등 자세한 사항을 알 수 있다. 이러한 식품 위생교육은 식품위생법 제 41조제1항인 "대통령령으로 정하는 영업자 및 유흥종사를 둘 수 있는 식품접객업 영업자의 종업원은 매년 식품위생에 관한 교육을 받아야한다"라는 규정을 근거로 하고 있다.

과태료 부과기준 (제67조 관련)

위반행위	근거법령	과태료금액
법 제41조제1항(법 제88조에서 준용하는 경우를 포함한다)을 위반한 경우 가. 위생교육을 받지 아니한 영업자 나. 위생교육을 받지 아니한 종업원	법 제101조제2항제1호	20만 원
법 제41조제5항(법 제88조에서 준용하는 경우를 포함한다)을 위반하여 위생교육을 받지 아니한 종업원을 영업에 종사시킨 영업자	법 제101조제2항제1호	20만 원

9) 자가품질검사

식품위생법 제31조(자가품질검사의 의무)

1. 식품 등을 제조 가공하는 영업을 하는 자는 보건복지가족부령이 정하는 바에 의하여 그가 제조. 가공하는 식품 등이 제7조 제1항 및 제2항 또는 제9조 규정에 의한 기준규격에 적합한지 여부를 검사해야 한다.
2. 식품의약청안전청장과 시도지사는 제1항에 따른 검사를 허당 영업을 하는 자가 직접 행하는 것이 부적합한 경우 제24조 제2항 제2호에 따른 자가품질 위탁검사기관에 위탁하여 검사하게 할 수 있다.
3. 제1항과 제2항에 따른 검사의 항목, 절차, 그밖에 검사에 필요한 사항은 보건복지가족부령으로 정한다.
4. 자가품질검사에 관한 기록서는 2년 동안 보관해야 한다.

자가품질검사는 1년에 2회 시행하며 자가품질검사 결과서를 반드시 보관하여야 한다. 자가품질검사는 6개월에 1회 실시하는데, 식품의약품안전처 홈페이지에 공지되어 있다. 또 지역에 따라 추출가공식품협회에서 시료를 수거하여 자가품질검사를 대행하여 주기도 하는데 시료는 400ml 정도이며 동·식물성 재료 중 한 가지에 대해서만 검사를 시행한다. 검사 비용은 검사업체에 따라 다소 차이가 날 수 있고 10만 원 전후로 예상하면 된다. 자가품질검사를 받지 않거나 결과서를 보관하지 않은 경우 제조정지 및 영업정지 등의 불이익을 받을 수 있다. 아래는 자가품질검사를 받지 않았을 때의 행정처분 기준이다.

행정처분 기준(제89조 관련)

위반행위	근거법령	행정처분 기준		
		1차 위반	2차 위반	3차 위반
9. 법 제31조제1항을 위반한 경우 가. 자가품질검사를 실시하지 아니한 경우로서 1) 검사항목의 전부에 대하여 실시하지 아니한 경우 2) 검사항목의 50퍼센트 이상에 대하여 실시하지 아니한 경우 3) 검사항목의 50퍼센트 미만에 대하여 실시하지 아니한 경우	법 제71조, 법 제75조 및 법 제76조	품목 제조정지 1개월 품목 제조정지 15일 시정명령	품목 제조정지 3개월 품목 제조정지 1개월 품목 제조정지 15일	품목류 제조정지 3개월 품목 제조정지 3개월 품목 제조정지 3개월
나. 자가품질검사에 관한 기록서를 2년간 보관하지 아니한 경우		영업정지 5일	영업정지 15일	영업정지 1개월
다. 자가품질검사결과 부적합한 사실을 확인하였거나, 자가품질위탁검사기관으로부터 부적합한 사실을 통보받았음에도 불구하고 해당 식품을 유통·판매한 경우		품목제조정지 1개월	품목제조정지 3개월	품목류 제조정지 3개월

▶ 자가품질검사의 기관

자가품질검사의 기관목록은 식품의약품안전처 홈페이지에서 확인할 수 있으며, 창업자가 선택해서 의뢰한 후 결과서를 보관하면 된다.

자가품질검사에 대해 검사기관별 검사수수료가 차이나는 이유 검사기관의 검사수수료는 식약청이 제시한 원가산출 프로그램에 의하여 개별 검사기관의 원가를 토대로 산출되며, 검사기관별 검사에 소요되는 시간, 인건비, 분석장비 구매·유지비용 등 검사에 필요한 원가가 기관마다 다르기 때문에 검사수수료가 달라질 수 있다.

아래는 사단법인 한국식품위생검사기관협회에서 자가품질검사 관련기관을 발췌하였다.

한국건강기능식품협회 부설 한국기능식품연구원	www.khsi.re.kr
(주)에이엔드에프	www.ianf.co.kr
다산생명과학원(주)	www.dasanlab.com
(주)동진생명연구원	www.ditlabs.co.kr
중앙생명과학원(주)	www.joonganglab.com
수원여자대학교 식품분석연구센터	farc.swc.ac.kr
한국식품산업협회 부설한국식품연구소	www.kfia.or.kr
(주)한국분석기술연구원	www.katri.co.kr
(주)에스푸드가디언스	www.sfgs.co.kr
영웅생명과학원(주)	www.youngwoong.net
신라대학교산학협력단 식품분석센터	sanhak.silla.ac.kr
중앙생명과학원(주)대덕연구원	www.jalifelab.com

[별표 12] 〈개정 2013.12.13.〉

자가품질검사기준(제31조제1항 관련)

1. 식품등에 대한 자가품질검사는 판매를 목적으로 제조·가공하는 품목별로 실시하여야 한다. 다만, 식품공전에서 정한 동일한 검사항목을 적용받은 품목을 제조·가공하는 경우에는 식품유형별로 이를 실시할 수 있다.
2. 기구 및 용기·포장의 경우 동일한 재질의 제품으로 크기나 형태가 다를 경우에는 재질별로 자가품질검사를 실시할 수 있다.
3. 자가품질검사주기의 적용시점은 제품제조일을 기준으로 산정한다. 다만, 법 제44조제4항에 따른 주문자상표부착식품등과 식품제조·가공업자가 자신의 제품을 만들기 위하여 수입한 반가공 원료식품 및 용기·포장은 「관세법」 제248조에 따라 관할 세관장이 신고필증을 발급한 날을 기준으로 산정한다.
4. 자가품질검사는 식품의약품안전처장이 정하여 고시하는 식품유형별 검사항목을 검사한다. 다만, 식품제조·가공 과정 중 특정 식품첨가물을 사용하지 아니한 경우에는 그 항목의 검사를 생략할 수 있다.
5. 영업자가 다른 영업자에게 식품등을 제조하게 하는 경우에는 식품등을 제조하게 하는 자 또는 직접 그 식품등을 제조하는 자가 자가품질검사를 실시하여야 한다.
6. 식품등의 자가품질검사는 다음의 구분에 따라 실시하여야 한다.

나. 즉석판매제조·가공업
1) 어육가공품(어묵, 어육소세지, 연육 및 기타 어육가공품만 해당한다), 두부류 또는 묵류, 인스턴트 커피, 특수용도식품, 추출 가공식품, 아이스크림제품류, 즉석섭취식품(도시락, 김밥류, 햄버거류 및 샌드위치류만 해당한다)

10) 식품위생 지도 및 점검

정부는 식품가공업소에 대해 아래와 같은 사항에 대해 지도·단속하고 있다. 또 단속 대상에 대해서는 과태료를 부과하거나, 영업정지, 허가취소 등 엄중히 처벌하고 있으니 영업자는 아래의 사항을 숙지하여 영업에 불이익을 받지 않도록 주의해야 한다. 위생 점검 지도단속의 기간은 따로 정해져 있지 않아 언제 불시의 방문이 있을지 모르기 때문에 항상 유념해야 한다.

식품위생법 시행령 제32조제1항에 따라 식품의약품안전처장, 시 · 도지사 또는 시장 · 군수 · 구청장이 소속 공무원 중에서 식품위생감시원을 임명하여 직무를 이행한다.

식품위생법 시행령
[시행 2015.3.30.] [대통령령 제26180호, 2015.3.30., 일부개정]

제17조(식품위생감시원의 직무) 법 제32조에 따른 식품위생감시원의 직무는 다음 각 호와 같다.

1. 식품 등의 위생적인 취급에 관한 기준의 이행 지도
2. 수입 · 판매 또는 사용 등이 금지된 식품 등의 취급 여부에 관한 단속
3. 표시기준 또는 과대광고 금지의 위반 여부에 관한 단속
4. 출입 · 검사 및 검사에 필요한 식품 등의 수거
5. 시설기준의 적합 여부의 확인 · 검사
6. 영업자 및 종업원의 건강진단 및 위생교육의 이행 여부의 확인 · 지도
7. 조리사 및 영양사의 법령 준수사항 이행 여부의 확인 · 지도
8. 행정처분의 이행 여부 확인
9. 식품 등의 압류 · 폐기 등
10. 영업소의 폐쇄를 위한 간판 제거 등의 조치
11. 그 밖에 영업자의 법령 이행 여부에 관한 확인 · 지도

아래는 식품위생감시원의 직무에 대한 세부사항으로써 영업자가 항시 준비 · 관리해야 하는 사항이다.

(1) 시설 등 환경
  · 작업장 바닥을 콘크리트 등으로 내수처리하고, 물이 고이거나 습기가 차지 아니하게 관리하는지,
  · 식품과 직접 접촉하는 기구나 용기, 시설 등은 위생적인 내수성 재질
    (스테인리스, 알루미늄, 에프알피, 테프론) 사용여부 및 위생관리 철저 여부
  · 식품 등의 보존 및 보관기준(냉장5°C이하, 냉동 -18°C이하)에 적합한 냉장 및

냉동시설 여부
· 바닥, 벽, 천장, 폐기물용기 등의 청결관리, 환기시설, 방충시설 설치, 채광시설 여부

(2) 개인위생
· 질병이 있는 종업원에 의한 오염 가능성 유무
- 영업자의 건강진단 실시 여부 · 종업원의 건강진단 실시여부 · 종사자 위생복 착용 여부

(3) 원료사용
· 무허가(무신고) 원료 및 식품의(불법도축물 취급) 사용여부
· 부패 · 변질 또는 유통기한 경과된 원료 및 식품의 사용여부
· 무표시 원료(제품) 및 식품의 사용여부(불법 · 밀렵 야생동식물)
· 지하수 등을 사용하는 경우 수질검사 실시 여부

(4) 기 타
· 영업자가 위생교육을 받았는지 여부
· 영업신고 증 업소 내 보관 여부, 가격표 게시 여부
· 제조가공한 식품을 영업장이외에서 판매를 목적으로 하는 사람에게 판매하는지 여부
· 자가품질검사 실시 여부

위 사항에 대한 단속의 대상이거나 또는 위반사실이 확인되는 경우 20만 원~50만 원의 과태료가 부과 될 수 있다. 과태료의 부과기준은 다음을 참고

[별표 2] 〈개정 2014.11.28.〉

과태료의 부과기준(제67조 관련)

위반행위	근거 법령	과태료 금액
1. 법 제3조(법 제88조에서 준용하는 경우를 포함한다)를 위반한 경우	법 제101조제2항제1호	20만 원 이상 50만 원 이하의 범위에서 총리령으로 정하는 금액
3. 영업자가 법 제19조의3제1항을 위반하여 교육을 받지 않은 경우	법 제101조제2항제1호의2	30만 원
7. 법 제40조제1항(법 제88조에서 준용하는 경우를 포함한다)을 위반한 경우 가. 건강진단을 받지 아니한 영업자 또는 집단급식소의 설치·운영자(위탁급식영업자에게 위탁한 집단급식소의 경우는 제외한다) 나. 건강진단을 받지 아니한 종업원	법 제101조제2항 제1호	20만 원 10만 원
8. 법 제40조제3항(법 제88조에서 준용하는 경우를 포함한다)을 위반한 경우 가. 건강진단을 받지 아니한 자를 영업에 종사시킨 영업자 나. 건강진단결과 다른 사람에게 위해를 끼칠 우려가 있는 질병이 있다고 인정된 자를 영업에 종사시킨 영업자	법 제101조제2항제1호	50만 원 100만 원
9. 법 제41조제1항(법 제88조에서 준용하는 경우를 포함한다)을 위반한 경우 가. 위생교육을 받지 아니한 영업자 또는 집단급식소의 설치·운영자(위탁급식영업자에게 위탁한 집단급식소의 경우는 제외한다) 나. 위생교육을 받지 아니한 종업원	법 제101조제2항제1호	20만 원 10만 원
10. 법 제41조제5항(법 제88조에서 준용하는 경우를 포함한다)을 위반하여 위생교육을 받지 아니한 종업원을 영업에 종사시킨 영업자 또는 집단급식소의 설치·운영자(위탁급식영업자에게 위탁한 집단급식소의 경우는 제외한다)	법 제101조제2항제1호	20만 원
17. 법 제56조제1항을 위반하여 교육을 받지 아니한 경우	법 제101조제2항제7호	20만 원

11) 한국추출가공식품업중앙회

각 지역별로 건강원간의 협력, 정보공유 등의 목적으로 협회가 조성되어 있다. 이러한 단체를 '한국추출가공식품업중앙회'라고 하는데 전국으로 서울에 위치한 한국추출가공식품업중앙회를 비롯해 각 지역별로 지회가 있다.

추출가공식품업협회의 가입여부는 의무가 아니기 때문에 가입결정은 창업자가 결정하면 된다. 추출가공식품업협회 가입 시 별도의 가입비가 발생할 수 있으며 가입비용은 지역에 따라 다를 수 있다. 추출가공식품업협회의 주요 활동은 세무 신고와 자가품질검사를 대행하여 주기도 하고, 관련소식이나 위생관련 사항을 전달하여 준다(추출가공식품업협회의 주요업무는 지역별로 차이가 날 수 있으니 해당 지역 추출가공식품업협회로 문의해야 한다).

(사단법인)한국추출가공식품업중앙회 www.kemfa.or.kr
서울특별시 구로구 구로5동 40-3 ☎ 02-2631-7313

▶ 한국추출가공식품업중앙회 사업소개
　① 추출가공식품 제조에 관한 관계법령의 조사·연구 및 관련사항
　② 영업시설의 현대화와 품질향상에 필요한 조사·연구 및 지고
　③ 경영 및 가공기술 향상을 위한 제반지원 사업
　④ 회원업소 자율지도와 회원 및 임·직원에 대한 교육·훈련
　⑤ 영업에 관한 분규의 조사 및 조정
　⑥ 원·부자재 공동구매 등 회원 권익증진을 위한 사업
　⑦ 부정·불량식품의 제조·가공·유통방지를 위한 사업
　⑧ 회지발간 사업
　⑨ 주무부장관이 위탁하는 사업
　⑩ 기타 본회의 설립목적 달성에 필요한 사업

(사단법인)한국추출가공식품업중앙회 홈페이지를 접속하면 지역별 지회, 신규 및 기존위생교육일정 등 다양한 정보를 볼 수 있다.

|Chapter 11|

성공을 위한 영업전략

1) 경쟁력구축
2) 오프라인 마케팅
3) 온라인 마케팅
4) 고객관리
5) 광고규정

성공을 위한 영업전략

1) 경쟁력구축

현재 건강원 창업을 준비하고 있다면 창업할 지역의 주변점포를 먼저 살펴보고 그들이 어떠한 방식으로 운영하고 있는지, 매장은 청결하고 쾌적한지 등을 알아 두어야 한다. 또 그렇게 확인한 정보를 이용하여 기존영업장과의 차별화를 이룰 수 있다면 기존영업자를 상대로 높은 경쟁력은 가질 수 있게 될 것이다.

건강원 창업 후 기존영업장과의 승패(勝敗)는 아무도 장담할 수 는 없다.
하지만 '유비무환[有備無患]'(미리 준비하면 근심할 걱정이 없다)과 '지피지기[知彼知己] 백전불태[百戰不殆]'(적을 알고 나를 알면 백번 싸워도 위태로울 것이 없다)라는 말에서 알 수 있듯이 승패(勝敗)를 장담할 수 는 없지만 두려울 것은 없을 것이다. 성공적인 창업을 위해서는 준비해야 할 사항, 갖추어야할 여건 등이 있지만 그보다 더 중요한 것은 성공을 위한 창업자의 마음가짐이다.

첫째, 많은 고객을 만나려면 고객이 많은 곳으로 가야 한다.

건강원 창업을 준비하는 예비창업자들이 점포 입지를 선정할 때 주변지역에 동일업종(건강원)이 자리 잡고 있다는 이유로 창업을 꺼리는 것을 종종 볼 수 있다. 물론 창업을 계획하는 지역에 동일업종이 자리하고 있다면 창업자는 큰 부담을 느낄 수 있다. 하지만 이러한 주변 환경으로 인해 창업지역을 변경하거나 좌절할 필요는 없다. 상황에 따라서 주변의 동일업종이 나에게 유리한 영향을 줄 수 있기 때문이다.

한 지역에 다수의 건강원이 존재한다는 것은 분명 다수의 건강원을 유지될 만큼의 수요시장이 크다고 볼 수 있다. 여기서 이미 자리한 기존 건강원이 분명 많은 고객층을 확보하고 있을 수 있겠지만 장기간을 운영하면서 점포나 탕전기기 또 가공방식은 과거에 제한되어 그대로 사용하는 경우가 대부분일 것이다. 기존 건강원의 이러한 단점을 미리 알고 보완한다면 기존 건강원보다 높은 경쟁력을 가질 수 있을 것이다.

건강원 운영에서 탕전실의 위생상태, 쾌적함의 정도는 경쟁력과 직접적인 연관성이 있다. 실제로 건강원을 신규 창업하면 고객들이 창업지역이 고객들이 방문하게 되는데 이는 한동네에 미용실이 많이 존재한다 하더라도 새로 생기는 미용실을 한번쯤 방문하게 되는 이유와 같다. 건강원도 이와 마찬가지로 기존 건강원들을 신뢰하지 못하는 고객, 깨끗한 점포를 원하는 고객, 기존 건강원과 마찰이 있었던 고객 등 다양한 이유로 다수의 고객들이 방문하게 되는데, 이러한 고객을 대상으로 준비된 마케팅과 지속적인 고객관리를 통하여 고객을 유치해야 할 것이다. 처음 방문 시 방문 고객에게 청결, 친절, 상품에 대해 만족감을 줄 수 있다면, 이는 다시 재방문할 수 있는 계기가 될 것이고, 분명 고정고객으로 전환될 수 있는 기회가 될 것이다.

대부분의 예비 창업자들은 좋은 입지를 선택할 때 건강원이 전혀 존재하지 않는 입지를 좋은 입지라고 생각할 수 있지만, 오히려 수요가 전혀 없어 고객유치에 어려움을 겪게 될 수도 있다는 점을 명심해야 한다.

둘째, 한방 지식도 하나의 경쟁력

건강원은 한의원이나 한약방처럼 고객의 질병에 대해 처방을 하거나 조제를 할 수는 없다. 하지만 창업자의 두터운 한방 지식은 고객과 영업자와의 신뢰를 좌우할 수 있다. 건강원을 찾는 대부분의 고객은 건강원의 제품이 건강기능식품이 아닌 건강식품이라는 것을 알면서도 본인이 가진 질병에 대해 약리작용(藥理作用)을 기대하는 경우가 많다. 건강원을 찾는 고객의 특징을 염두에 두고 방문 고객이 궁금해 하는 사항에 대해 관련지식으로 응대하면 고객들로 하여금 더한 신뢰를, 주변업체 보다 높은 경쟁력을 가질 수 있다.

건강기능식품에 대한 해박한 지식여부도 경쟁업체에 대해 갖춰야 할 경쟁력이다. 고객이 자주 묻는 질문에 대해 사전에 준비하여 고객이 믿고 맡길 수 있도록 신뢰를 주어야 하며 많은 자료를 활용해 한방 상식을 배우는 것도 고객에 대한 서비스이자 믿음과 신뢰를 얻어낼 수 있는 중요한 요소이다.

※ 건강원에서 자주 사용되는 약재의 명칭, 효능, 가격대 등을 미리 숙지하면 좋다.

셋째, 탕전기기의 차별화

현재 운영되고 있는 대부분의 건강원은 같은 방식의 탕기와 동일한 가공법으로 단순히 방문고객을 대상으로 영업하는 경우가 많다. 신규 창업 시 이와 같이 동일한 방식만을 고집해서는 기존에 먼저 자리한 건강원보다 앞서갈 수 없다. 탕전기기 구성 시 이러한 점을 인지하여 기존 건강원과의 차별화된 전략을 구성한다면 경쟁력을 높일 수 있는 요인이 될 것이다.

현재 생산되는 탕전기기는 과거와는 달리 다양한 제품들이 나오고 있다. 가공자의 편리성을 고려한 제품도 있고, 압력과 무압력방식 등 다양한 가공법을 활용하도록 만들어진 제품도 있다. 만약 기존 건강원들이 어떠한 탕전기기를 구성하고 있고 어떤 방식으로 가공하는지를 미리 알고 대처한다면 탕전기기 구성만으로도 기존 건강원과의 차별화를 가질 수 있게 될 것이다.

넷째, 청결은 가장 높은 경쟁력이다.

필자는 창업컨설팅을 하면서 신규 창업자들을 고육하기 위해 건강원을 4년 동안 직접 운영한 적이 있는데 당시 건강원을 방문한 고객들과 많은 대화를 나누면서 가장 큰 경쟁력은 '청결'이라는 것을 알게 됐다. 건강원은 즉석판매제조가공업으로 식품을 가공하는 가공업소라는 점을 명심해야 한다. 깨끗한 점포는 처음 방문하는 고객에게 첫인상을 좋은 이미지로 심어줄 수 있는 가장 큰 경쟁력이 된다.

새롭게 창업하는 건강원은 식품을 가공하는 가공업이란 사실을 염두에 두고 매장이나 복장, 가공과정 등을 청결하게 유지하여 고객들에게 신뢰감을 조성해야 한다. 식품가공업에서 청결은 간과해서는 안 될 가장 중요한 사항이다.

다섯째, 가공과정이 투명해야 한다.

건강원은 임가공 비중이 높은 업종이다. 고객이 가져온 재료를 가공하기 위해서는 세척, 분쇄, 중탕, 추출, 포장 등의 공정을 거치는데 이러한 가공공정을 고객이 직접 확인할 있어야 하고, 때에 따라서는 고객과 함께 하는 것도 좋다. 고객의 신뢰를 얻으려면 불신을 먼저 없애야 한다.

2) 오프라인 마케팅
성공 창업을 위해서는 반드시 목표와 전략이 필요한데 마케팅은 '기업의 목표를 달성하기 위한 전략' 정도로 생각하면 된다. 마케팅은 크게 온라인과 오프라인으로 나뉘는데, 그중 온라인 마케팅이란? 말 그대로 온라인을 이용해서 목표달성을 이루기 위한 전략이다. 쉽게 홈페이지, 카페, 블로그, 광고 등 인터넷으로 이루어지는 모든 것이 해당된다. 오프라인 마케팅은 온라인을 제외한 나머지 활동을 말하는데 예를 들어 전단지, 현수막, 베너, 간판 등이 여기에 해당한다. 창업에 있어서 시대적 흐름을 이해할 수 있어야 한다. 건강원 창업에도 과거와는 달리 온라인마케팅과 오프라인마케팅을 결합하여 시너지 효과를 발휘해야만 성공창업에 한걸음 가까이 갈 수 있을 것이다.

현재 운영되는 건강원 대부분의 판매망은 거미의 사냥방식에 비할 수 있는데, 이는 거미가 거미줄을 쳐놓은 후 먹이를 기다리는 것과 같은 방식으로 건강원 창업 후 고객의 방문만을 기다리는 방식을 말한다. 건강원 창업 시 단순히 방문고객을 기다리는 방식을 고집하면 과열경쟁에 들어선 건강원 업종과 경쟁력에서 분명 뒤처지게 될 것이다. 이제 건강원 운영에 있어서도 기존 거미사냥 방식이 아닌, 공격적인 마케팅을 필요로 할 때이다(공격적인 마케팅은 고객을 기다리는 방식이 아닌, 고객을 찾아가는 영업을 말한다).

▶ 왜 마케팅을 해야 할까?

성공은 열심히 노력하며 기다리는 사람에게 찾아온다.
(토마스 A. 에디슨)

창업을 준비하는 많은 사람들은 점포, 자금조달 등에 대해서만 계획을 세우는 경우가 많다. 하지만 창업에 있어서 그보다 더 중요한 것은 '어떻게 수익을 올려야 할지'가 먼저다. 이는 모든 창업에 있어서 가장 궁극적인 목적은 '수익' 즉 돈을 벌기 위함이기 때문이다. 아무리 입지가 좋고, 자금력이 좋다 하여도 이것만 가지고는 성공을 장담할 수는 없다. 창업도 낚시와 유사하다. 예를 들어 아주 큰 호숫가에서 '한 가지 미끼'만을 이용해서 낚시를 하는 사람과 '다양한 미끼'를 이용해서 낚시를 하는 사람은 분명 어종과 어획량에서 차이가 있을 것이다. 한 가지 미끼를 이용했던 사람은 대상어종이 한 가지로 제한되겠지만, 다양한 미끼를 이용했던 사람은 다양한 어종의 대상어를 만날 수 있을 것이다. 이처럼 건강원을 창업할 때에도 다양한 고객을 확보하기 위해서는 여러 가지의 미끼를 준비해야 한다. (여기서 '미끼'란 마케팅을 말한다)

다음은 마케팅으로 활용할 수 있는 사항을 협력업체 구축, 협력인 구축, 광고물 활용, 샘플 활용, 사계절상품 제작, 온라인 마케팅 등 총 여섯 가지로 구분해 보았다.

첫 번째, 협력업체 구축
점포 개설을 하고 가장 먼저 해야 하는 것 중 하나가 주변점포들을 돌아보는 일이다. 내 점포 주위에 어떠한 업종들이 있는지, 장사가 잘되는지 등 주변점포들을 무심코 지나쳐서는 안 된다. 창업의 입지를 선택할 때 대부분의 업종은 인적이 많은 곳을 찾는다. 이유는 지나치는 행인들이 많아야 홍보할 기회도 많아지고 다른 업무로 지나치는 행인조차 언제고 내 고객으로 만들 수 있기 때문이다. 하지만 건강원은 단지 인적이 많아서 잘 되는 업종은 아니다. 또 단순히 맛으로 먹는 커피나 주스 등의 음료가 아닌 건강식의 의미를 두기 때문에 신규 건강원을 신뢰하기가 어려울 수 있다. 협력업체를 구축해야 하는 가장 큰 이유가 이렇게 나를 신뢰하지 못하는 고객에게 협력업체의 신뢰도를 이용할 수 있기 때문이다. 건강원 신규 창업한 경우에는 탕전기기 사용이 미숙하기 때문에 일정기간의 연습이 필요하다. 이 때 만들어지는 가공제품을 주변 상인과의 친분과 갖는데 활용한다면 분명 도움이 될 것이다. 주변 점포 및 예비고객에게 지속적인 서비스 제공, 주변 상인과의 친분과 교류관계를 원활히 하여 자연스럽게 협력업체로 전환시켜야 한다.

두 번째, 협력인 구축
건강원 신규 창업 시 협력인 구축을 가장 중요시해야 한다. 이는 앞서 협력 업체를 구축해야 하는 이유와 같다. 고객의 입장에서는 경험이 없는 신규 창업자보다 인맥이 더 깊은 협력인의 신뢰도를 더욱 반영할 수 있기 때문이다. 협력인은 자신의 주변인 중에서도 찾을 수 있고, 꼭 지인이 아니더라도 방문고객 중에서도 만들 수 있다. 필자가 경험한 바로는 실제로 까다로운 고객이 그들이 원하는 조건을 충족시켜주었을 때 협력인으로 전환되는 경우가 많았다. 까다로운 고객은 본인이 싫으면 안 좋은 소문을 퍼뜨려 장사를 방해하기도 하지만 반대로 본인의 조건이 충족되면 스스로 나서서 고객을 불러오기도 한다. 창업 후 이와 같이 나에게 힘이 되어 주는 고객, 나를 도와 꾸준히 영업활동을 해 주는 고객을 결코 소홀이 해서는 안 된다. 건강원 창업 시 협력인으로 전환 가능성이 있는 고객리스트를 작성, 관리해야 한다.

※ 무심코 지나쳐 버릴 수 있는 협력인의 생일 · 기념일 등을 미리 기록하여 감사의 마음을 잊지 않고 전달해야 한다.
※ 협력인의 배우자 · 가족들의 건강상태를 확인하여 건강식을 선물한다면 협력관계가 더욱 두터워질 수 있다.
※ 인맥관리를 이용하여 협력인을 만들고 그것을 토대로 점점 확산시켜야 한다. 조기축구, 산악회 등 각종 단체모임을 통해 자연스럽게 존재성을 알리는 것도 필요하다.

세 번째 전단지광고 활용

현재 전단지 광고가 많이 활성화되어, 현관문 앞에 하루에도 몇 번씩 전단지 및 광고책자가 걸려 있는 것을 볼 수 있을 것이다. 하지만 광고를 게재하는 업종을 보면 피자나 치킨, 야식, 중국집 등 배달음식점에 한정되어 있다. 건강원 또한 이러한 광고지를 영업에 활용해야 할 것인데, 건강원도 이들 업종과 마찬가지로 가까운 주택지역부터 공략해야 하기 때문이다. 실제로 건강원 업종은 전단지나 현수막 광고를 하는 곳은 많지 않다. 이는 광고의 필요성을 못 느끼거나, 광고비용이 부담스럽기 때문일 것이다. 건강원의 전단지와 현수막 활용은 지금이 가장 적절할 수 있다. 많은 건강원이 존재하는 반면 광고에 투자하는 건강원은 많지 않기 때문이다. 다른 건강원보다 빠르게 광고활동을 시작하면 분명 높은 영업효과를 볼 수 있을 것이다.

건강원은 전국적으로 3만 개 이상이 운영되고 있으며, 한 동네에 여러 곳의 건강원이 자리한 모습을 어렵지 않게 찾아 볼 수 있다. 이제는 건강원이란 업종도 치열한 광고경쟁에 있다고 볼 수 있으며, 신규 창업 시 기존 건강원과의 차별화를 여러 가지 방식으로 표현하여 고객방문을 유도해야만 좀 더 빠른 고객 확보를 할 수 있을 것이다.

※ 기존 건강원을 대상으로 상권 및 매출 분석을 하며, 경쟁업체와의 차별화되는 부분을 강조하여 광고 전략을 준비해야 한다.

네 번째, 샘플 활용

건강원을 이용하는 고객이라 하더라도 구매하는 제품 이외의 품목에 대해서 잘 모르는 경우가 많은데, 제품을 가공하여 상품화하고 남은 제품에 대해 방문고객들에게 시음용으로 제공하여 고객들이 모르는 취급품목을 홍보할 수 있어야 한다. 실제로 건강원에서 배즙을 주로 구매하는 고객에게 양파즙이나, 헛개나무엑기스 등의 제품을 별도의 샘플BOX를 마련하여 시음할 수 있는 기회를 제공해 준다면 서비스 품질도 높여 줄 수 있을뿐더러 제품 홍보효과 또한 기대할 수 있을 것이다.

※ 4~5팩 정도를 담을 수 있는 샘플용 BOX를 제작하여 상품구매 고객에게 서비스로 제공하면 홍보효과와 영업효과를 기대할 수 있을 것이다.
※ 샘플을 활용하는 방법은 홍삼엑기스 구매고객에게 어린이홍삼의 샘플을 제공하고, 배즙을 구매하는 고객에게는 양파즙을 제공, 사과즙을 구매하는 고객에게는 배즙을 제공하는 방식으로 주문제품과 유사한 상품을 제공하고, 샘플BOX와 함께 전단지, 파우치커터 등의 광고물을 함께 전달한다면 더욱 좋다.

건강원에서 활용할 수 있는 광고물은 제품을 홍보하는 전단지, 냉장고에 부착이 가능한 자석홍보지, 제품 이미지가 첨부된 명함, 상호와 전화번호가 인쇄된 파우치커터, 팸플릿 등이 있다.

※ 주변 건강원을 대상으로 운영방식 및 서비스 활동 등을 미리 분석해서 나만의 특별함을 광고해야 한다(현수막, 전단지, 광고책자, 아파트 광고게시판 활용).

품명	파우치 커터	베너	전단지	리플렛	현수막
단가	개당350~500원	6만~12만 원	8만~12만 원	12만~20만 원	1만~5만 원
최소주문수량	최소 1,000개	최소 1개	최소 4,000매	최소 4,000매	최소 1개

다섯 번째, 사계절 판매가 가능한 상품 제작

건강원의 성수기는 8월 말부터 시작되는데 8월 말 포도를 비롯하여 9월 배, 사과, 호박, 칡 등 제철과일의 수확기가 오면서 맛좋은 과일을 싼 값에 구매할 수 있기 때문이다. 이 시기에는 대부분의 건강원에서 제품 판매 및 임가공 등 전반적인 매출이 늘어난다. 반대로 비수기는 과일 수확품목이 적은 12월부터 8월 성수기 전까지라고 볼 수 있다. 앞서 말한대로 건강원은 성수기와 비수기가 뚜렷한 업종이다. 성수기에는 탕기가 부족할 정도로 일의 양이 많고 비수기에는 수확되는 과일이 없어 건조된 약재나, 식용동물성재료 등의 가공에만 연연해야 한다. 창업자는 이러한 점을 염두에 두고 비수기를 안정적으로 극복할 수 있도록 4계절 판매가 가능한 상품을 기획해야 한다. 즉, 홍삼, 양파, 가시오가피 등 제철이 아니어도 구하기 쉽고 가격 폭이 크게 오르고 내림이 적은 재료들을 선정하여 적극 홍보해야 한다.

성수기에 판매량이 많은 제품들은 보관이 어렵기 때문에 판매할 수 있는 기간이 짧다. 여기서 판매할 수 있는 기간이 짧다는 것은 단골고객으로 전환이 어려울 수 있다는 것이다. 예를 들어 포도즙을 무척 좋아하는 A고객이 9월 초에 방문하여 포도즙 4BOX를 구매했다고 가정하자. 1BOX는 50포로 구성되어 있고 하루 2포씩 한 번도 거르지 않고 복용했을 때 '25일' 거의 한 달은 복용할 수 있는 양이다. A고객은 총 4BOX를 구매했으니, A고객 혼자 복용 시 4개월, 배우자와 같이 복용했다고 해도 2개월을 충분히 복용할 수 있는 양이다. 실제로 포도즙은 10월 이후부터는 포도의 생산량이 급격히 줄기 때문에 포도즙 가공이 많지 않다. A고객이 추가구매를 원한다 하여도 포도의 가격상승으로 하여금 포도즙 판매가 어려울 수 있다. 포도즙을 좋아하는 A고객을 다시 만나기 위해서는 다음 해 포도의 수확시기가 되어야 할 것이다. 건강원에서 포도즙, 배즙의 판매로 성수기의 매출을 좌우할 수는 있지만 판매할 수 있는 기간이 짧다는 것 또한 염두에 두어야 한다. 실제로 운영을 잘하는 건강원은 성수기보다 비수기에 대해 준비가 잘 되어 있는 건강원이다.

※ 건강원 운영 시 제철과일을 활용하여 성수기의 매출을 극대화할 수 있어야 하고, 비수기를 대비하여 사계절 가공 및 판매가 가능한 홍삼, 양파, 헛개나무, 오가피 등의 제품에 대해 준비 및 홍보활동을 해야 할 것이다. 건강원 창업에 있어서 가장 중요한 것은 성수기보다 비수기를 어떻게 대비하는지에 달려 있다. 눈에 띄게 고객 방문과 작업량이 많은 성수기와 반대로 비수기에는 작업량이 현저히 줄어들기 때문에 비수기를 극복할 수 있는 상품을 마련하여 이에 대비해야 한다.

3) 온라인 마케팅

'사람은 서울로, 말은 제주도로, 장사는 인터넷으로'

오프라인 마케팅은 창업지역 주변으로 한정될 수 있지만 온라인 마케팅은 공간이 한정되어 있지 않아 전국 또는 해외로까지 그 범위가 무궁무진하다. 과거 건강원에서는 공식적인 인터넷 광고, 판매 등 온라인을 이용한 마케팅이 극히 제한되어 있었다. 하지만 2014년 10월 즉석판매제조가공업의 규제가 완화되어 영업장 내에서만 가능했던 판매업이 온라인으로까지 가능해지면서 건강원 창업자에게도 날개가 달린 셈이다. 이제는 건강원에서도 정해진 표시규정을 준수하기만 하면 인터넷을 이용한 판매가 얼마든지 가능하다. 현재 건강원 창업을 준비하거나, 운영을 하고 있다면 이와 같은 사항에 발 빠르게 대처해야 할 것이다.

과거 재래시장에서 대형마트로 변화되고 다시 대형마트에서 홈쇼핑과 인터넷 쇼핑몰로 세대교체가 이루어지고 있다. 이는 마트뿐만 아니라 실제로 많은 건강원에서도 온라인 시장에서 판매망을 구축하기 위해 홈페이지를 개설하거나, 카페, 블로그 등을 이용해 다양한 인터넷 홍보활동에 나서고 있다.

'오프라인 시장을 넓은 호수라고 가정하면 인터넷 시장은 끝이 보이지 않는 바다와 같다.'

인터넷을 이용한 마케팅으로는 인터넷 쇼핑몰을 비롯하여 인터넷 카페, 블로그 등이 있다. 이렇게 쇼핑몰, 카페, 블로그는 저마다 활용성이 다양한데, 각각이 가진 장·단점을 비교하여 창업자에게 맞는 활동방법을 선택하면 된다.

▶ 인터넷 쇼핑몰

인터넷 쇼핑몰이란? 제품에 대한 특징, 외형, 가격 등을 컴퓨터를 이용해 소비자가 이를 확인하고 결제를 할 수 있도록 만들어진 사이버상의 점포이다. 이러한 인터넷 쇼핑몰의 장점은 오프라인에서의 재래시장, 대형마트 등과는 달리 시간과 공간의 제약이 없어 주·야간 구분이 없고, 국내뿐 아니라 해외제품의 구매도 가능하다. 이러한 시스템으로 소비자는 사무실이나 집 등 어디에서든 컴퓨터를 이용하여 원하는 제품을 비교하여 구매할 수 있고, 판매자는 매장이 필요가 없어 매달 임대료를 지불할 필요가 없으며, 다양하고 광범위한 광고 및 영업활동 또 제품 판매 등을 할 수 있다. 이에 반해 단점으로는 쇼핑몰 제작비용이 필요하고 카드결제의 비율이 높아 카드 수수료가 발생할 수 있다.

인터넷 쇼핑몰의 제작비용은 제작업체마다 다르다. 이러한 이유는 쇼핑몰의 완성도 차이, 업체별 비용 책정의 기준 등이 다르기 때문이다. 또 쇼핑몰 내에서 직접결제가 가능한지, 취급품목이 얼마나 되는지 등에 따라 견적비용이 달라지는데 일반적으로 인터넷 쇼핑몰의 제작비용은 3백만 원~5백만 원 정도 소요된다. 인터넷 쇼핑몰을 만들기 위해서는 고액의 제작비용이 필요하다보니 일부에서는 제작비용을 무료로 해 주고 유지보수비용을 청구하는 곳도 있다. 이런 경우 신규상품이 출시되거나, 페이지 내용을 변경해야 하는 경우 지속적으로 비용이 발생될 수 있다는 점을 염두에 두고 제작업체를 신중히 선택해야 한다.

현재는 스마트폰의 활용도가 높아지면서 모바일 홈페이지를 제작하는 경우가 늘고 있다. 모바일 홈페이지는 스마트폰 사용자들을 대상으로 기업 또는 제품 등을 홍보할 수 있고, 소비자가 스마트폰을 이용하여 상품을 검색, 비교, 구매할 수 있도록 하였다.

▶ 인터넷 광고

키워드 광고(Keyword advertising)는 인터넷 검색사이트에 특정 키워드를 검색한 사람들을 대상으로 광고주의 사이트가 노출되도록 하는 광고 기법이다. 검색 광고(檢索廣告)라고도 한다. TV나 라디오 또는 배너 광고와 같이 '판매자가 고객을 찾아' 광고를 하는 것이 아니라, '찾아오는 고객'에게 광고를 노출한다는 점에서 이전의 광고보다 매우 적극적이고 적중률이 높은 광고라 할 수 있다. 또한 서퍼들의 검색행위 그 자체가 이미 매우 고도화된 타겟팅이기 때문에 고객의 상황이나 인구통계학적 타게팅 및 방문이력에 근거하는 타 광고에 비해 전환으로 이어지는 광고 효율은 상대적으로 높은 편이다.

인터넷을 이용한 광고활동 중 가장 흔히 사용되고 있는 광고가 검색광고이다. 검색광고는 소비자가 궁금해하거나, 필요로 하는 물품에 대한 단어를 선정해서 포털사이트에 등록하는 방법으로 진행된다. 광고비용은 경매와 같이 등록되는 순이나 유입량에 따라서 책정되는데 예를 들어 '홍삼액'과 같이 사람들이 많이 찾는 인기키워드의 경우 검색량이 많기 때문에 광고 경쟁이 높고, 그만큼 가격 또한 비싸다. 반면 검색량과 수요가 적은 '잔대차'같은 경우 광고 경쟁도 낮아지기 때문에 가격이 저렴하다. 하나의 키워드에 대한 광고비용은 키워드의 인기 정도에 따라 몇 십 원에서 몇 백만 원까지 다양하다.

키워드 광고는 다음, 네이버, 엠파스, 야후 등 각종 포털사이트에서 진행한다.

다음, 네이버, 야후 등의 포털사이트 검색창에 건강원창업을 검색하면 검색창 밑으로 광고등록업체 순으로 노출이 된다. 노출순서가 밑에서 위로 올라갈수록 소비자들의 클릭 가능성이 높아지기 때문에 광고비용은 노출순서와 동일하다. 광고 방법으로는 포털사이트 하단의 '광고안내'를 클릭하면 자세한 사항을 확인할 수 있다.

▶ 인터넷 카페

인터넷 카페는 쇼핑몰, 홈페이지 등과는 달리 커뮤니티 위주의 운영방식으로 되어 있다. 과거에는 주로 일정한 주제를 가지고 이를 나누고 공유하는 목적으로 운영되었지만 현재 인터넷 카페의 활용도는 그러한 목적을 제외하고도 아주 다양하다.

인터넷 카페는 유지 및 관리방법이 어렵지 않아 누구나 쉽게 제작할 수 있다. 또 제작비용이 전혀 필요 없기 때문에 금전적인 부담을 갖지 않아도 된다. 다만 컴퓨터의 사용이 능숙하지 않은 사람인 경우 다소 어렵게 느껴질 수 있겠지만 인터넷을 이용하면 관련정보를 얼마든지 배우고 공유할 수 있으니 이 또한 걱정할 부분은 아니다.

인터넷 카페를 이용한 마케팅으로는 본인이 카페를 제작·운영하면서 고객들 간의 커뮤니티가 발생할 수 있도록 중계를 하거나, 접목할 수 있는 카페를 찾아 협력관계를 맺는 방법이 있다. 협력관계를 맺기 위해서는 현재 운영되고 있는 카페 중 지역별 모임, 동창모임, 다양한 취미활동 모임 등에서 창업자와 교류할 수 있는 모임·단체를 찾아 협력관계를 시도해야 한다. 실제로 엄마들이 주축이 되어 운영이 되는 인터넷 카페모임에서 자녀들의 사생대회, 글짓기 대회 등을 진행하기도 하는데 이런 때에 상품을 지급하거나, 후원을 한다면 많은 회원들에게 자연스럽게 홍보할 수 있다. 또 이를 일시적이지 않고 장기적으로 실행하여 카페행사에 틈틈이 참여해 운영자와 친분을 쌓거나 카페 내에서 입지를 두텁게 해야 한다.

쇼핑몰이나 홈페이지는 상업적인 의도를 가지고 제작되는 경우가 많지만 인터넷 카페는 어떠한 주제를 가지고 공통의 정보를 공유하는 경향이 많기 때문에 고객과의 거리를 좁히고 고객과 부담 없이 소통을 할 수 있다. 또 소비자와 소비자 사이에서 커뮤니티가 발생할 수 있도록 중계함으로써 판매자 또는 제품의 신뢰를 높일 수 있다.

인터넷 카페를 만들기 위해서는 다음 또는 네이버 등에 회원가입 한 후 제작이 가능하며 제작에 소요되는 비용은 없다. 또 카페를 만드는 과정을 각 포털사이트에서 제공하고 있으니 이를 참고하면 된다.

현재 다양한 포털사이트에서 카페 제작이 가능한데 유입경로가 높은 포털사이트로는 '다음(Daum)'과 '네이버(NAVER)'가 양대 산맥을 이루고 있다.

현재는 스마트폰의 다양한 어플이 개발되어 인터넷 카페 운영을 꼭 PC가 아니더라도 스마트폰 어플을 이용해서 언제든지 글을 쓰거나, 댓글을 확인하고 작성하는 등 어디에서든 실시간으로 편리하게 이용할 수 있게 됐다.

▶ 블로그 활용

블로그는 웹상에서 관심사에 따라 주제를 가지고 자신의 행동, 느낌, 생각 등을 일기형식으로 작성하는 것을 말한다.(인터넷을 의미하는 '웹(web)'과 자료 또는 일지를 뜻하는 '로그(log)'의 합성어)

블로그는 그 용도에 따라 개인형 블로그와 기업형 블로그로 나뉜다. 개인형 블로그는 개인의 취향에 따라 맛집, 여행지, 데이트장소 등의 정보를 웹 공간에서 공유하는 방식을 말하고, 기업형 블로그는 기업에서 온라인 마케팅을 목적으로 관련정보를 공유하고 제작상품을 홍보하는 등 기

업이익을 위해 사용하는 방식이다. 블로그에서 공유하는 정보는 네이버나 다음과 같은 포털사이트의 검색창에 실시간으로 반영되기 때문에 소비자의 유입경로를 보장 받을 수 있어 유리하다. 건강원 창업 시블로그의 이러한 점을 활용하면 다양한 홍보 활동을 할 수 있을 것이다.

건강원을 운영하는 데 블로그의 필요성은 앞서 말한 소비자의 유입경로를 확보하기 위해서이다. 건강원을 운영하면서 관련제품에 대한 정보를 창업자의 블로그를 이용해 공유하게 되면 포털사이트에 실시간으로 반영이 되고, 그 정보를 필요로 하는 사람들은 자연스럽게 창업자의 블로그로 방문하게 된다.

예를 들어, 네이버 검색창에 '흑염소액기스'를 검색하게 되면 상위에서부터 파워링크, 블로그, 사이트, 지식in, 웹문서, 카페, 비즈사이트, 지식쇼핑 등의 순으로 나열해서 노출된다. 여기서 가장 첫 번째로 노출되는 파워링크는 일정의 비용을 지불하고 '흑염소액기스'에 대한 키워드 광고를 진행하는 업체이다.

두 번째 노출 순위는 블로그이다. 흑염소액기스에 관한 정보를 담고 있는 블로그를 작성 순으로 최근 일을 기준하여 노출된다.

세 번째부터는 사이트, 지식in, 웹문서, 카페, 비즈사이트, 지식쇼핑 등의 순으로 노출된다.

위 노출순위를 보면 동일한 주제를 가지고 검색했을 때 키워드 광고를 진행하는 업체 다음으로 노출순위를 갖고 있는 것만으로도 블로그의 활용성이 얼마나 높은지 알 수 있을 것이다. 창업자는 이러한 점을 염두에 두고 블로그를 건강원 창업에 활용한다면 다양한 고객을 만날 수 있을 것이다. 단 블로그는 작성 글의 최근일자 순으로 노출되기 때문에 관련정보를 주기적으로 업로드해 주어야 하며, 검색어에 따라 노출순위가 달라질 수 있다.

블로그 다음(Daum), 네이버(NAVER)와 같은 포털사이트에서 운영하는 데 제작방법이 어렵지 않아 누구나 쉽게 만들 수 있고, 소요되는 비용은 없다.

블로그를 제작하는 방법은 원하는 포털사이트에 회원가입만 하게 되면 블로그가 자동 생성된다. 현재 네이버, 다음 등을 로그인할 수 있는 아이디와 패스워드가 있다면 이미 자신의 블로그를 가지고 있는 것이다. 이렇게 자신의 블로그를 메뉴에 있는 배경, 스킨, 폰트 등을 이용하여 창업자에게 맞는 컨셉을 설정하면 된다. 블로그를 처음 제작하는 경우에는 검색창에 '블로그 만들기'를 검색하면 다양한 블로그 제작법을 확인할 수 있다.

▶ 휴대폰을 이용한 마케팅

스마트폰 시장이 활성화를 이루면서 스마트폰의 활용성 또한 다양해 졌다. 그중 젊은 층에서 인기를 끌고 있는 '카카오스토리'라는 어플은 블로그와 유사한 방식으로 스마트폰으로 사진이나 동영상을 찍고 자신의 생각이나 경험 등을 일기형식으로 작성하는 방식으로 되어 있다. 카카오스토리의 장점은 스마트폰을 이용하여 관련정보를 쉽게 확인하거나 보여줄 수 있다는 점이고, 단점으로는 블로그와는 다르게 포털사이트에 노출이 되지 않고, 자신과 친구로 등록되어 있는 대상에게만 공유할 수 있다는 점이다.

창업자는 카카오스토리를 이용해 제품을 홍보할 수 있는 상업적인 용도와 여행, 자녀, 취미, 관심사 등의 개인적인 용도를 병행하여 고객들과 거리를 좁히는 한편 궁극적인 영

업이익을 달성해야 할 것이다.

 현재 많은 기업체에서 '카카오톡'이나 '카카오스토리'를 이용하여 고객들과의 소통을 위해 노력하고 있는데 이는 기업에서 현대인과의 트렌드를 맞춤으로써 고객들과의 거리를 좁히기 위함이다.

 건강원 창업에서 카카오톡의 활용방법으로는 간단한 질문에 대해 답변을 하거나, 원하는 상품의 이미지를 전송하는 등이 있을 수 있고, 상품구매 없이 질문하기를 부담스러워 하는 고객들을 위해 부담감을 덜어줌으로써 고객과의 거리를 좁힐 수도 있다.

 카카오톡을 활용하기 위해서는 카카오톡 '어플상'에서 고객과 서로 '친구'가 되어야하는데, 우리가 전화통화를 하기 위해서 전화번호를 알아야 하는 것처럼 카카오톡을 사용하기 위해서는 카카오톡 아이디를 알아야 한다(휴대전화번호가 저장이 되어 있는 경우 자동으로 친구로 되는 경우도 있다). 창업자는 이러한 점을 염두에 두고 인터넷 카페, 블로그, 또 오프라인 인쇄물에도 카카오톡 아이디를 기재하여 고객들이 언제고 쉽게 다가올 수 있도록 해야 한다.

 현재 우리나라 전체 스마트폰 유저 800여만 명 중 600만 명이 사용하고 있으며, 하루에도 수천 만 건의 메시지를 오고가고 있다. 휴대폰 메신저는 생산자와 소비자 간의 대화의 부담을 줄일 수 있다. 또 카카오톡은 모바일 메신저와는 다르게 비용이 들지 않아 스마트폰 이용자가 급속도로 확산되면서 새롭게 카카오톡에 등록하는 유저가 늘고 있다.

 모바일을 이용한 마케팅으로는 카카오톡 이외에도 네이버 우리끼리 밴드를 이용한 동창회 모임, 취미활동 모임, 가족 모임 등을 활용하는 방법도 있다.

4) 고객관리

'처음부터 시작할 수 있다면 기대 이상의 값어치를 할 것이다!'

건강원을 운영함에 있어서 가장 중요하고 간과해서는 안 될 부분이 바로 고객관리이다. 건강원은 다른 업종에 비해 소비층이 한정되어 있고, 신규 고객보다는 이미 구매했던 고객이 재구매하는 경우가 많기 때문에 안정된 영업활동을 위해서 고객관리는 반드시 필요하다. 고객관리는 건강원의 매출과 가장 직접적인 연관이 있으며, 관리 정도에 따라 고객의 재방문 시기도 앞당길 수도 있다.

건강기능식품을 접해 본 사람이면 건강식품은 양약과는 달리 장기복용을 해야 효과를 기대할 수 있다는 것은 이미 잘 알고 있을 것이다. 하지만 제품을 구매한 고객이 복용 시기를 정확히 지키는 경우는 많지 않다. 고객관리는 이런 고객에게 재 구매 시기를 문자메세지나 전화를 이용하여 인식시켜 주거나 이벤트행사, 쿠폰행사, 마일리지를 통하여 재구매조건을 마련해 주는 것이다.

현대인들은 건강식품에 대해 관심도가 높은 편이며, 이러한 현상은 건강을 챙기기 어려운 바쁜 현대인일수록 더욱이 그럴 것이다. 이러한 사항을 염두에 두고 창업자는 바쁜 고객을 대상으로 고객이 상품 복용을 거르지 않도록 해 주어야하며, 그런 관리를 통하여 자연스럽게 신상품 홍보도 이루어져야 할 것이다. 건강원 운영 시 구매고객의 재구매 시기와 1:1고객맞춤형 관리, 개개인 고객정보를 관리한다면 안정된 수익과 더불어 더욱 높은 매출을 기대할 수 있다.

구매일	1 회차	2 회차	예정복용일
감사 메시지 전달	인사말과 함께 제품 복용을 거르지 않도록 전달	인사말과 함께 제품 복용을 거르지 않도록 전달	상품홍보와 함께 재 구매 시기를 인식시켜 줌

※ 과일즙50포=하루 2포 ×25일 복용 , 동물성120포=하루 2포 ×60일 복용

▶ 고객관리 프로그램

  건강원을 운영하게 되면 가공을 의뢰하는 고객, 제품을 구매하는 고객, 가격만 묻는 고객, 소개로 방문한 고객 등 다양한 이유로 많은 고객이 방문하게 되는데, 창업자가 이렇게 방문했던 고객 모두를 일일이 기억할 수는 없다. 특히 포도, 배, 복숭아, 사과 등의 제철과일을 구매하는 고객은 한 번 방문 후 몇 달, 혹은 일 년이 다 돼서야 재방문하는 경우도 있는데 창업자가 일 년 만에 방문한 고객을 기억해 주고, 반겨줄 수 있다면 단골고객 전환에도 효과적일 것이다. 창업자는 이러한 사항을 염두에 두고 방문했던 고객을 관리할 수 있는 방법을 모색해야 한다.

  고객관리 프로그램을 활용하면 고객 개개인의 신상명세와 구매횟수, 맛의 취향, 가족관계 등을 기록하여 한 번 방문했던 고객이 다시 방문했을 때 기록된 내용을 토대로 첨가물을 사용하거나, 가공시간, 온도, 맛의 취향을 확인하여 보다 높은 서비스를 제공할 수 있다. 또 방문고객의 경로를 파악할 수 있고, 고객별로 자주 찾는 제품, 구매내역 등을 확인할 수 있어 영업활동에도 편리할 수 있다.

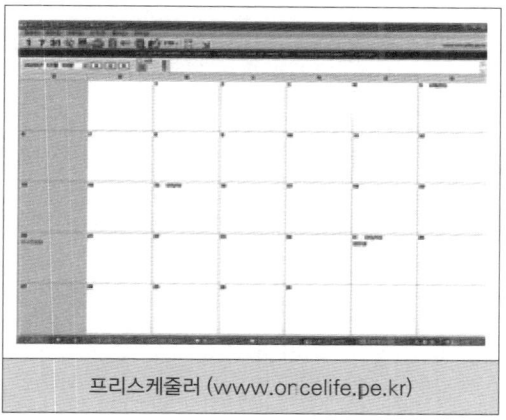
• 무료 일정관리 프로그램

프리스케줄러 (www.orcelife.pe.kr)

　필자는 건강원 창업컨설턴트로 일하면서 많은 신규 창업자들을 만났지만 고객관리의 중요성을 느끼고, 준비하는 사람은 볼 수 없었다. 건강원은 커피나 콜라, 사이다와 같이 대중적이지 못하여 고객층이 다소 한정되어 있다. 이렇기 때문에 건강원에서는 새로운 고객을 만나는 것보다 기존 고객들이 재방문하는 경우가 많다. 필자도 이러한 사실을 건강원을 직접 운영하면서 알 수 있게 되었고, 그렇기 때문에 더욱더 신규창업자들에게 이러한 사실을 꼭 기억해두라고 말하고 싶다.

　건강원 영업활동에서 협력인을 만드는 것이 중요한 이유는 새로 생긴 건강원의 부족한 신뢰를 협력인이 채워주는 역할을 하기 때문이다. 이처럼 신규 고객 스스로가 매장을 방문하여 제품을 구매하는 것보다 소개로 방문했던 고객이 단골고객으로 전환되는 경우가 더 많다. 신규 고객이 방문했을 때 고객에 대한 정보, 맛의 취향 등을 기록해서 단골고객으로 전환될 수 있도록 준비해야 한다. 신규 고객을 단골고객으로 전환하기 위해서는 고객관리 프로그램이 없어서는 안 될 아주 중요한 역할을 할 것이다.

　신규 고객을 확보하는 것도 중요하다. 하지만 기존고객을 놓치지 않는 건 더 중요하다!

▶ HAPPY CALL 서비스

건강원은 이용고객에 따라 선호하는 상품이 다양한데, 이러한 고객별로 선호되는 상품을 미리 준비하면 다른 창업자보다 한 발 빠르게 고객방문을 유도할 수 있을 것이다.

건강원에서 취급하는 주원료와 첨가물은 한약, 과일, 식용동물성재료 등으로 아주 다양하다. 그중 과일 및 채소 등으로 만들어지는 가공품은 12개월을 주기로 생산시기가 정해져 있기 때문에 구매 고객도 마찬가지로 방문시기, 구매시기 등이 정해져 있다. 예를 들어, 일 년 중 5월(양파), 8월(포도), 10월(배), 11월(칡) 등 과일 및 채소 등 저마다 수확시기가 있는데, 여기서 수확 시기는 고객 방문의 시기이기도 하다. 건강원에서의 영업은 여기서부터 시작할 수 있다. 제철이 되는 품목과 시기를 미리 숙지하고 기록해 두었다가 과거 구매경험이 있는 고객들로 하여금 재구매를 유도해야 한다. 제철과일을 즐겨 찾는 고객은 과일 및 채소 등의 생산시기에만 한시적으로 매장을 방문하기 때문에 이 점을 염두에 두고 방문시기를 미리 파악해서 그보다 앞선 영업활동을 해야 한다.

고혈압 환자인 남편을 위해 매년 양파즙을 구매하여 남편의 건강을 챙기는 중년여성에게는 질 좋은 양파가 저렴하다는 소식에 반가워할 수 있을 것이며, 어린 아이의 기침감기 때문에 걱정이 많은 아이엄마에게도 질 좋은 배가 저렴하다는 소식에 분명 반가워 할 것이다. 건강원을 운영하다 보면 매년 고객마다 선호하는 상품이 있다. 이러한 고객은 내 건강원이 아니더라도 주변의 건강원제품을 이용할 것이다. 이런 고객에게 과일에 대한 정보, 과일시세 등을 해피콜이나 문자메시지를 통하여 경쟁업체에 비해 발 빠르게 전달한다면 고객의 방문기간을 좀 더 앞당길 수 있을 것이다.

※ 제철과일의 주기와 고객별 구매유형에 대해서 기록하고 주기마다 해피콜 서비스를 실행해야 한다(제철과일의 수확시기가 곧 영업활동의 시기이다).
※ 현재 온라인에서 문자메세지를 편리하게 보낼 수 있도록 다양한 사이트가 운영 중이다.

5) 광고규정

다음은 식품의약청안전처에서 정하고 규제하는 식품 등의 표시·광고행위에 관한 사항이다. 건강원 창업 시 아래사항을 숙지하여 행정처분의 대상이 되지 않도록 해야 한다. '표시광고 공정화에 관한 법률'에서는 부당한 표시·광고행위 금지하고 있다. (공정거래위원회)

> 사업자등은 소비자를 속이거나 소비자로 하여금 잘못 알게 할 우려가 있는 표시·광고행위로서 공정한 거래질서를 저해할 우려가 있는 허위·과장의 표시·광고, 기만적인 표시·광고, 부당하게 비교하는 표시·광고, 비방적인 표시광고 행위를 하거나 다른 사업자등으로 하여금 이를 행하게 하는 행위

▶ 식품위생법 및 건강기능식품에관한법률

다음은 식품의약품안전처에서의 표시, 광고, 허위표시·과대광고 등에 대한 정의(定義)이다.

표시	식품, 식품첨가물, 건강기능식품, 기구 또는 용기·포장(건강기능식품의 경우 첨부물 및 내용물 포함)에 적는 문자, 숫자 또는 도형을 말함
광고	식품, 식품첨가물, 건강기능식품의 용기·포장 및 라디오·TV·신문·잡지·음성·음향·영상·인쇄물·간판·인터넷 그 밖의 방법에 의하여 식품 등의 명칭·제조방법·품질·영양가·성분 또는 사용에 대한 정보를 나타내거나 알리는 행위
허위표시 과대광고	식품 등의 명칭, 제조방법, 영양소, 원재료, 성분, 사용방법, 품질 등의 정보를 나타내거나 알리는 행위(표시 포함) 함에 있어 질병의 예방 및 치료에 효능·효과가 있거나 의약품 또는 건강기능식품으로 오인·혼동할 우려가 있는 내용의 표시·광고나 사실과 다르거나 과장된 표시·광고 또는 소비자를 기만하거나 오인·혼동 시킬 우려가 있는 등의 표시·광고를 말함

▶ 식품위생법

식품 위생법 제13조(허위표시 등의 금지)

① 누구든지 식품등의 명칭 · 제조방법, 품질 · 영양 표시, 유전자재조합식품등 및 식품이력추적관리 표시에 관하여는 다음 각 호에 해당하는 허위 · 과대 · 비방의 표시 · 광고를 하여서는 아니 되고, 포장에 있어서는 과대포장을 하지 못한다. 식품 또는 식품첨가물의 영양가 · 원재료 · 성분 · 용도에 관하여도 또한 같다. 〈개정 2011.6.7, 2011.8.4〉
1. 질병의 예방 및 치료에 효능 · 효과가 있거나 의약품 또는 건강기능식품으로 오인 · 혼동할 우려가 있는 내용의 표시 · 광고
2. 사실과 다르거나 과장된 표시 · 광고
3. 소비자를 기만하거나 오인 · 혼동시킬 우려가 있는 표시 · 광고
4. 다른 업체 또는 그 제품을 비방하는 광고5. 제12조의3제1항에 따라 심의를 받지 아니하거나 심의받은 내용과 다른 내용의 표시 · 광고

② 제1항에 따른 허위표시, 과대광고, 비방광고 및 과대포장의 범위와 그 밖에 필요한 사항은 총리령으로 정한다. 〈개정 2010.1.18, 2011.8.4, 2013.3.23〉

▶ 식품위생법 시행규칙

제8조(허위표시, 과대광고, 비방광고 및 과대포장의 범위)

제8조(허위표시, 과대광고, 비방광고 및 과대포장의 범위) ① 법 제13조에 따른 허위표시 및 과대광고의 범위는 용기·포장 및 라디오·텔레비전·신문·잡지·음악·영상·인쇄물·간판·인터넷, 그 밖의 방법으로 식품등의 명칭·제조방법·품질·영양가·원재료·성분 또는 사용에 대한 정보를 나타내거나 알리는 행위 중 다음 각 호의 어느 하나에 해당하는 것으로 한다. 〈개정 2011.8.19., 2012.1.17., 2014.5.9.〉

1. 법 제19조에 따라 수입신고한 사항이나 법 제37조에 따라 허가받거나 신고·등록 또는 보고한 사항과 다른 내용의 표시·광고
2. 질병의 예방 또는 치료에 효능이 있다는 내용의 표시·광고
3. 식품등의 명칭·제조방법, 품질·영양표시, 식품이력추적표시, 식품 또는 식품첨가물의 영양가·원재료·성분·용도와 다른 내용의 표시·광고
4. 제조 연월일 또는 유통기한을 표시함에 있어서 사실과 다른 내용의 표시·광고
5. 제조방법에 관하여 연구하거나 발견한 사실로서 식품학·영양학 등의 분야에서 공인된 사항 외의 표시·광고. 다만, 제조방법에 관하여 연구하거나 발견한 사실에 대한 식품학·영양학 등의 문헌을 인용하여 문헌의 내용을 정확히 표시하고, 연구자의 성명, 문헌명, 발표 연월일을 명시하는 표시·광고는 제외한다.
6. 각종 상장·감사장 등을 이용하거나 "인증"·"보증" 또는 "추천"을 받았다는 내용을 사용하거나 이와 유사한 내용을 표현하는 광고. 다만, 다음 각 목에 해당하는 내용을 사용하는 경우는 제외한다.
가. 「정부표창규정」에 따라 제품과 직접 관련하여 받은 상장
나. 「정부조직법」제2조부터 제4조까지의 규정에 따른 중앙행정기관·특별지방행정기관 및 그 부속기관, 「지방자치법」제2조에 따른 지방자치단체 또는 「공공기관의 운영에 관한 법률」제4조에 따른 공공기관으로부터 받은 인증·보증
다. 「식품산업진흥법」제22조에 따른 전통식품 품질인증, 「산업표준화법」제15조에 따른 제품인증 등 다른 법령에 따라 받은 인증·보증

7. 외국어의 사용 등으로 외국제품으로 혼동할 우려가 있는 표시·광고 또는 외국과 기술제휴한 것으로 혼동할 우려가 있는 내용의 표시·광고
8. 다른 업소의 제품을 비방하거나 비방하는 것으로 의심되는 표시·광고나 "주문 쇄도" 등 제품의 제조방법·품질·영양가·원재료·성분 또는 효과와 직접적인 관련이 적은 내용 또는 사용하지 않은 성분을 강조함으로써 다른 업소의 제품을 간접적으로 다르게 인식하게 하는 표시·광고
9. 미풍양속을 해치거나 해칠 우려가 있는 저속한 도안·사진 등을 사용하는 표시·광고 또는 미풍양속을 해치거나 해칠 우려가 있는 음향을 사용하는 광고

10. 화학적 합성품의 경우 그 원료의 명칭 등을 사용하여 화학적 합성품이 아닌 것으로 혼동할 우려가 있는 광고

11. 판매사례품 또는 경품 제공·판매 등 사행심을 조장하는 내용의 표시·광고(「독점규제 및 공정거래에 관한 법률」에 따라 허용되는 경우는 제외한다)

12. 소비자가 건강기능식품으로 오인·혼동할 수 있는 특정 성분의 기능 및 작용에 관한 표시·광고

'누구든지 식품 또는 식품첨가물에는 의약품과 혼동할 우려가 있는 표시를 하거나 광고를 하여서는 아니 된다.'

▶ 건강기능식품에관한법률

제18조(허위·과대·비방의 표시·광고 금지)

① 누구든지 건강기능식품의 명칭, 원재료, 제조방법, 영양소, 성분, 사용방법, 품질 및 건강기능식품이력추적관리 등에 관하여 다음 각 호에 해당하는 허위·과대·비방의 표시·광고를 하여서는 아니 된다.

1. 질병의 예방 및 치료에 효능·효과가 있거나 의약품으로 오인(誤認)·혼동할 우려가 있는 내용의 표시·광고
2. 사실과 다르거나 과장된 표시·광고
3. 소비자를 기만하거나 오인·혼동시킬 우려가 있는 표시·광고
4. 의약품의 용도로만 사용되는 명칭(한약의 처방명을 포함한다)의 표시·광고
5. 다른 업체 또는 그 업체의 제품을 비방하는 표시·광고

▶ 건강기능식품에 관한 법률 시행규칙

제21조 (허위·과대의 표시·광고의 범위)	
과대광고 해당되는 경우	
질병의 예방 및 치료에 효능·효과가 있거나 의약품으로 오인·혼동할 우려가 있는 내용의 표시·광고에 해당하는 경우	· 질병 또는 질병군의 발생을 사전에 방지한다는 내용의 표시·광고 · 질병 또는 질병 군에 효과가 있다는 내용의 표시·광고 (단, 질병이 아닌 인체의 구조 및 기능에 대한 보건용도의 유용한 효과는 해당되지 아니함) · 질병의 특징적인 징후 또는 증상에 대하여 효과가 있다는 내용의 표시·광고 · 제품명, 학술자료, 사진 등을 활용하여 질병과의 연관성을 암시하는 표시·광고. (단, 질병의 발생 위험을 감소시키는데 도움이 된다는 표시·광고의 경우 제외) · 의약품에 포함된다는 내용의 표시·광고 · 의약품을 대체할 수 있다는 내용의 표시 광고 · 의약품의 효능 또는 질병 치료의 효과를 증가시킨다는 내용의 표시·광고
사실과 다르거나 과장된 표시·광고에 해당 하는 경우	· 허가받은 사항이나 신고한 사항 또는 수입신고한 사항과 다른 내용의 표시·광고 · 식약청장이 인정하지 아니한 기능성을 나타내는 내용의 표시·광고
소비자를 기만하거나 오인·혼동시킬 우려가 있는 표시·광고에 해당하는 경우	· 각종의 감사장 또는 체험기 등을 이용하거나 "주문쇄도", "단체추천" 또는 이와 유사한 내용을 표현하는 광고 · 의사, 치과의사, 한의사, 수의사, 약사, 한약사, 대학교수 또는 그 밖의 자가 제품의 기능성을 보증하거나, 제품을 지정·공인·추천·지도 또는 사용하고 있다는 내용 등의 표시·광고. (단, 해당제품의 연구·개발에 직접 참여한 사실을 표시·광고하는 경우 제외) · 외국어의 사용 등으로 외국제품으로 혼동할 우려가 있는 표시·광고 또는 외국과 기술 제휴한 것으로 혼동할 우려가 있는 내용의 표시·광고 · 해당 제품의 제조방법·품질·영양소·원재료·성분 또는 효과와 직접 관련이 적은 내용을 강조함으로써 다른 업소의 제품을 간접적으로 다르게 인식되게 하는 광고 · 비교표시·광고의 경우 그 비교대상 및 비교기준이 명확하지 아니 하거나 비교내용 및 비교방법이 적정하지 아니한 내용의 표시·광고
의약품의 용도로만 사용되는 명칭(한약의 처방명을 포함)의 표시·광고의 경우	· 식약청장이 정한 의약품의 용도로만 사용되는 원료에 관한 내용의 표시·광고

 다음은 허위표시·과대광고로 않는 표시 및 광고의 컴위에 대한 사항으로 미리 알아두면 유용할 수 있다.

[별표 3]

허위표시 · 과대광고로 보지 아니하는 표시 및 광고의 범위
(제8조제2항제4호 관련)

1. 유용성
가. 신체조직과 기능의 일반적인 증진을 주목적으로 하는 다음의 표현 또는 이와 유사한 표현
   1) 인체의 건전한 성장 및 발달과 건강한 활동을 유지하는데 도움을 준다는 표현
   2) 건강유지 · 건강증진 · 체력유지 · 체질개선 · 식이요법 · 영양보급 등에 도움을 준다는 표현
   3) 특정질병을 지칭하지 아니하는 단순한 권장 내용의 표현. 다만, 당뇨병 · 변비 · 암 등 특정질병을 지칭하거나 질병(군)의 치료에 효능 · 효과가 있다는 내용이나 질병의 특징적인 징후 또는 증상에 대하여 효과가 있다는 내용 등의 표현을 하여서는 아니 된다.
나. 식품영양학적으로 공인된 사실 또는 제품에 함유된 영양성분(비타민, 칼슘, 철, 아미노산 등)의 기능 및 작용에 관한 다음의 표현 또는 이와 유사한 표현
   1) 특수용도식품으로 임신수유기 영양보급, 병후 회복시 영양보급, 노약자 영양보급, 환자에 대한 영양보조 등에 도움을 준다는 표현
   2) 비타민 ○는 ○○작용을 하여 건강에 도움을 줄 수 있다는 표현
   3) 칼슘은 뼈와 치아의 형성에 필요한 영양소라는 표현
다. 「건강기능식품에 관한 법률」 제14조에 따라 건강기능식품의 기준 및 규격에서 정한 영양소의 기능성분 함량
2. 용도: 제품의 제조목적이나 주요 용도에 대한 다음의 표현 또는 이와 유사한 표현
가. 해당 제품이 유아식, 환자식 등으로 섭취하는 특수용도식품이라는 표현
나. 해당 제품이 발육기, 성장기, 임신수유기, 갱년기 등 사람의 영양보급을 목적으로 개발된 제품이라는 것과 이와 유사한 표현
3. 섭취방법 · 섭취량에 관한 다음의 표현 또는 이와 유사한 표현
해당 제품의 식품영양학적 기준으로 가장 적합하다고 생각되는 섭취방법 또는 섭취량의 표현

    다음은 허위표시 · 과대광고 등에 대한 행정처분 기준이다. 순서는 위에서부터 식품위생법 조항, 해당업종, 위반사항에 대한 행정처분 기준이다. 아래 행정처분 기준을 확인하여 건강원 창업 시 행정처분 대상이 되지 않도록 경각심(警覺心)을 갖아야 할 것이다.

▶ 식품위생법 시행규칙 행정처분 기준(제89조 관련)

〈별첨 23〉

제89조 행정처분 기준)

식품제조가공업, 즉석판매제조가공업, 식품첨가물제조업, 식품소분업,
유통전문판매업, 식품등수입판매업, 식품조사처리업, 용기·포장류제조업

위반사항 (차. 허위표시 또는 과대광고와 관련한 사항)	행정처분 기준		
	1차 위반	2차 위반	3차 위반
1) 질병의 예방 또는 치료에 효능이 있다는 내용의 표시나 광고	영업정지 15일과 해당 제품 (표시된 제품만 해당함) 폐기	영업정지 1개월과 해당 제품 (표시된 제품만 해당함) 폐기	영업정지 2개월과 해당 제품 (표시된 제품만 해당함) 폐기
2) 의약품으로 혼동할 우려가 있는 내용의 표시나 광고	영업정지 15일	영업정지 1개월	영업정지 2개월
3) 체험기 및 체험사례 등 이와 유사한 내용을 표현하는 광고	품목 제조정지 1개월	품목 제조정지 2개월	품목 제조정지 3개월
4) 사행심을 조장하는 내용의 광고를 한 경우	시정명령	품목 제조정지 15일	품목 제조정지 1개월
5) 중앙행정기관·특별지방행정기관 및 그 부속기관 또는 지방자치단체가 아닌 자로부터 "인증"·"보증" 또는 "추천"을 받았다는 내용을 사용하거나 이와 유사한 내용을 표현하는 광고	시정명령	품목제조정지 15일	품목제조정지 1개월
6) 소비자가 건강기능식품으로 오인·혼동할 수 있는 특정성분의 기능 및 작용에 관한 표시·광고	영업정지 7일	영업정지 15일	영업정지 1개월
7) 표시·광고 심의 대상 중 심의를 받지 않은 경우	품목 제조정지 15일	품목 제조정지 1개월	품목 제조정지 2개월
기타 허위표시 등 위반사항이 3개 사항 이상인 경우	품목제조정지 15일 (영업정지 5일)	품목제조정지 1개월 (영업정지 10일)	품목제조정지 2개월 (영업정지 20일)
기타 허위표시 등 위반사항이 3개 사항 미만인 경우	시정명령	품목제조정지 15일 (영업정지 5일)	품목제조정지 1개월 (영업정지 10일)

※ 위반행위의 횟수에 따른 행정처분의 기준은 최근 1년간 같은 위반행위를 한 경우에 적용
※ 불량식품 통합 신고센터 : 1399

|Chapter 12|

OTHER(其他)

1) 식품위생법 · 시행령 · 시행규칙
2) 부정불량식품신고
3) 즉석판매제조와 식품제조의 차이점
4) 건강원에서의 전통주 제조 및 판매
5) 약용식물자원관리사
6) 창업에 유용한 사이트

12 OTHER(其他)

1) 식품위생법 · 시행령 · 시행규칙

　식품의약품안전처는 식품 · 건강기능식품 · 의약품 · 마약류 · 화장품 · 의약외품 · 의료기기 등의 안전에 관한 업무를 시행하는 곳이다.

　아래는 건강원 창업 및 운영에 필요한 법령을 나열하였다. 각각의 관련 법령을 확인하기 위해서 안내된 사이트를 접속해서 순서대로 진행하면 확인할 수 있다.

　식품에 관한 법률은 법, 시행령, 시행규칙 등으로 구분한다.

● 식품 등에 관한 법률

식품위생법	식품이생법 시행령	식품위생법 시행규칙

- 식품의약품안전처 : http://www.mfds.go.kr/
- 국가법령정보센터 : http://www.law.go.kr/
- 종합상담 신고센터 : 1577-1255

● 식품위생법 시행규칙

식품의약품 안전처 홈페이지 접속	→	법령 · 자료	→	법, 시행령, 시행규칙	→	82번 식품위생법 시행규칙

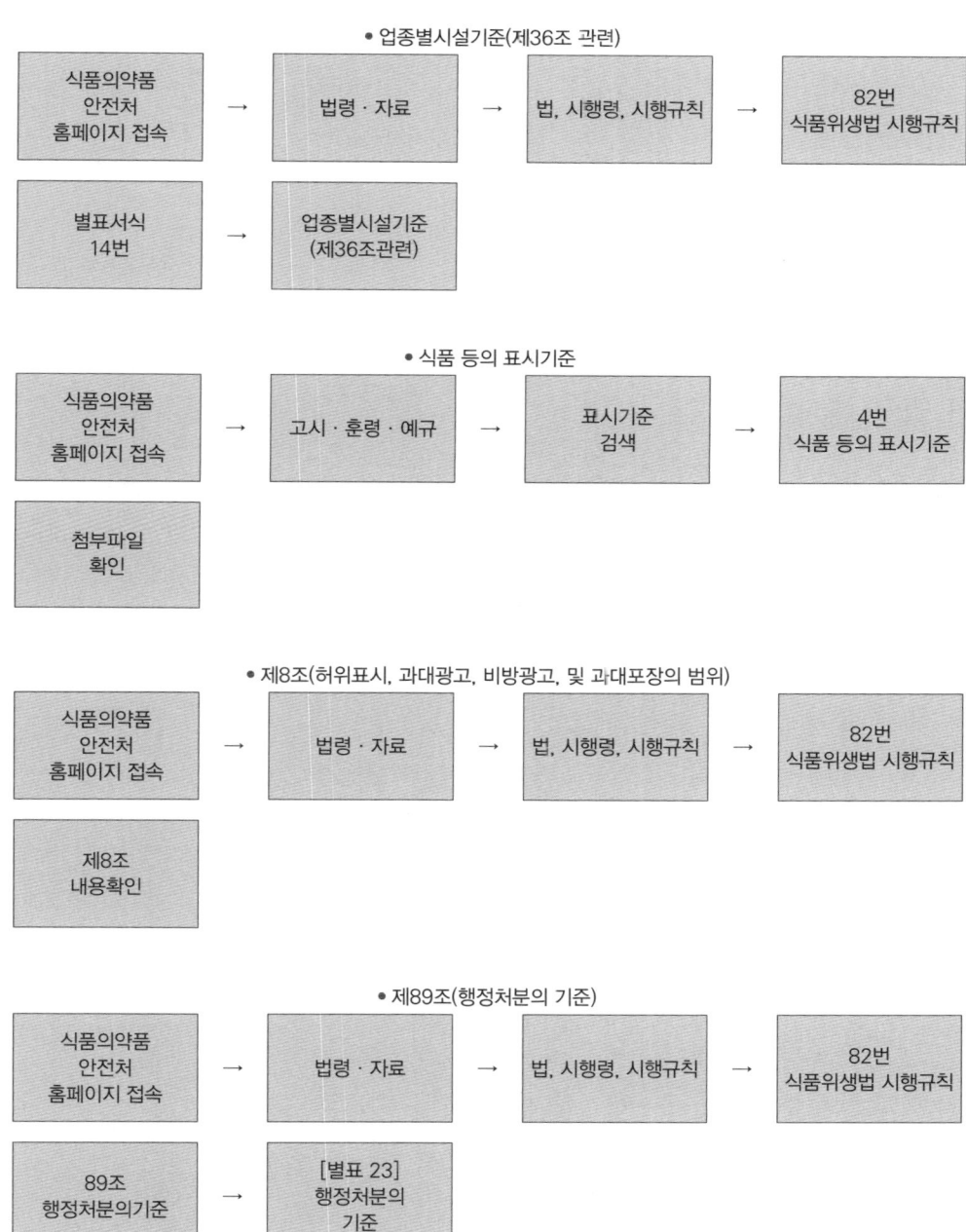

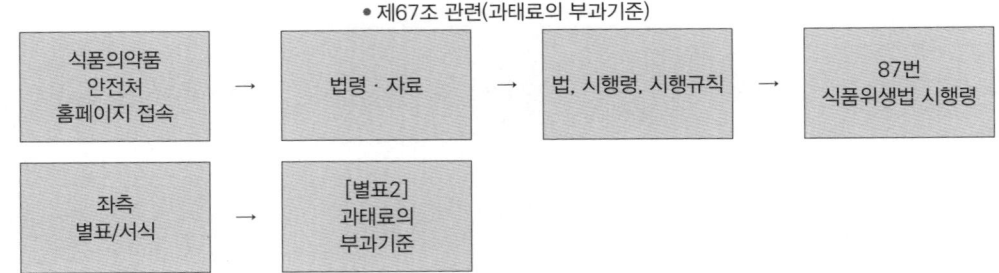

2) 부정불량식품신고

　불량식품으로 인한 문제가 갈수록 심각해지자 정부는 불량식품 근절을 위해 식품·의약품 안전을 위한 정책을 한층 강화 하였다. 또, 부정·불량식품 신고내용에 따라 신고자에게 최고 1,000만 원까지 보상금이 지급하고 있다.

　(신고자의 안전을 위해 신고자에 대한 비밀은 절대 보장하고 있다.)

▶ 부정·불량식품 신고 방법
 1. 신고인의 성명, 주소, 주민등록번호, 연락처 기재
 2. 피신고인(업소)의 업소명칭(성명), 소재지, 제품정보, 위반행위 등 신고내용 반드시 기재

※ 상기 신고내용을 명백히 할 수 있는 증거(사진, 현품, 이물, 광고자료 등)와 함께 신고하여야 접수·처리된다.

식품안전소비자신고센터 http://www.mfds.go.kr/cfscr/
• 국번 없이 1399

▶ 부정·불량 식품 등의 신고내용별 포상금 지급금액(제3조관련)

구분	위반사항	포상금액	관계법령 「식품위생법」
1	가. 소해면상뇌증(광우병), 탄저병, 가금 인플루엔자 질병에 걸린 동물을 사용하여 판매할 목적으로 식품 또는 식품첨가물을 제조·가공 또는 조리한 자	1,000만 원	제93조
	나. 마황, 부자(천오), 초오, 백부자, 섬수, 백선피, 사리풀을 사용하여 판매의 목적으로 식품 또는 식품첨가물을 제조·가공 또는 조리한 자	100만 원	
2	가. 다음의 어느 하나에 해당하는 식품등을 판매하거나 판매할목적으로 채취·제조·수입·가공·사용·조리·저장·소분·운반 또는 진열한 경우		
	1) 썩거나 상하거나 설익어서 인체의 건강을 해칠 우려가 있는 것 단, 자연산물(농·수산물)의 경우는 제외	5만 원	제4조
	2) 제1호나목 외의 유독·유해물질이 들어 있거나 묻어 있는 것. 다만, 식품의약품안전처장이 인체의 건강을 해칠 우려가 없다고 인정하는 것은 제외	30만 원	제4조
	3) 병을 일으키는 미생물에 오염되었거나 그러한 염려가 있어 인체의 건강을 해칠 우려가 있는 것	30만 원	제4조
	4) 제1호가목 외의 판매 등이 금지되는 병육 등	30만 원	제5조
	5) 기준·규격이 고시되지 아니한 화학적 합성품인 첨가물과 이를 함유한 물질을 식품첨가물로 사용하거나 이를 함유한 식품	30만 원	제6조
	6) 유독·유해물질이 들어 있거나 묻어 있어 인체의 건강을 해칠 우려가 있거나 식품 또는 식품첨가물에 직접 닿으면 해로운 영향을 끼쳐 인체의 건강을 해칠 우려가 있는 기구 및 용기·포장	30만 원	제8조
	나. 수입신고를 하여야 하는 농·수산물 등을 자가소비용인 것처럼 국내로 반입하도록 한 후 이를 수집·판매하는 행위	30만 원	제4조
	다. 영업허가를 받지 아니 하고 다음의 어느 하나에 해당하는 영업을 하는 행위		
	1) 식품접객업의 영업을 하는 행위	2만 원	제37조제1항
	2) 식품첨가물의 사용 및 허용기준을 위반하여 식품을 제조·가공하는 행위	30만 원	제37조제1항

3	가. 기준 및 규격 위반 행위 중		
	1) 식품첨가물의 사용 및 허용기준을 위반하여 식품을 제조·가공하는 행위	10만 원	제7조제4항
	2) 한시적 기준 및 규격을 정하지 아니한 식품원료, 천연첨가물, 기구 등의 살균·소독제를 판매하거나 판매할 목적으로 제조·수입·가공·사용·조리·저장·소분·운반·보존·진열하는 행위 또는 한시적 기준 및 규격을 정하지 아니한 기구 또는 용기·포장을 판매하거나 판매할 목적으로 제조·수입·저장·운반·진열하는 행위	15만 원	제7조제4항, 제9조제4항
	3) 식품제조·가공 등에 사용하여서는 아니 되는 원료를 사용하는 행위	10만 원	제7조제4항
	4) 칼날, 유리조각, 금속 등 인체에 직접적인 위해를 줄 수 있는 이물이 제조과정 중 혼입된 경우 및 심한 혐오감을 주는 위생동물의 사체, 인체기생충 및 그 알 등이 발견된 경우	3만 원	제7조제4항
	나. 식품 등의 수입신고 규정 행위 중		
	1) 수입식품 등을 신고하지 아니하고 수입하는 행위	15만 원	제19조제1항
	2) 검사결과 부적합 처분을 받아 반송 또는 반출된 제품을 재수입하는 행위	15만 원	
	3) 자사제품 제조용 원료 등 수입한 식품을 별도의 승인 없이 목적 외 용도로 사용 또는 판매하는 행위	10만 원	
	다. 식품 등의 영업자 준수사항 행위 중		
	1) 식품접객업소 내에서 선량한 미풍양속을 해치는 공연·영화·비디오 또는 음반을 상영하거나 사용하는 행위	10만 원	제44조제1항
	2) 휴게음식점영업자, 일반음식점영업자 또는 단란주점영업자가 유흥접객원을 고용하여 유흥접객 행위를 하게 하거나 종업원의 이러한 행위를 조장하거나 묵인하는 행위	7만 원	
	3) 「축산물가공처리법」제12조에 따른 검사를 받지 아니한 축산물 또는 실험 등의 용도로 사용한 동물을 식품의 제조·가공에 사용하는 행위	10만 원	
	4) 유통기한이 경과된 제품 또는 원재료를 판매목적으로 제조·가공·조리·저장·운반하거나 판매하는 행위	7만 원	
	5) 지하수 등을 먹는 물 또는 식품의 제조·가공·조리·세척 등에 사용하면서 수질검사를 검사기간 내에 받지 아니하거나 부적합 판정된 물을 사용하는 행위	7만 원	
	6) 식품운반업자가 운반차량을 이용하여 살아 있는 동물을 운반하거나, 운반 목적 외에 이를 사용하는 행위	5만 원	
	7) 손님이 먹고 남은 음식물을 다시 사용·조리하는 행위	5만 원	
	라. 청소년을 유흥접객원으로 고용하여 유흥행위를 하게 하는 행위	20만 원	제44조제2항
	마. 식품접객업 중 청소년고용금지업체에서 청소년을 고용하거나 출입하게 하는 행위	20만 원	
	바. 청소년에게 주류를 제공하는 행위	20만 원	
	사. 영업정지 또는 영업소 폐쇄명령에 위반하여 영업을 계속하는 행위	20만 원	제75조제1항

4	가. 허위표시 등의 금지규정 행위 중		
	1) 식품 또는 식품첨가물의 제조연월일 또는 유통기한을 표시함에 있어 사실과 다른 내용의 표시·광고하는 행위	10만 원	제13조
	나. 영업신고를 하지 아니하고 다음의 어느 하나에 해당하는 영업(식품자동판매기 영업은 제외)을 하는 행위		
	1) 즉석판매제조·가공업, 식품접객업의 영업을 하는 행위	2만 원	
	2) 즉석판매제조·가공업, 식품법객업 이외의 영업을 하는 행위	10만 원	제37조제4항
	3) 영업신고를 한 자가 그 영업외의 다른 영업을 하는 행위	1만 원	
	다. 판매금지 식품을 판매하거나 판매의 목적으로 제조·가공·유통한 식품제조·가공영업자 및 종업원을 신고한 경우	5만 원	제42조제1항
5	가. 「감염병의 예방 및 관리에 관한 법률」제2조제2호에 따른 제1군 감염병, 제4호나목에 따른 결핵(비감염성인 경우 제외), 피부병 또는 그 밖의 화농성 질환 및 후천성면역결핍증(「감염병의 예방 및 관리에 관한 법률」제19조에 따라 성매개감염병에 관한 건강진단을 받아야 하는 영업에 종사하는 사람에 한함)에 걸린 자를 영업에 종사시키는 행위	5만 원	제40조제3항
	나. 집단급식소 설치·운영 신고를 아니하고 급식시설에서 음식물을 제공하는 행위	5만 원	제88조제1항
6	가. 법 제15조제2항에 따라 판매 등을 금지한 식품을 판매 또는 판매의 목적으로 저장·운반·진열한 300㎡ 미만 소규모 식품판매자를 신고한 경우	3만 원	-
	나. 법에 따른 영업허가 또는 신고(식품접객업 제외)를 한 영업자가 시행령 제63조제1항제1호부터 제5호까지의 규정 외에 위생상 위해발생 우려가 있는 법 위반행위를 하는 것을 신고한 경우	1만 원	

▶ 부정·불량 건강기능식품 등의 신고내용별 포상금 지급금액(제3조 관련)

구분	위반사항	포상금액	관계법령「건강기능식품에 관한 법률」
1	가. 영업허가를 받지 아니하고 건강기능식품제조업 영업행위를 하는 경우	30만 원	제5조제1항
	나. 다음의 어느 하나에 해당하는 건강기능식품을 판매하거나 판매할 목적으로 제조·수입·사용·저장 또는 운반하거나 진열한 경우		
	1) 썩었거나 상한 것으로서 인체의 건강을 해할 우려가 있는 것	5만 원	법 제23조
	2) 유독·유해물질이 들어 있거나 묻어 있는 것 또는 그 염려가 있는 것. 다만, 인체의 건강을 해할 우려가 없다고 식품의약품안전처장이 인정하는 것은 예외	5만 원	
	3) 병원미생물에 오염되었거나 그 염려가 있어 인체의 건강을 해할 우려가 있는 것	30만 원	
	4) 불결하거나 다른 물질의 혼입 또는 첨가 그 밖의 사유로 인체의 건강을 해할 우려가 있는 것	20만 원	
	5) 영업허가를 받지 아니한 자가 제조한 것	30만 원	
	6) 수입이 금지된 것 또는 수입신고를 하지 아니하고 수입한 것	15만 원	
2	가. 신고를 하지 아니하고 건강기능식품수입업 영업행위를 하는 경우	15만 원	제6조제1항
	나. 신고를 하지 아니하고 건강기능식품판매업 영업행위를 하는 경우	10만 원	제6조제2항
	다. 기준·규격 위반 행위 중		
	1) 기준과 규격이 정하여진 건강기능식품을 그 기준에 따라 제조·사용·보존하지 아니한 경우	10만 원	제24조제1항
	2) 기준과 규격에 맞지 아니하는 건강기능식품을 판매하거나 판매의 목적으로 제조·수입·사용·저장·운반·보존 또는 진열하는 경우	10만 원	
	라. 표시기준을 위반한 건강기능식품을 판매하거나 판매의 목적으로 제조·수입·진열·운반 또는 사용하는 경우		
	1) 건강기능식품의 유통기한 또는 제조연월일을 변조하는 경우	10만 원	제25조
	2) 표시대상 건강기능식품의 표시사항 전부를 표시하지 아니하거나 표시하지 아니한 건강기능식품을 영업에 사용한 경우	20만 원	
	3) 제조연월일 또는 유통기한을 표시하지 아니하거나 표시하지 아니한 건강기능식품을 영업에 사용한 경우	5만 원	

2	마. 유사표시 등 금지		제26조
	1) 건강기능식품이 아닌 것을 그 용기·포장에 인체의 구즈 및 기능에 대한 식품영양학적·생리학적 기능 및 작용 등이 있는 것으로 오인될 우려가 있는 표시하거나 광고를 하는 경우	5만 원	
	2) 건강기능식품과 유사하게 표시되거나 광고되는 것을 판매하거나 판매의 목적으로 저장 또는 진열하는 경우	5만 원	
3	가. 마황, 부자(천오), 초오, 백부자, 섬수, 백선피, 사리풀을 사용하여 건강기능식품을 제조하거나 그러한 건강기능식품을 수입·판매 또는 진열하는 경우	100만 원	제24조 제2항·제3항
	나. 가목 이외의 건강기능식품에 사용할 수 없는 원료를 사용하여 건강기능식품을 제조하거나 그러한 건강기능식품을 수입·판매 또는 진열하는 경우	10만 원	
	다. 배합·혼합 비율 및 함량이 의약품과 같거나 유사한 건강기능식품을 제조하거나 그러한 건강기능식품을 수입·판매 또는 진열하는 경우	10만 원	

3) 즉석판매제조와 식품제조의 차이점

 필자는 건강원 창업을 준비하는 많은 사람들이 건강원의 주요업무, 판매방식, 판매범위 등을 식품제조업과 혼동을 하고 있는 경우를 종종 보았다. 건강원은 즉석판매제조가공업으로 분류되는데 실제로 식품위생법, 시행령, 시행규칙 등을 보면 즉석판매제조가공업은 식품제조가공업을 기준하여 식품제조가공업보다 다소 완화된 규정으로 즉석판매제조가공업을 대하고 있다. 창업자는 이렇게 혼동될 수 있는 사항에 대해서 정확히 알고 창업을 계획, 준비해야 한다.

 아래는 즉석판매제조가공업과 식품제조가공업에 대한 차이점을 비교해 보았다.

	즉석판매제조가공업	식품제조가공업
건축물	2종 근린 / 2종 제조업	1종 근린 / 1종 제조업
시설	정화조 · 판매시설	정화조 · 판매시설 · 원재료보관창고
임가공	가능	불가능
행정	보건증 · 사업계획서 · 자가품질검사서 · 영업신고증 · 사업자등록증	보건증 · 사업계획서 · 자가품질검사서 · 영업신고증 · 사업자등록증 · 영양성분검사서(품목별) · 품목제조보고서(품목별) · 유통기한사유설정서
판매방식	소비자 직접 판매	유통판매(대행판매 가능)
표시규정	유통기한(일괄표시)	유통기한(개별표시) · 영양성분표시 · 판매자정보 · 포장재질 · 포장용량 · 칼로리 등
사업자등록	간이과세 · 일반과세	일반과세

※ 세부사항은 식품의약품안전처 홈페이지에서 식품위생법 시행규칙을 확인하면 된다.

 건강원(즉석판매제조가공업)과 식품제조업의 가장 큰 차이점은 판매방식을 말할 수 있는데 식품제조업은 영업장에서 가공된 제품을 온라인, 오프라인, 위탁판매, 대행판매 등 다양한 방식을 이용해 판매할 수 있다. 대신 이렇게 생산자가 아닌 제 3자가 제품을 판매하기 위해서는 소비자의 알권리를 보호해야 한다. 소비자의 알권리는 생산자에 대한 정보, 가공에 사용된 재료, 성분, 용량, 포장 재질 등이 해당된다. 또 이러한 소비자의 알권리를 보호하기 위해 정부는 식품위생법으로 표시규정을 제한하였다. 표시규정에 해당되는 사항은 생산된 제품 모두에 표시해야 하는데 이러한 이유로 기성포장재 사용이 어렵기 때문에 내·외 포장재를 모두 제작해서 사용해야 한다(파우치 제작비용은 해당페이지 참고). 또 표시규정에 해당하는 영양성분 표기의 의무사항으로 관련 검사기관으로부터 검사를 받아야 하고, 유통기한 표기의 의무로 인해 탕전기기도 날인표기가 가능한 고사양의 제품을 사용해야 한다. 식품제조업은 이렇게 판매방식이 다양하다는 장점이 있기 때문에 이에 대한 규제도 엄격하다(식품제조업은 유통판매가 가능하기 때문에 생산자가 판매하는 경우에도 표시규정을 준수해야 한다). 실제 이러한 이유로 많은 식품제조업을 준비하던 예비창업자가 식품제조업을 어렵게 생각하여 건강원으로 전환하는 경우가 많다.

즉석판매제조가공업은 이와 다르게 판매방식이 영업장에서 가공된 제품을 직접전달 또는 퀵서비스, 택배를 통해서만 최종소비자에게 판매해야 하는 등 판매방식이 한정되어 있으며 식품제조업과는 달리 제 3자를 통하거나, 위탁판매, 대행판매 등이 금지되어 있다. 이때문에 즉석판매제조가공업은 식품제조업에 비해 다소 규제가 완화되어있다. 하지만 즉석판매제조가공업은 식품제조업과 규제만 다를 뿐 영업자가 지켜야 하는 준수사항이 있기 때문에 창업자는 건강원 창업 및 운영에 필요한 준수사항이 무엇인지를 확인하고 이행해야 한다.

4) 건강원에서의 전통주 제조 및 판매

전통주(傳統酒)는 예로부터 내려오는 방식으로 담근 술을 말한다. 최근 건강원들 사이에서도 산야초를 주원료로 전통주를 제조하여 진열 또는 판매하는 곳을 종종 볼 수 있는데 전통주를 제조 및 판매하기 위해서는 관할 세무서장으로부터 주류면허를 받아야 하며, 대통령령으로 정하는 시설기준을 갖추어야 한다.

전통주로 주류제조면허를 받기 위해서는 먼저 해당 시, 군, 구에 주류제조면허 추천 신청을 해야 하고 해당 시, 군, 구에서 주류제조면허 추천서가 나온 후 관할 세무소에 주류제조면허를 신청하면 된다. 소규모로 주류제조를 할 경우는 전통주로 주류제조면허를 받아야만 시설기준 완화와 주세 세율 감경의 혜택을 받을 수 있다.

전통주를 제조 및 판매하기 위해서는 아래 '주류 제조면허 및 주류 판매업면허'를 받아야 하는데 건강원 영업장 내에서 건강원의 업무와는 병행할 수는 없다. 이러한 사실을 간과하여 소량이라고 하더라도 전통주를 제조하여 판매하는 경우는 주류 판매법 위반으로 처벌대상이며 과태료를 부과하게 된다는 걸 명심해야 한다.

▶ 주류 제조면허 및 주류 판매업면허 〈개정 2009.12.31.〉

제6조(주류 제조면허)

① 주류를 제조하려는 자는 제4조에 따른 주류의 종류별로 주류 제조장마다 대통령령으로 정하는 시설기준과 그 밖의 요건을 갖추어 관할 세무서장의 면허를 받아야 한다. 같은 주류 제조장에서 제조하는 주류를 추가하려는 경우에도 또한 같다.

② 제1항에 따른 주류의 제조에 관한 면허(이하 "주류 제조면허"라 한다)를 받은 자가 제조면허를 받은 주류를 제조하기 위하여 주류 제조장에서 주류를 물로 희석하거나 제조면허를 받은 주류에 첨가할 수 있는 재료를 섞는 것은 제조로 보지 아니한다. 다만, 별표 제3호가목5)부터 9)까지의 경우에는 제조로 본다. 〈개정 2013.4.5.〉

③ 주류 제조면허를 받은 자는 관할 세무서장의 허가를 받아 해당 주류를 용기에 넣는 제조장(이하 "용기주입제조장"이라 한다)을 따로 설치할 수 있다. 이 경우 그 주류를 용기에 넣는 행위는 주류 제조로 보고, 용기주입제조장은 주류 제조장으로 본다.

⑥ 제1항에도 불구하고 다음 각 호의 어느 하나에 해당하는 경우에는 주류 제조면허를 받지 아니하고 주류를 제조할 수 있다. 〈신설 2010.12.27.〉

제8조(주류 판매업면허)

① 주류 판매업(판매중개업 또는 접객업을 포함한다. 이하 같다)을 하려는 자는 주류 판매업의 종류별로 판매장마다 대통령령으로 정하는 시설기준과 그 밖의 요건을 갖추어 관할 세무서장의 면허를 받아야 한다. 〈개정 2011.12.31.〉

▶ 무면허 주류 판매의 처벌규정

제6조(무면허 주류의 제조 및 판매) 「주세법」에 따른 면허를 받지 아니하고 주류, 밑술·술덧을 제조(개인의 자가소비를 위한 제조는 제외한다)하거나 판매한 자는 3년 이하의 징역 또는 3천만 원(해당 주세 상당액의 3배의 금액이 3천만 원을 초과할 때에는 그 주세 상당액의 3배의 금액) 이하의 벌금에 처한다. 이 경우 밑술과 술덧은 탁주로 본다.

제17조(명령사항위반 등에 대한 과태료 부과) 관할 세무서장은 「주세법」에 따른 납세증명표지가 붙어 있지 아니한 주류, 정부의 면허 없이 제조한 주류 또는 면세한 주류를 판매의 목적으로 소지하거나 판매한 자에게는 2,000만 원 이하의 과태료를 부과한다.

5) 약용식물자원관리사

약용식물자원관리사란 약용식물의 종류, 특성, 효능, 효과 등에 관한 전문적인 지식을 바탕으로 약용식물을 재배하거나 약효를 지닌 초근목피를 채취하여 보관, 관리, 저장을 통해 양질의 약용식물을 확보함으로써 국민건강증진을 궁극적인 목적으로 하는 전문인을 말하는데 현재 이러한 약용식물 전문가를 개발하기 위해 한국자격개발원에서 민간자격제도로 시행하고 있다.

약용식물자원관리사 국가공인이 아닌 민간자격제도이며 건강원 창업에 있어 필수요소는 아니다. 하지만 이러한 자격사항은 창업에 있어서 분명 도움을 줄 수 있다. 건강원을 주로 이용하는 고객들은 실제로 '맛'으로 마시는 음료 보다는 건강식의 의미를 두고 '복용'하는 고객이 많기 때문이다. 약용식물에 대한 해박한 지식은 고객들로부터 높은 신뢰를 얻을 수 있을 것이다.

자격명칭	민간자격 등록번호	자격 직무내용
약용식물자원관리사	제2014-4619호	약용식물자원관리사는 국내에 자생하는 약용식물의 생육 특성에 관한 지식을 바탕으로 약용식물을 채취하거나 재배환경을 조성하여 농작물화 하고, 채취, 재배된 약용식물의 저장, 유통하는 직구를 수행한다.

출처 : 한국자격개발원 http://www.kqda.or.kr/

약용식물자원관리사의 응시자격이나 시험관련 사항은 한국자격개발원(http://www.kqda.or.kr)에 접속해서 참고하면 된다.

6) 창업에 유용한 사이트

업체 및 기관명	주소	대표번호
건강원창업 아카데미	http://blog.naver.com/ggwacademy	1600-7857
보건복지부	http://www.mw.go.kr	보건복지콜센터 129
식품의약품안전처	http://www.mfds.go.kr	종합상담신고센터 1577-1255
식품의약품안전처 대표블로그	http://blog.daum.net	
식품 · 의약품 등에 대한 정보		
국가법령정보센터 (식품의약품법령정보)	http://www.law.go.kr	법령검색방법 02-2100-2600/2578
식품품위생 법 · 시행령 · 시행규칙		
식품안전정보서비스	http://foodnara.go.kr	TEL 1577-1803
식품 등의 안전정보		
식품안전소비자신고센터	http://www.mfds.go.kr/cfscr	부정불량신고 1399
부정불량식품 소개 · 신고 · 포상금 등		
한국추출가공식품업 중앙회	http://www.kemfa.or.kr	
식품위생교육 집합 또는 온라인교육		
한국식품산업협회	http://www.kfia.or.kr	
식품위생교육 주관 및 정보공거		
KFTLA 사단법인 한국식품위생검사기관협회	http://www.kftla.or.kr	
자가품질검사기관 관련업무		
공공보건포털 G-health	http://www.g-health.kr	
보건증 제증명		
식약처 식품기준규격 정보마당 (식품공전)	http://fse.foodnara.go.kr/residue/RS/jsp/main.jsp	

	식품공전 등	
국세청 홈텍스	http://www.hometax.go.kr	대표번호 126
	사업자등록증 발행	
한국전력 홈페이지 한국전력 고객센터	http://cyber.kepco.co.kr	국번없이 123 휴대폰 지역번호+123
법률포털서비스	http://www.lawnb.com	
	국가법령정보공개	
한반도생물자원포털	http://www.nibr.go.kr/species/home/main.jsp	
	야생 동·식물 관련정보	
가스토리GASTORY 안전한세상	http://blog.naver.com/prologue/PrologueList.nhn?blogId=kgs_safety	
	한국가스안전공사 대표블로그	
식품의약품안전처	http://www.foodnara.go.kr/kwanggo/index.do	

■ 부록 : 자주 사용되는 재료의 효능 및 가공법

건강원에서 사용되는 추출가공법은 정해진 기준이 없다. 그렇기 때문에 더 어려울 수 있는 것이 추출가공법이다. 필자는 건강원을 몇 해 동안 운영하면서 나름대로 여러 가지의 가공법과 궁합이 맞는 첨가물에 대해서도 연구해 보았지만 결국 정답을 찾지 못했다. 아니 '정답이 없다는 걸 깨달았다'라는 표현이 맞을 것 같다. 하지만 시간이 지나고 나서는 내 스스로가 참 어리석었다는 생각이 들게 되었다. 필자가 이런 생각을 하게 된 이유는 실제로 복용할 고객보다도 내 입맛, 주위사람들의 말만 생각했기 때문이다. 추출가공법의 정답은 복용할 고객의 입에서 찾아야 하는데 이걸 간과했던 것이다. 부부간에도 맛의 취향이 다르고, 부모자식, 형제간에도 맛의 취향이 다르다. 많은 사람들이 모인 공간에서 '맛있는 라면을 끓이려면 무엇을 넣어야 할까?'를 묻는다면 어떤 이는 치즈를, 어떤 이는 청양고추를, 어떤 이는 라면만 등의 여러 가지의 답들이 나올 것이다. 사람들은 저마다 맛의 취향이 다르다. 모든 이에게 맛이 없더라도 복용대상만 맛있게 느낀다면 그건 맛있는 음식인 것이다. 지금 와서 생각해 보면 추출가공법이라는 것도 어렵게만 생각하면 한없이 어려울 수 있겠지만 단순히 한명만 만족시킨다고 생각하면 오히려 쉬울 수 있을 것 같다.

지역에 따라 제사상에 올리는 음식이 다른 것처럼 건강원도 이와 마찬가지로 창업지역에 따라서 자주 가공하는 원재료가 달라질 수 있다. 또 복용대상, 주문고객의 기호에 따라 첨가물을 달리해야 하고, 포장수량은 재료의 보관상태, 수분의 함량에 따라 달라진다. 같은 양파를 가공하더라도 양파의 상태에 따라서 추출되는 양이 달라지는데 실제로 건강원을 운영하다 보면 방문고객이 자주 묻는 질문 중에 하나가 몇 봉지가 포장이 되냐는 질문이다. 여기서 몇 봉지라고 단정 짓고 말해서는 안 된다. 이유는 원재료의 수분함량에 따라서 추출의 양이 많고, 적을 수 있기 때문이다. 창업자는 이러한 사항을 염두에 두고 고객을 응대해야 할 것이다.

다음은 건강원에서 주원료 또는 첨가물로 사용되는 원료의 효능과 추출가공법을 나열하였다. 단 추출가공법은 창업지역 또는 주문 고객의 기호에 따라 달라질 수 있으니 참고용으로 사용하길 바란다.

■ 과일 및 채소의 추출가공법

목차(CONTENTS)	
1.가시오가피	25.상황버섯
2.개똥쑥	26.생강
3.겨우살이	27.석류
4.곰보배추	28.수세미
5.구기자	29.야콘
6.꾸지뽕	30.양배추
7.귤	31.양파
8.단감	32.여주
9.대추	33.영지버섯
10.더덕	34.오디
11.도라지	35.옥수수염
12.돼지감자	36.우슬
13.마	37.울금
14.매실	38.유근피
15.머루	39.인삼
16.모과	40.인진쑥
17무화과	41.자두
18.미나리	42.칡
19.민들레	43.토마토
20.배	44.포도
21.복분자	45.헛개나무
22.복숭아	46.호박
23.블루베리	47.홍삼
24.사과	48.흑마늘

1. 가시오가피

가시오가피는 예로부터 신경통, 관절염, 당뇨 및 강장제로 널리 알려진 귀한 약나로 가시오가피는 "제2의 인삼"으로까지 불리고 있다.

가시오가피 효능으로는 노화방지, 피로회복, 자양강장 등이 있고, 위를 보호하고 콜레스테롤, 혈당치를 낮춰주고, 또 정신을 맑게 하여 의지력을 높여 주거나, 몸이 허해지고 수척해질 때 효과가 있다.
그 외 항암작용, 면역력강화, 집중력강화, 형동력강화, 숙취해소 등이 있다.

• 추출가공법

주원료	오가피 3Kg (열매, 뿌리, 잎, 줄기 모두 사용이 가능)		
첨가물	기호에 따라서 대추,두충,우슬 등 (정제수 30L)		
탕기방식	압력방식	무압력순환식	비 고
가공온도	105℃	100℃	기호에 따라 (UP&DOWN)
가공시간	6시간	8시간	기호에 따라 (UP&DOWN)
포장용량	110ml(±)	110ml(±)	
포장수량	220EA(±)	220EA(±)	재료상태에 따라 포장수량이 달라질 수 있다.

• 넣는 물의 양에 따라 포장수량이 달라진다. (1.2L에 10팩 포장이 가능하며, 건조된 원료는 물을 흡수함으로 원료 및 무게를 고려하여 물을 넣어야 한다)
• 지역 및 기후에 따라 첨가물, 가공시간, 가공온도 등이 다를 수 있다.
• 탕전기기에 따라 가공과정 및 가공법이 달라질 수 있다.
• 본 자료는 실제가공법과 다를 수 있으며 참고용으로만 사용해야 한다.

2. 개똥쑥

개똥쑥의 주요 효능으로는 다량의 아르테미신이 함유되어 있어 항암효과가 있고, 피로회복을 개선하며 또 비타민A가 풍부하게 함유되어 있어 체력개선이나 면역력 강화에 좋다. 이 밖에도 설사치료에 탁월하고, 해독작용이 뛰어나 간 기능 개선에 도움이 된다.

• 추출가공법

주원료	개똥쑥 1.5kg (어린잎이 효능이 뛰어나다)		
첨가물	기호에 따라서 감초 또는 대추 (정제수 30L)		
탕기방식	압력방식	무압력순환식	비 고
가공온도	105℃	100℃	기호에 따라 (UP&DOWN)
가공시간	4시간	8시간	기호에 따라 (UP&DOWN)
포장용량	110ml(±)	110ml(±)	
포장수량	220EA(±)	220EA(±)	재료상태에 따라 포장수량이 달라질 수 있다.

- 넣는 물의 양에 따라 포장수량이 달라진다. (1.2L에 10팩 포장이 가능하며, 건조된 원료는 물을 흡수함으로 원료 및 무게를 고려하여 물을 넣어야 한다)
- 지역 및 기후에 따라 첨가물, 가공시간, 가공온도 등이 다를 수 있다.
- 탕전기기에 따라 가공과정 및 가공법이 달라질 수 있다.
- 본 자료는 실제가공법과 다를 수 있으며 참고용으로만 사용해야 한다.

3. 겨우살이

겨우살이는 혈관 내에 콜레스테롤의 수치가 과다해지면 고혈압이나 동맥경화, 심장병 등의 무서운 혈관질환을 초래할 수 있는데 겨우살이는 이러한 콜레스테롤의 수치를 낮춰줌으로써 혈관계질환을 예방 및 개선하는데 효과가 있다. 또 겨우살이는 몸에 난 피를 멎게 하는 지혈작용이 있고, 혈당수치를 감소시켜 당뇨에도 좋다. 이밖에 관절염, 신경통을 개선, 이뇨작용, 탈모예방, 잇몸병 치료 등이 있다.

• 추출가공법

주원료	겨우살이 3kg (참나무에 기생하는 겨우살이가 좋다)		
첨가물	기호에 따라서 감초 또는 대추 (정제수 30L)		
탕기방식	압력방식	무압력순환식	비 고
가공온도	105℃	100℃	기호에 따라 (UP&DOWN)
가공시간	4시간	8시간	기호에 따라 (UP&DOWN)
포장용량	110ml(±)	110ml(±)	
포장수량	220EA(±)	220EA(±)	재료상태에 따라 포장수량이 달라질 수 있다.

• 지역 및 기호에 따라 첨가물, 가공시간, 가공온도 등이 다를 수 있다.
• 탕전기기에 따라 가공과정 및 가공법이 달라질 수 있다.
• 본 자료는 실제가공법과 다를 수 있으며 참고용으로만 사용해야 한다.

4. 곰보배추

곰보배추는 기침을 잘 낫게 하고 천식, 기관지염, 감기 등과 같은 기관지 질환에 효과가 있다. 또 폐결핵, 폐렴, 폐암 등과 같은 온갖 폐질환과 부종, 신장염, 생리통, 냉증 같은 신장 질환에도 효과가 있다.

이 밖에 해혈, 치질, 자궁출혈, 복수, 타박상, 매독, 음낭 및 음부 습진, 부종, 치통, 이질, 편도선염, 파상풍, 만성기관지염, 화농성 중이염 등에 효과가 있다.

• 추출가공법

주원료	곰보배추(건조된 것) 1kg		
첨가물	기호에 따라서 배, 수세미, 도라지, 대추 등 (정제수 30L)		
탕기방식	압력방식	무압력순환식	비 고
가공온도	105℃	100℃	기호에 따라 (UP&DOWN)
가공시간	4시간	8시간	기호에 따라 (UP&DOWN)
포장용량	110ml(±)	110ml(±)	
포장수량	220EA(±)	220EA(±)	재료상태에 따라 포장수량이 달라질 수 있다.

- 맛이 쓴 경우 1포를 물에 희석시켜 먹거나, 꿀을 첨가하여 먹도록 한다.
- 지역 및 기호에 따라 첨가물, 가공시간, 가공온도 등이 다를 수 있다.
- 탕전기기에 따라 가공과정 및 가공법이 달라질 수 있다.
- 본 자료는 실제가공법과 다를 수 있으며 참고용으로만 사용해야 한다.

5. 구기자

구기자에는 베타인(betaine)과 루틴(Rutin) 성분이 많이 함유되어 있다. 구기자에 함유된 베타인은 인진쑥, 미나리의 12배나 되는데 베타인은 숙취나 알코올 해독에 효과가 있다. 또 베타인은 지방간 치료제의 주원료로 사용되고 있다.

이 밖에 비타민 B, C가 다량 함유되어 있어 황산화작용에 좋아 노화방지에 도움을 주며, 또 피로회복, 혈압조절, 지방간, 조혈작용, 콜레스테롤 강하작용, 혈당강하, 생장촉진, 항암작용 등에 도움이 된다.

• 추출가공법

주원료	구기자 900g		
첨가물	기호에 따라서 인진쑥, 대추 등 (정제수 30L)		
탕기방식	압력방식	무압력순환식	비 고
가공온도	105℃	100℃	기호에 따라 (UP&DOWN)
가공시간	4시간	8시간	기호에 따라 (UP&DOWN)
포장용량	110ml(±)	110ml(±)	
포장수량	220EA(±)	220EA(±)	재료상태에 따라 포장수량이 달라질 수 있다.

- 지역 및 기후에 따라 첨가물, 가공시간, 가공온도 등이 다를 수 있다.
- 탕전기기에 따라 가공과정 및 가공법이 달라질 수 있다.
- 본 자료는 실제가공법과 다를 수 있으며 참고용으로만 사용해야 한다.

6. 꾸지뽕

꾸지뽕에는 가바, 루틴, 모르틴, 모린 등과 같은 플라보노이드 항산화 성분이 풍부하여 암세포를 자라지 못하게 한다. 또 항염증과 항균 작용이 있어 습진, 유행성이하선염 등과 같은 염증성질환 치료에도 효과가 있다.

이 밖에도 글루타민산, 비타민C, 미네랄 등 대사를 활성화시키는 성분이 다량 함유되어 만성피로 및 근육통에도 효과가 있고 근육 속 모세혈관의 혈류를 좋게 해 근육을 강화시켜 주고 여성은 자궁에 남성은 정력증강에 도움이 되는 효과가 있다. 또, 꾸지뽕 나무의 잎, 줄기, 열매 등 각 부위에 함유된 항산화 성분이 콜라겐 섬유를 증가시켜 피부 주름을 예방하는 효과가 있다.

※ 꾸지뽕은 독성은 없지만 성질이 차갑기 때문에 평소 몸이 차고 소화기관이 약해 설사를 자주 하는 사람이 먹는 것은 좋지 않다.

꾸지뽕의 유익한 성분은 잎, 뿌리, 줄기, 열매순으로 함유되어 있다.

• 추출가공법

주원료	꾸지뽕잎 2kg		
첨가물	기호에 따라서 대추 (정제수 28L)		
탕기방식	압력방식	무압력순환식	비 고
가공온도	105℃	100℃	기호에 따라 (UP&DOWN)
가공시간	4시간	8시간	기호에 따라 (UP&DOWN)
포장용량	110ml(±)	110ml(±)	
포장수량	220EA(±)	220EA(±)	재료상태에 따라 포장수량이 달라질 수 있다.

- 지역 및 기호에 따라 첨가물, 가공시간, 가공온도 등이 다를 수 있다.
- 탕전기기에 따라 가공과정 및 가공법이 달라질 수 있다.
- 본 자료는 실제가공법과 다를 수 있으며 참고용으로만 사용해야 한다.

7. 귤

귤에는 비타민 C가 다량으로 함유되어 있어 인체의 신진대사를 활발하게 하기 때문에 체온이 내려가는 것을 막아 주고 외부에 노출되어 있는 피부와 점막을 튼튼하게 하여 감기예방에 좋다. 또 귤에 함유되어 있는 비타민A는 눈에서 사용되는 레티놀이라는 물질로 전환하기 때문에 눈 건강에도 탁월한 효과가 있다.

이 밖에도 피로회복, 동맥경화예방, 고혈압예방, 면역력증가, 노화방지 등이 있고, 비타민 P가 함유되어 모세혈관을 강화시켜 주는 작용을 한다.

• 추출가공법

주원료	귤 30Kg (껍질포함)		
첨가물	기호에 따라서		
탕기방식	압력방식	무압력순환식	비 고
가공온도	115℃	100℃	기호에 따라 (UP&DOWN)
가공시간	4시간	8시간	기호에 따라 (UP&DOWN)
포장용량	120ml(±)	120ml(±)	
포장수량	180EA(±)	180EA(±)	재료상태에 따라 포장수량이 달라질 수 있다.

- 지역 및 기호에 따라 첨가물, 가공시간, 가공온도 등이 다를 수 있다.
- 탕전기기에 따라 가공과정 및 가공법이 달라질 수 있다.
- 본 자료는 실제가공법과 다를 수 있으며 참고용으로만 사용해야 한다.

8. 단감

단감에는 식이섬유가 풍부해서 변비 예방에 좋고, 장운동을 원활하게 하여 변비를 개선, 철분성분 함유로 빈혈에도 좋다.

또, 소화촉진, 식욕증진, 미백효과, 노화방지, 항암효과, 심혈관질환 등에 좋으며, 칼륨 성분 및 나트륨 배출을 촉진하기 때문에 콜레스테롤과 혈압을 안정시키는 효과가 있다.

• 추출가공법

주원료	단감 30Kg		
첨가물	기호에 따라서		
탕기방식	압력방식	무압력순환식	비 고
가공온도	115℃	100℃	기호에 따라 (UP&DOWN)
가공시간	4시간	8시간	기호에 따라 (UP&DOWN)
포장용량	120ml(±)	120ml(±)	
포장수량	180EA(±)	180EA(±)	재료상태에 따라 포장수량이 달라질 수 있다.

- 지역 및 기호에 따라 첨가물, 가공시간, 가공온도 등이 다를 수 있다.
- 탕전기기에 따라 가공과정 및 가공법이 달라질 수 있다.
- 본 자료는 실제가공법과 다를 수 있으며 참고용으로만 사용해야 한다.

9. 대추

　대추는 위의 기능을 도와 위장을 튼튼하게 하여 몸이 차거나, 소화기관이 약한 사람에게 좋다. 또 대추에서 생기는 특유의 단맛은 정신적 안정에 효과가 있어 불안증, 불면증, 히스테리 등의 증상에 효과가 있다.

　또 대추에 다량 함유되어 있는 항산화 물질인 베타카로틴은 노화의 원인이 되는 활성산소를 몸 밖으로 배출해 주기 때문에 노화방지에도 효과가 있다.
　이 밖에 대추의 효능으로는 신경쇠약, 빈혈증, 식욕부진, 항암효과, 면역력증가, 이뇨작용 등이 있다.

• 추출가공법

주원료	대추(건조된 것) 5Kg		
첨가물	정제수 27L		
탕기방식	압력방식	무압력순환식	비　고
가공온도	95℃	95℃	기호에 따라 (UP&DOWN)
가공시간	4시간	8시간	기호에 따라 (UP&DOWN)
포장용량	110ml(±)	110ml(±)	
포장수량	200EA(±)	200EA(±)	재료상태에 따라 포장수량이 달라질 수 있다.

● 지역 및 기호에 따라 첨가물, 가공시간, 가공온도 등이 다를 수 있다.
● 탕전기기에 따라 가공과정 및 가공법이 달라질 수 있다.
● 본 자료는 실제가공법과 다를 수 있으며 참고용으로만 사용해야 한다.

10. 더덕

더덕은 성질이 차서 폐의 기운을 돋워주고 가래를 없애 주는 데 효과가 있다. 이 때문에 기관지염, 기침, 가래, 천식, 인후염, 편도선염 등 각종 호흡기질환 치료에 주로 사용되고 있다. 또 소염효과가 있어 염증질환에 좋다.

이 밖에 더덕은 위장보호, 비위허약, 식욕부진, 성기능 향상, 변비 등에 효과가 있고, 콜레스테롤 수치를 떨어뜨려 혈압을 내리고 혈색소를 증가시킨다.

• 추출가공법

주원료	더덕(5년이상 재배된 것) 2kg		
첨가물	기호에 따라서 생강200g, 대추500g (정제수 20L)		
탕기방식	압력방식	무압력순환식	비 고
가공온도	105℃	100℃	기호에 따라 (UP&DOWN)
가공시간	7시간	8시간	기호에 따라 (UP&DOWN)
포장용량	100ml(±)	100ml(±)	
포장수량	200EA(±)	200EA(±)	재료상태에 따라 포장수량이 달라질 수 있다.

• 지역 및 기후에 따라 첨가물, 가공시간, 가공온도 등이 다를 수 있다.
• 탕전기기에 따라 가공과정 및 가공법이 달라질 수 있다.
• 본 자료는 실제가공법과 다를 수 있으며 참고용으로만 사용해야 한다.

11. 도라지

도라지는 목감기, 인후염, 기관지염과 편도선염, 천식 등 호흡기 질환에 효과가 있다. 특히 도라지에 함유되어 있는 사포닌 성분은 점막의 점액 분비량을 늘려 주면서 가래를 없애고 목을 윤택하게 한다. 이외에도 도라지는 소염, 진통, 진정, 스트레스 완화 등에 효과가 있고 섬유질, 칼슘, 칼륨 등의 영양소가 풍부하여 피지분비량을 조절하기 때문에 여드름 피부에도 좋다.

이 밖에 혈당, 혈압을 낮춰 주고 혈관을 확장시켜 당뇨예방에도 좋다.

• 추출가공법

주원료	도라지(3년이상) 4kg		
첨가물	기호에 따라서 배,생강,감초,건대추,은행 등 (정제수 20L)		
탕기방식	압력방식	무압력순환식	비 고
가공온도	100℃	90℃	기호에 따라 (UP&DOWN)
가공시간	4시간	8시간	기호에 따라 (UP&DOWN)
포장용량	110ml(±)	110ml(±)	
포장수량	150EA(±)	150EA(±)	재료상태에 따라 포장수량이 달라질 수 있다.

• 지역 및 기호에 따라 첨가물, 가공시간, 가공온도 등이 다를 수 있다.
• 탕전기기에 따라 가공과정 및 가공법이 달라질 수 있다.
• 본 자료는 실제가공법과 다를 수 있으며 참고용으로만 사용해야 한다.

12. 돼지감자

돼지감자는 일반감자에 비해 이눌린 성분이 무려 75배가 많다. 이눌린 성분은 중성지방의 혈중농도를 떨어뜨리고 비만도를 줄일 수 있어 체질개선 및 당뇨에 좋다. 또 식이섬유 함유량이 매우 높아 장내의 유산균을 증식시켜 변비에 좋다.

돼지감자의 이눌린은 체지방을 분해하는 효과도 있다.

이눌린(inulin) : 이눌린 분자는 작은 불활성 과당이다. 소화계를 통해 흡수되지 않은 채 그냥 빠져나가고, 세포 활동에는 영향을 미치지 않는다. 이눌린은 몸 안에 흡수되지 않기 때문에 당뇨병 환자들이 먹는 음식에 단맛을 내는 데 쓰인다.

• 추출가공법

주원료	돼지감자 28Kg		
첨가물	기호에 따라서 첨가한다.		
탕기방식	압력방식	무압력순환식	비 고
가공온도	115℃	100℃	기호에 따라 (UP&DOWN)
가공시간	4시간	8시간	기호에 따라 (UP&DOWN)
포장용량	110ml(±)	110ml(±)	
포장수량	180EA(±)	180EA(±)	재료상태에 따라 포장수량이 달라질 수 있다.

- 지역 및 기후에 따라 첨가물, 가공시간, 가공온도 등이 다를 수 있다.
- 탕전기기에 따라 가공과정 및 가공법이 달라질 수 있다.
- 본 자료는 실제가공법과 다를 수 있으며 참고용으로만 사용해야 한다.

13. 마

마는 점액 단백질이 함유되어 양질의 단백질을 공급해 주고, 그 안의 뮤신이라는 성분은 소화효소와 단백질 흡수에 도움을 주어 위액이 위를 부식시키지 못하도록 돕는다. 마는 위벽을 보호하여 소화성 궤양 등을 예방할 수 있고, 소화 장애를 개선할 수 있다. 또 마에 함유된 디아스타제는 녹말을 포도당으로 전환시켜 인슐린의 분비를 촉진하기 때문에 당뇨병 환자에게 좋고, 식이섬유도 풍부하여 변비에도 효과가 있다.

이 밖에도 노화방지, 동맥경화예방, 비만예방, 노인성기침, 기억력향상 등에 좋다.

• 추출가공법

주원료	마 25Kg		
첨가물	기호에 따라서 사과, 당귀, 대추, 구기자 등 (정제수 5L)		
탕기방식	압력방식	무압력순환식	비 고
가공온도	115℃	100℃	기호에 따라 (UP&DOWN)
가공시간	5시간	8시간	기호에 따라 (UP&DOWN)
포장용량	110ml(±)	110ml(±)	
포장수량	110~150EA(±)		재료상태에 따라 포장수량이 달라질 수 있다.

• 지역 및 기후에 따라 첨가물, 가공시간, 가공온도 등이 다를 수 있다.
• 탕전기기에 따라 가공과정 및 가공법이 달라질 수 있다.
• 본 자료는 실제가공법과 다를 수 있으며 참고용으로만 사용해야 한다.

14. 매실

매실에는 구연산, 사과산, 호박산 등 많은 유기산이 함유되어 있다. 특히 구연산은 몸속의 피로물질을 씻어 내는 능력이 포도당의 10배가 높기 때문에 피로회복에 효과가 있다. 또 매실은 체질개선, 간장보호, 간 기능향상, 해독작용, 소화불량, 위장장애, 피부미용, 만성변비 등에 도움을 준다.

이 밖에도 매실 속에는 다량의 칼슘도 함유되어 임산부와 폐경기 여성에게도 좋으며, 이질균, 장티푸스균, 대장균 등의 발육을 억제하고 장염 비브리오균에도 항균작용을 하는 것으로 알려져 있다.

• 추출가공법

주원료	매실 25Kg		
첨가물	매실을 황설탕으로 절인 후 일정시간이 지나, 발효된 매실액에 정제수 12L를 넣고 낮은 온도로 가공한다.		
탕기방식	압력방식	무압력순환식	비 고
가공온도	98℃	95℃	기호에 따라 (UP&DOWN)
가공시간	6시간	8시간	기호에 따라 (UP&DOWN)
포장용량	110ml(±)	120ml(±)	
포장수량	150EA(±)	150EA(±)	재료상태에 따라 포장수량이 달라질 수 있다.

• 지역 및 기호에 따라 첨가물, 가공시간, 가공온도 등이 다를 수 있다.
• 탕전기기에 따라 가공과정 및 가공법이 달라질 수 있다.
• 본 자료는 실제가공법과 다를 수 있으며 참고용으로만 사용해야 한다.

15. 머루

　머루에는 포도의 8배의 칼슘과 비타민C, 비타민A, 안토시아닌 등의 성분이 다량 함유되어 있다. 안토시아닌은 혈관에 침전물이 생기는 것을 막아 피를 맑게 하여 심장질환과 뇌졸중 위험을 감소시키며 항산화 작용과 노화방지 등에 효과가 있다. 또 안토시아닌은 망막에서 빛을 감지해 뇌로 전달해 주는 로돕신 색소의 생성을 돕기 때문에 시력회복, 시력보호에도 좋다.

　이 밖에도 머루는 지방세포의 기능을 개선시켜 비만을 억제하고 대사증후군을 예방하는 데 도움을 주며 항산화 능력이 좋아 다양한 질병의 위험률을 낮춰 준다.

• 추출가공법

주원료	머루 28Kg		
첨가물	줄기를 분리하고, 알맹이만 사용한다.		
탕기방식	압력방식	무압력순환식	비 고
가공온도	115℃	95℃	기호에 따라 (UP&DOWN)
가공시간	3~4시간	4~5시간	기호에 따라 (UP&DOWN)
포장용량	120ml(±)	120ml(±)	
포장수량	180EA(±)	180EA(±)	재료상태에 따라 포장수량이 달라질 수 있다.

- 지역 및 기호에 따라 첨가물, 가공시간, 가공온도 등이 다를 수 있다.
- 탕전기기에 따라 가공과정 및 가공법이 달라질 수 있다.
- 본 자료는 실제가공법과 다를 수 있으며 참고용으로만 사용해야 한다.

16. 모과

모과는 성질이 따듯하고, 오장육부에서 간장과 비장을 도와줘 영양 저장작용과 해독작용을 좋게 해 주며 음식물에서 나온 영양을 운반해 주는 비장의 기능과 소화능력을 향상시켜 영양흡수 능력을 증가시켜 준다. 또 모과는 주독(酒毒)을 풀고 가래를 제거하며, 속이 울렁거릴 때 먹으면 속이 편안해 지고, 모과에는 사포닌, 사과산, 구연산, 비타민C가 함유되어 있어 감기 예방에 효과적이다.

한방에서는 기침이 심한 환자에게 말린 모과를 달여 약으로 많이 사용하기도 하며, 따뜻한 성질을 가지고 있어 근육을 이완시키는 효과도 있다.

그 밖에도 신진대사를 활발하게 하여 숙취해소, 피로회복 등에도 좋다.

• 추출가공법

주원료	모과 25Kg		
첨가물	모과를 황설탕으로 절인 후 일정시간이 지나 발효된 모과에 정제수 12L를 넣고 낮은 온도로 가공한다.		
탕기방식	압력방식	무압력순환식	비 고
가공온도	100℃	95℃	기호에 따라 (UP&DOWN)
가공시간	6시간	8시간	기호에 따라 (UP&DOWN)
포장용량	110ml(±)	110ml(±)	
포장수량	160EA(±)	160EA(±)	재료상태에 따라 포장수량이 달라질 수 있다.

- 지역 및 기후에 따라 첨가물, 가공시간, 가공온도 등이 다를 수 있다.
- 탕전기기에 따라 가공과정 및 가공법이 달라질 수 있다.
- 본 자료는 실제가공법과 다를 수 있으며 참고용으로만 사용해야 한다.

17. 무화과

무화과는 단백질을 분해하는 효소와 펙틴성분이 다량 함유되어 있어 변비예방에 좋다. 또 비타민과 미네랄 피신이 많이 있어 주로 어독 해소에 좋고, 포도당과 과당, 능금산, 초산, 구연산이 함유 되어 피로회복에 좋다.

이 밖에도 소화촉진, 식욕부진, 장염, 이질, 소화불량, 고혈압치료 등에 좋다.

• 추출가공법

주원료	무화과 28Kg		
첨가물	기호에 따라서 첨가한다.		
탕기방식	압력방식	무압력순환식	비 고
가공온도	115℃	100℃	기호에 따라 (UP&DOWN)
가공시간	5시간	8시간	기호에 따라 (UP&DOWN)
포장용량	120ml(±)	120ml(±)	
포장수량	170EA(±)	170EA(±)	재료상태에 따라 포장수량이 달라질 수 있다.

• 지역 및 기후에 따라 첨가물, 가공시간, 가공온도 등이 다를 수 있다.
• 탕전기기에 따라 가공과정 및 가공법이 달라질 수 있다.
• 본 자료는 실제가공법과 다를 수 있으며 참고용으로만 사용해야 한다.

18. 미나리

미나리는 달면서 맵고, 서늘한 성미를 지닌 미나리는 비타민A, B1, B2, C 등과 무기질, 섬유질이 풍부한 알칼리성 식품으로 해독과 혈액을 정화하는 데 탁월한 알칼리성 식품이다. 특히 혈압과 혈중, 콜레스테롤을 저하시켜 심혈관질환에 효과적이다. 이 밖에도 월경과다증, 냉증, 만성간염, 간장질환, 황달, 숙취해소 등에 좋다.

- 야생미나리는 사용 전 독성의 유무를 반드시 확인해야 한다.

• 추출가공법

주원료	미나리 10Kg		
첨가물	기호에 따라서 사과 등 (정제수 4L)		
탕기방식	압력방식	무압력순환식	비 고
가공온도	115℃	100℃	기호에 따라 (UP&DOWN)
가공시간	4시간	8시간	기호에 따라 (UP&DOWN)
포장용량	110ml(±)	110ml(±)	
포장수량	100EA(±)	100EA(±)	재료상태에 따라 포장수량이 달라질 수 있다.

- 지역 및 기후에 따라 첨가물, 가공시간, 가공온도 등이 다를 수 있다.
- 탕전기기에 따라 가공과정 및 가공법이 달라질 수 있다.
- 본 자료는 실제가공법과 다를 수 있으며 참고용으로만 사용해야 한다.

19. 민들레

민들레는 강한 소염작용이 있어 천연 항생제로 사용되는데 폐렴, 기관지염, 간염, 췌장염, 편도선염, 결핵, 중이염, 신부전증, 위궤양 등에 좋다. 또 소화불량, 식욕부진, 구토, 설사, 변비 등의 질환에도 민들레가 사용된다. 특히 민들레에 함유된 콜린 성분은 담즙 분비를 촉진하여 지방간과 간경화 등 여러 가지의 간질환을 예방하고 치료하는 데 탁월한 효능을 보이며, 민들레에 있는 리놀산은 피를 맑게 하는 작용을 한다.

• 추출가공법

주원료	민들레(건조된 것) 1Kg		
첨가물	기호에 따라서 대추 등 (정제수 20L)		
탕기방식	압력방식	무압력순환식	비 고
가공온도	105℃	98℃	기호에 따라 (UP&DOWN)
가공시간	5시간	8시간	기호에 따라 (UP&DOWN)
포장용량	110ml(±)	110ml(±)	
포장수량	150EA(±)	150EA(±)	재료상태에 따라 포장수량이 달라질 수 있다.

• 지역 및 기호에 따라 첨가물, 가공시간, 가공온도 등이 다를 수 있다.
• 탕전기기에 따라 가공과정 및 가공법이 달라질 수 있다.
• 본 자료는 실제가공법과 다를 수 있으며 참고용으로만 사용해야 한다.

20. 배

배에는 다량의 수분과 아스파라긴산이 간장활동을 촉진시켜 체내 알코올 성분을 신속하게 해독하여 숙취해소에 좋고 갈증을 해소하는 효과가 있다. 또 배에 함유되어 있는 칼륨성분이 고혈압을 유발하는 원인인 나트륨 배출을 도와주고 펙틴성분은 콜레스테롤 수치를 낮춰준다. 이 외에도 루테올린과 사포닌 성분이 함유되어 기관지 염증을 진정시키고, 감기증상 완화에도 도움을 준다.

이 밖에 천식, 가래, 항암, 항염 등에 좋고, 풍부한 식이섬유와 낮은 칼로리로 변비해소, 다이어트, 피로회복, 면역력 강화, 피부미용 등에 효과적이다.

• 추출가공법

주원료	배 30Kg		
첨가물	기호에 따라서 도라지, 생강, 은행 등		
탕기방식	압력방식	무압력순환식	비 고
가공온도	115℃	100℃	기호에 따라 (UP&DOWN)
가공시간	5시간	8시간	기호에 따라 (UP&DOWN)
포장용량	120ml(±)	120ml(±)	
포장수량	180EA(±)	180EA(±)	재료상태에 따라 포장수량이 달라질 수 있다.

- 지역 및 기후에 따라 첨가물, 가공시간, 가공온도 등이 다를 수 있다.
- 탕전기기에 따라 가공과정 및 가공법이 달라질 수 있다.
- 본 자료는 실제가공법과 다를 수 있으며 참고용으로만 사용해야 한다.

21. 복분자

복분자는 폴리펜놀 성분과 사포닌 성분이 함유되어 있어 암세포의 성장을 막아 암이 전이되지 않도록 해 준다. 그중에서도 위암의 원인이 되는 헬리코박터균을 억제하기 때문에 위암예방에 특히 좋다. 또, 간 기능을 강화해 만성피로에 좋고, 칼로리가 낮고, 탄수화물과 지방의 흡수를 막아주기 때문에 다이어트에 효과가 있다. 이 외에도 다양한 비타민을 함유하여 미백효과, 피부건강, 콜레스테롤 저하, 배란장애, 발기부전, 전립선염 등 다양한 예방에 도움이 된다. 복분자는 남성에게는 테스토스테론을 여성에게는 에스트로겐을 활발히 분비시키기 때문에 임신을 준비하는 신혼부부에게 도움이 된다.

• 추출가공법

주원료	복분자 30Kg		
첨가물	기호에 따라서 첨가한다.		
탕기방식	압력방식	무압력순환식	비 고
가공온도	115℃	100℃	기호에 따라 (UP&DOWN)
가공시간	3~4시간	8시간	기호에 따라 (UP&DOWN)
포장용량	110ml(±)	110ml(±)	
포장수량	160EA(±)	160EA(±)	재료상태에 따라 포장수량이 달라질 수 있다.

- 지역 및 기호에 따라 첨가물, 가공시간, 가공온도 등이 다를 수 있다.
- 탕전기기에 따라 가공과정 및 가공법이 달라질 수 있다.
- 본 자료는 실제가공법과 다를 수 있으며 참고용으로만 사용해야 한다.

22. 복숭아

복숭아의 주성분은 수분과 당분이고 그중 90%가 수분으로 이루어져 있다. 복숭아는 필수 아미노산을 함유하고 있고 펙틴과 비타민, 유기산 등이 풍부하여 피로회복에 좋다. 또 다량의 펙틴 성분을 함유하고 있는 복숭아는 장을 부드럽게 하여 변비를 없애 주고 유기산과 비타민 성분은 혈액순환을 돕는다. 이 외에도 해독작용, 면역기능 강화, 피부미백 등에 효과적이다.

많은 아스파라긴산을 함유하고 있는 복숭아는 숙취해소에 효과적이고 복숭아의 신맛을 내는 구연산, 사과산, 주석산 성분은 니코틴 제거에 탁월해 흡연자들에게도 좋다. 복숭아는 산성화된 체질을 개선시켜 초조함과 불면증을 감소시켜 주며 복숭아의 떫은 맛을 내는 폴리페놀 성분은 아민화합물과 아질산이 반응해 발암물질인 니트로스아민의 생성을 억제하기 때문에 항암, 항산화작용, 혈압강하, 콜레스테롤저하 등에도 효과가 있다.

• 추출가공법

주원료	복숭아 30Kg		
첨가물	씨를 제거해야 한다.		
탕기방식	압력방식	무압력순환식	비 고
가공온도	110℃	100℃	기호에 따라 (UP&DOWN)
가공시간	4시간	8시간	기호에 따라 (UP&DOWN)
포장용량	120ml(±)	120ml(±)	
포장수량	180EA(±)	180EA(±)	재료상태에 따라 포장수량이 달라질 수 있다.

• 지역 및 기호에 따라 첨가물, 가공시간, 가공온도 등이 다를 수 있다.
• 탕전기기에 따라 가공과정 및 가공법이 달라질 수 있다.
• 본 자료는 실제가공법과 다를 수 있으며 참고용으로만 사용해야 한다.

23. 블루베리

블루베리에는 식이섬유, 단백질, 지질, 탄수화물, 회분, 나트륨, 칼륨, 칼슘, 마그네슘, 인, 철, 아연, 동, 망간, 무기질, 비타민A, C, E, B1, B2, B6, 나이아신, 엽산, 판도텐산 등 다양한 비타민을 함유하고 있다.

블루베리에는 강력한 항산화제인 안토시아닌, 프테로스틸벤, 불용성 식이섬유 등 대장암, 간암, 유방암, 자궁암 등 암세포를 억제하는 효능이 있다. 또, 안토시아닌이라는 항산화 물질의 도움으로 노화를 촉진시키는 활성산소를 제거해 피부의 잔주름을 제거하고 탄력 있고 깨끗한 피부를 유지시켜 준다.

이 밖에도 블루베리는 열량이 낮고 식이섬유를 풍부하게 갖고 있어 변비예방, 다이어트식품으로 효과적이며, 안토시아닌 성분과 비타민A가 눈의 피로를 풀어주어 시력회복, 안구 건조증 등에도 효과적이다.

• 추출가공법

주원료	블루베리 30Kg		
첨가물	기호에 따라서		
탕기방식	압력방식	무압력순환식	비 고
가공온도	115℃	90℃	기호에 따라 (UP&DOWN)
가공시간	4시간	8시간	기호에 따라 (UP&DOWN)
포장용량	100ml(±)	100ml(±)	
포장수량	170EA(±)	170EA(±)	재료상태에 따라 포장수량이 달라질 수 있다.

- 지역 및 기호에 따라 첨가물, 가공시간, 가공온도 등이 다를 수 있다.
- 탕전기기에 따라 가공과정 및 가공법이 달라질 수 있다.
- 본 자료는 실제가공법과 다를 수 있으며 참고용으로만 사용해야 한다.

24. 사과

사과는 폐 기능을 강화하고 천식과 같은 호흡기 질환을 예방하는 효과가 있다. 또 암을 유발하는 물질의 활동을 억제하고 인체 세포를 발암물질로부터 보호해 주는 효소를 자극하는 역할을 해 각종 암으로부터 위험을 낮춰준다.

사과를 먹을 때는 깨끗이 씻어 껍질째 먹는 것이 좋은데 사과의 붉은 껍질에는 안토시아닌이라는 항산화물질이 포함되어 있다. 안토시아닌은 혈액 중 활성 효소로부터 피해를 방지하는 역할을 하는데 항산화물질 중에서도 가장 위력한 효과가 있다. 사과는 체내에 쌓인 독소를 배출하는 데에도 효과적이다. 사과에는 펙틴이라는 성분이 다량 함유되어 있는데 펙틴은 장의 운동을 활발하게 하는 작용을 하며 장의 벽에 보호막을 만들어 유독성 물질의 흡수를 막는다. 사과는 또한 상대적으로 칼로리가 낮으면서 섬유질이 많아 식후 포만감을 증대시켜 다이어트에 효과적이다.

• 추출가공법

주원료	사과 28Kg		
첨가물	기호에 따라서 첨가한다.		
탕기방식	압력방식	무압력순환식	비 고
가공온도	115℃	100℃	기호에 따라 (UP&DOWN)
가공시간	5시간	8시간	기호에 따라 (UP&DOWN)
포장용량	120ml(±)	120ml(±)	
포장수량	160EA(±)	160EA(±)	재료상태에 따라 포장수량이 달라질 수 있다.

• 지역 및 기후에 따라 첨가물, 가공시간, 가공온도 등이 다를 수 있다.
• 탕전기기에 따라 가공과정 및 가공법이 달라질 수 있다.
• 본 자료는 실제가공법과 다를 수 있으며 참고용으로만 사용해야 한다.

25. 상황버섯

상황버섯은 칼륨, 칼슘, 마그네슘, 비타민 B2, B3, C, 섬유질 및 아미노산 등의 영양소가 함유되어 있으며 인체 내 면역기능을 강화하는 데 탁월한 베타글루칸이라는 다당체가 다량 함유되어 있다. 상황버섯은 일반적인 화학 항암 치료제와는 달리 정상세포에는 독작용을 나타내지 않고, 오히려 인체의 면역 기능을 활성, 강화시켜 인체의 면역 능력을 향상시킨다. 소화기 계통의 암인 위암, 식도암, 십이지장암, 결장암, 직장암을 비롯한 간암의 절제 수술 후 화학요법을 병행할 때 면역기능을 항진시킨다. 또한 자궁출혈 및 대하, 월경불순, 장출혈, 오장 및 위장 기능을 활성화시키고 해독작용을 한다.

암 종양 저지율 : 96.7% - 일본 국립암연구센터 1988년 발표.

• 추출가공법

주원료	상황버섯 300g		
첨가물	기호에 따라서 대추 등 (정제수 14L)		
탕기방식	압력방식	무압력순환식	비 고
가공온도	100℃	95℃	기호에 따라 (UP&DOWN)
가공시간	6시간	8시간	기호에 따라 (UP&DOWN)
포장용량	100ml(±)	100ml(±)	
포장수량	120EA(±)	120EA(±)	재료상태에 따라 포장수량이 달라질 수 있다.

• 지역 및 기호에 따라 첨가물, 가공시간, 가공온도 등이 다를 수 있다.
• 탕전기기에 따라 가공과정 및 가공법이 달라질 수 있다.
• 본 자료는 실제가공법과 다를 수 있으며 참고용으로만 사용해야 한다.

26. 생강

생강은 성질이 따뜻하여 냉증이나 면역력 강화에 도움이 된다. 또 이뇨작용을 자극하고 수분배출을 원활하게 해서 붓기를 제거하는데 효과적이다.

생강의 가장 큰 장점은 진저롤과 소가올이라는 성분 때문인데 이 성분들로 하여금 목에 낀 가래를 배출해 주고 기침을 유발하는 중추신경의 자극을 낮춰 기침을 멎게 한다. 이 밖에도 생강은 해열작용, 진통작용, 살균작용, 정력강화, 당뇨 등이 있으며, 항산화 작용이 뛰어나 인체의 노화를 촉진시키는 황성산소를 배출하여 노화를 방지해 준다.

• 추출가공법

주원료	생강 10Kg		
첨가물	기호에 따라서 대추, 진피, 꿀 등 (정제수 20L)		
탕기방식	압력방식	무압력순환식	비 고
가공온도	105℃	95℃	기호에 따라 (UP&DOWN)
가공시간	6시간	8시간	기호에 따라 (UP&DOWN)
포장용량	100ml(±)	100ml(±)	
포장수량	180EA(±)	180EA(±)	재료상태에 따라 포장수량이 달라질 수 있다.

• 지역 및 기후에 따라 첨가물, 가공시간, 가공온도 등이 다를 수 있다.
• 탕전기기에 따라 가공과정 및 가공법이 달라질 수 있다.
• 본 자료는 실제가공법과 다를 수 있으며 참고용으로만 사용해야 한다.

27. 석류

석류는 여성호르몬인 에스트로겐과 각종 비타민이 풍부하기 때문에 노화를 방지하고 단단한 피부를 유지하는 데 도움을 준다. 또 다량의 미네랄과 칼슘이 함유되어 혈액순환을 도와주고 피를 맑게 해 주기 때문에 신진대사가 왕성하게 이루어져 변비 예방에 좋다. 이 외에도 석류에는 비타민 A가 다량 함유되어 있는데 비타민 A는 야맹증을 없애 주고 시력을 향상시키는 데 도움을 준다.

• 추출가공법

주원료	석류 28Kg		
첨가물	껍질을 제거하는 것이 좋다. (정제수 5L)		
탕기방식	압력방식	무압력순환식	비 고
가공온도	110℃	95℃	기호에 따라 (UP&DOWN)
가공시간	5시간	8시간	기호에 따라 (UP&DOWN)
포장용량	110ml(±)	110ml(±)	
포장수량	180EA(±)	180EA(±)	재료상태에 따라 포장수량이 달라질 수 있다.

- 지역 및 기후에 따라 첨가물, 가공시간, 가공온도 등이 다를 수 있다.
- 탕전기기에 따라 가공과정 및 가공법이 달라질 수 있다.
- 본 자료는 실제가공법과 다를 수 있으며 참고용으로만 사용해야 한다.

28. 수세미

수세미에 함유되어 있는 식이섬유는 장의 운동을 활발하게 해 주고 숙변을 제거하는 등 변비를 개선하고 장을 깨끗하게 만들어 주기 때문에 변비해소와 장 건강에 좋다. 또 수세미는 진정효과, 신경통, 복통, 피부질환, 피부미용 등에 유용하며, 수세미에 함유된 사포닌 성분이 기관지 기능을 원활하게 하여 기침이나 가래를 삭히고 염증을 제거하는 작용을 한다.

• 추출가공법

주원료	수세미 15Kg		
첨가물	기호에 따라서 배, 생강, 도라지, 대추 등 (정제수 3L)		
탕기방식	압력방식	무압력순환식	비 고
가공온도	115℃	100℃	기호에 따라 (UP&DOWN)
가공시간	4시간	8시간	기호에 따라 (UP&DOWN)
포장용량	110ml(±)	110ml(±)	
포장수량	160EA(±)	160EA(±)	재료상태에 따라 포장수량이 달라질 수 있다.

• 지역 및 기호에 따라 첨가물, 가공시간, 가공온도 등이 다를 수 있다.
• 탕전기기에 따라 가공과정 및 가공법이 달라질 수 있다.
• 본 자료는 실제가공법과 다를 수 있으며 참고용으로만 사용해야 한다.

29. 야콘

야콘은 인슐린이 풍부하게 함유되어 있어 당뇨병 개선 및 예방에 좋다. 또 야콘에 함유되어 있는 칼륨 성분이 체내의 나트륨 수치를 조절하여 혈압을 낮춰 주어 고혈압을 개선하는 데 효과가 있고, 폴리페놀 성분이 혈중 콜레스테롤을 낮추고 흡수되는 것을 막아 주기 때문에 동맥경화 예방에도 좋다.

이 외에도 장 기능에 필수성분인 프락토 올리고당이 함유되어 있어 장 건강에도 도움이 되며, 마그네슘은 칼슘의 흡수를 도와주는 효능이 있어 골다공증을 개선 및 예방하는데 좋다.

• 추출가공법

주원료	야콘 25Kg		
첨가물	기호에 따라서		
탕기방식	압력방식	무압력순환식	비 고
가공온도	115℃	100℃	기호에 따라 (UP&DOWN)
가공시간	5시간	8시간	기호에 따라 (UP&DOWN)
포장용량	110ml(±)	110ml(±)	
포장수량	180EA(±)	180EA(±)	재료상태에 따라 포장수량이 달라질 수 있다.

- 지역 및 기호에 따라 첨가물, 가공시간, 가공온도 등이 다를 수 있다.
- 탕전기기에 따라 가공과정 및 가공법이 달라질 수 있다.
- 본 자료는 실제가공법과 다를 수 있으며 참고용으로만 사용해야 한다.

30. 양배추

양배추는 다량으로 함유된 비타민U가 위 점막을 보호하고 손상된 위 점막을 회복시키기 때문에. 위장질환에 효과가 있다. 또 양배추에 함유된 다량의 칼륨과 비타민K가 뼈에 칼슘을 저장시키는 역할로 골다공증 예방에 좋은 효능을 나타내며, 비타민C와 엽산, 식이섬유가 혈류를 좋게 하고 동맥에 침전물이 쌓이는 것을 막아 주기 때문에 뇌졸중 예방에 좋다.

이 외에도 양배추에는 유황과 칼륨, 염소 등이 풍부하여 위장점막을 강화시켜 주기 때문에 위염과 위궤양 등에 효과가 있고, 칼륨과 비타민이 여드름을 유발하는 균을 중화시켜 피부질환에도 효과가 있다.

• 추출가공법

주원료	양배추 20Kg		
첨가물	기호에 따라서 브로콜리, 당근 등 (정제수 5L)		
탕기방식	압력방식	무압력순환식	비 고
가공온도	105℃	95℃	기호에 따라 (UP&DOWN)
가공시간	6시간	8시간	기호에 따라 (UP&DOWN)
포장용량	110ml(±)	110ml(±)	
포장수량	150EA(±)	150EA(±)	재료상태에 따라 포장수량이 달라질 수 있다.

• 지역 및 기호에 따라 첨가물, 가공시간, 가공온도 등이 다를 수 있다.
• 탕전기기에 따라 가공과정 및 가공법이 달라질 수 있다.
• 본 자료는 실제가공법과 다를 수 있으며 참고용으로만 사용해야 한다.

31. 양파

양파는 지질의 함량이 적으며 채소로서는 단백질이 많은 편이다. 또한 칼슘과 철분의 함량이 많아 강장효과를 돋우는 역할을 하기도 한다. 칼슘은 인체 내에서 신경의 진정작용이 있고 지구력을 길러 주는 중요한 무기질이다. 그리고 양파는 발한(땀을 흘리는 것), 이뇨, 최면, 건위, 강정효과가 있을 뿐 아니라 피로회복에도 좋고 양파의 자극적인 성분은 강한 항균작용을 한다. 양파에는 색소성분으로 퀘르세틴이라는 성분이 있는데 이 성분이 산패를 막아 주며 고혈압 예방효과도 인정되고 있다.

양파는 혈액 중의 유해 물질을 제거하는 작용을 하고, 동맥경화와 고지혈증을 예방·치료하며 고혈압 예방과 치료에도 효과적이다. 또 인슐린의 분비를 촉진시켜 당뇨병을 치료하는 데도 좋다. 이 밖에도 양파는 전염병 예방, 중금속 분해, 해소천식, 거담작용, 피부미용, 다이어트, 소화촉진, 변비, 알레르기, 신장병 예방 및 치료 등에 좋다.

• 추출가공법

주원료	양파 30Kg		
첨가물	기호에 따라서 솔잎, 인진쑥, 양배추, 당근 등 (정제수 3L)		
탕기방식	압력방식	무압력순환식	비 고
가공온도	115℃	100℃	기호에 따라 (UP&DOWN)
가공시간	5시간	8시간	기호에 따라 (UP&DOWN)
포장용량	110ml(±)	110ml(±)	
포장수량	180EA(±)	180EA(±)	재료상태에 따라 포장수량이 달라질 수 있다.

• 지역 및 기호에 따라 첨가물, 가공시간, 가공온도 등이 다를 수 있다.
• 탕전기기에 따라 가공과정 및 가공법이 달라질 수 있다.
• 본 자료는 실제가공법과 다를 수 있으며 참고용으로만 사용해야 한다.

32. 여주

여주는 당분이 체내에서 재합성되는 것을 막아줌으로써 혈당수치를 낮춰 주기 때문에 당뇨병 환자들에게 큰 효과가 있다. 또 여주열매에 함유된 풍부한 베타카로틴이 비타민A로 전환되면서 시력회복과 눈의 피로개선, 안구건조, 노안 등에도 효과가 있다. 뿐만 아니라 여주에는 다량의 천연 비타민C와 칼륨, 철분 등 미네랄 성분을 함유하고 있어 피부건강은 물론 항산화효능과 면역력 향상 및 성인병 예방에 큰 도움줄 수 있다. 이 밖에도 여주는 체내 콜레스테롤 수치를 낮춰 주고 이뇨작용을 통해서 몸 속 나트륨을 체외로 배출시켜 피로회복은 물론 심혈관질환 예방에 좋은 효능이 있으며, 성질이 차가워 몸에 열이 많은 경우나, 기관지강화, 식욕증진, 갈증해소, 면역력증가 등에 효과가 있다.

• 추출가공법

주원료	여주 26Kg		
첨가물	기호에 따라서 돼지감자 등 (정제수 4L)		
탕기방식	압력방식	무압력순환식	비 고
가공온도	115℃	100℃	기호에 따라 (UP&DOWN)
가공시간	5시간	8시간	기호에 따라 (UP&DOWN)
포장용량	110ml(±)	110ml(±)	
포장수량	180EA(±)	180EA(±)	재료상태에 따라 도장수량이 달라질 수 있다.

- 지역 및 기호에 따라 첨가물, 가공시간, 가공온도 등이 다를 수 있다.
- 탕전기기에 따라 가공과정 및 가공법이 달라질 수 있다.
- 본 자료는 실제가공법과 다를 수 있으며 참고용으로만 사용해야 한다.

33. 영지버섯

맛은 달고 성질은 평하며 심, 비, 폐, 간경에 작용하여 장기들의 기를 보하고 힘줄과 뼈를 튼튼히 한다. 몸이 허한데, 기허증, 혈허증, 신경쇠약환자의 불면증, 간염, 고혈압, 동맥경화증, 만성기관지염, 협심증 등에 사용된다.

빈혈, 뇌진탕후유증, 편두통, 류마티스성관절염. 콩팥염, 갑상선기능항진 등에도 일정한 효과가 있다.

강장보호(腔腸保護), 고혈압(高血壓), 기관지염(氣管支炎), 당뇨(糖尿), 동맥경화(動脈硬化), 무좀(한포성백선:汗疱性白癬), 불면증(不眠症), 신경쇠약(神經衰弱), 어혈(瘀血), 염증(炎症), 진정(鎭靜), 진해(鎭咳), 출혈(出血).

• 추출가공법

주원료	영지버섯 300g		
첨가물	기호에 따라서 대추, 감초 등 (정제수 16L)		
탕기방식	압력방식	무압력순환식	비　고
가공온도	100℃	95℃	기호에 따라 (UP&DOWN)
가공시간	6시간	8시간	기호에 따라 (UP&DOWN)
포장용량	100ml(±)	100ml(±)	
포장수량	150EA(±)	150EA(±)	재료상태에 따라 포장수량이 달라질 수 있다.

• 지역 및 기후에 따라 첨가물, 가공시간, 가공온도 등이 다를 수 있다.
• 탕전기기에 따라 가공과정 및 가공법이 달라질 수 있다.
• 본 자료는 실제가공법과 다를 수 있으며 참고용으로만 사용해야 한다.

34. 오디

오디에는 항산화, 항노화 색소인 안토시아닌이 무려 포도의 23배, 검정콩의 9배, 흑미의 4배가 함유되어 있고 유해산소를 제거하는 항산화력은 토코페롤의 7배나 된다. 그중 안토시아닌에서 항암력이 가장 높은 안토시아니딘이 다량 함유되어 있어 비타민 B1, B2, C, 철, 칼슘 등이 많아 노화방지에 좋다.

또 오디에 함유된 레스베라트롤, 안토시아닌 성분은 고혈압을 억제하고 모세혈관을 튼튼하게해 주며, 레스베라트롤 성분은 항염, 항암, 항산화효과와 함께 피부탄력을 증진시키며 피부의세포를 건강하게 만들어 혈관의 손상을 줄여 주고 혈액응고를 방지하여 심혈관질환을 예방하는 데 효과가 있다. 이 외에도 오디 씨에 함유된 불포화지방산인 리놀레인산은 혈중 콜레스테롤과 중성지방을 낮추어 동맥경화 예방 및 개선에 도움을 주며, 관절염, 당뇨, 숙취해소, 간 기능회복, 변비, 천식, 불면증 등에도 효험이 있다.

• 추출가공법

주원료	오디 30Kg		
첨가물	기호에 따라서		
탕기방식	압력방식	무압력순환식	비 고
가공온도	115℃	95℃	기호에 따라 (UP&DOWN)
가공시간	3~4시간	8시간	기호에 따라 (UP&DOWN)
포장용량	110ml(±)	110ml(±)	
포장수량	160EA(±)	160EA(±)	재료상태에 따라 포장수량이 달라질 수 있다.

- 지역 및 기후에 따라 첨가물, 가공시간, 가공온도 등이 다를 수 있다.
- 탕전기기에 따라 가공과정 및 가공법이 달라질 수 있다.
- 본 자료는 실제가공법과 다를 수 있으며 참고용으로만 사용해야 한다.

35. 옥수수 수염

옥수수는 주성분인 탄수화물 이외에도 단백질과 필수지방산, 비타민 등이 다량 함유되어 있다. 특히 비타민B1이 다량 함유되어 여름철 더위로 식욕을 잃었을 때 식욕을 돋워주고 무기력증에 도움이 된다. 또 옥수수 수염은 소변의 염화물 배출을 활성화하여 이뇨작용에 효과가 있다. 또 담즙 분비를 촉진시키고, 혈압과 혈당을 내려주며 지혈작용을 한다. 이 밖에 옥수수수염에는 메이신, 클로로제닉산, 루테올린 등 플라보노이드 성분을 함유하고 있어 혈관이완, 항염증 및 항산화작용, 항생작용을 하는 것으로 알려져 있으며, 지방유, 비타민K 등을 다량 함유하고 있어 소변을 잘 보게 하고 붓기를 빼는 효과가 있다.

• 추출가공법

주원료	옥수수수염 ´Kg		
첨가물	기호에 따라서 대추 등 (정제수 17L)		
탕기방식	압력방식	무압력순환식	비 고
가공온도	110℃	95℃	기호에 따라 (UP&DOWN)
가공시간	5시간	8시간	기호에 따라 (UP&DOWN)
포장용량	110ml(±)	110ml(±)	
포장수량	150EA(±)	150EA(±)	재료상태에 따라 포장수량이 달라질 수 있다.

• 지역 및 기후에 따라 첨가물, 가공시간, 가공온도 등이 다를 수 있다.
• 탕전기기에 따라 가공과정 및 가공법이 달라질 수 있다.
• 본 자료는 실제가공법과 다를 수 있으며 참고용으로만 사용해야 한다.

36. 우슬

우슬은 사포닌과 다량의 칼슘을 함유하고 있어 여성의 생리를 정상으로 유도하고 이뇨와 배변을 용이하게 하는 데에 효과가 있다. 또 허리와 다리가 무겁거나 통증을 느끼는 등의 근육경련, 관절염 등이 있을 때 사용하기도 한다.

• 추출가공법

주원료	우슬 1.2Kg		
첨가물	기호에 따라서 대추, 두충껍질, 오가피 등 (정제수 23L)		
탕기방식	압력방식	무압력순환식	비 고
가공온도	105℃	95℃	기호에 따라 (UP&DOWN)
가공시간	7시간	10시간	기호에 따라 (UP&DOWN)
포장용량	110ml(±)	110ml(±)	
포장수량	180EA(±)	180EA(±)	재료상태에 따라 포장수량이 달라질 수 있다.

- 지역 및 기호에 따라 첨가물, 가공시간, 가공온도 등이 다를 수 있다.
- 탕전기기에 따라 가공과정 및 가공법이 달라질 수 있다.
- 본 자료는 실제가공법과 다를 수 있으며 참고용으로만 사용해야 한다.

37. 울금

울금의 주요 효능으로는 피부질환 예방, 지혈효과, 숙취해소, 치칠개선, 통증제거 등이 있고, 인체의 노화를 촉신시키는 활성산소를 제거하여 노화방지에 효과가 있다. 또 울금에 함유되어 있는 커큐민 성분은 각종 암을 예방 및 치료해 주는 항암작용을 하고, 인체에 혈관이 막히지 않도록 혈당을 낮춰주기 때문에 당뇨병 예방 및 개선에도 효과가 있다. 이 밖에 혈중 콜레스테롤 수치를 낮추고 지방 소화기능을 향상시켜 동맥경화 예방에 효과가 있다.

• 추출가공법

주원료	울금 2Kg		
첨가물	울금을 황설탕으로 절인 후 일정시간이 지나 발효된 울금에 정제수 12L를 넣고 낮은 온도로 가공 (정제수 25L)		
탕기방식	압력방식	무압력순환식	비 고
가공온도	105℃	95℃	기호에 따라 (UP&DOWN)
가공시간	6시간	8시간	기호에 따라 (UP&DOWN)
포장용량	110ml(±)	110ml(±)	
포장수량	180EA(±)	180EA(±)	재료상태에 따라 포장수량이 달라질 수 있다.

• 지역 및 기후에 따라 첨가물, 가공시간, 가공온도 등이 다를 수 있다.
• 탕전기기에 따라 가공과정 및 가공법이 달라질 수 있다.
• 본 자료는 실제가공법과 다를 수 있으며 참고용으로만 사용해야 한다.

38. 유근피

유근피의 이뇨작용, 비염 등에 효과가 있고, 피부미용 등에 효과가 있고 심신을 안정시키고 스트레스와 긴장을 풀어 주기 때문에 불면증 개선에도 좋다. 또 인체의 염증을 제거하고 체내의 장기를 튼튼하게 하는 효과가 있다.

• 추출가공법

주원료	유근피 1.2Kg		
첨가물	기호에 따라서 첨가한다. (정제수 25L)		
탕기방식	압력방식	무압력순환식	비 고
가공온도	105℃	95℃	기호에 따라 (UP&DOWN)
가공시간	6시간	8시간	기호에 따라 (UP&DOWN)
포장용량	110ml(±)	110ml(±)	
포장수량	180EA(±)	180EA(±)	재료상태에 따라 포장수량이 달라질 수 있다.

- 지역 및 기후에 따라 첨가물, 가공시간, 가공온도 등이 다를 수 있다.
- 탕전기기에 따라 가공과정 및 가공법이 달라질 수 있다.
- 본 자료는 실제가공법과 다를 수 있으며 참고용으로만 사용해야 한다.

39. 인삼

　인삼에 함유된 폴리아세틸렌이라는 성분은 암세포의 증식을 억제해 주고 면역기능을 증진시켜줄 뿐만 아니라 항암제로 인해 발생하는 부작용을 방지한다. 또 면역체생성을 촉진하여 생체반응성을 높여주기 때문에 질병에 대한 저항력이 높아지는 데 도움을 준다. 인삼의 주요성분인 사포닌은 혈관을 확장시켜 혈류의 흐름을 원활하게 하고 진정작용과 흥분작용을 하여 저혈압인 경우에는 혈압을 높여 주고, 고혈압인 경우에는 혈압을 내리는 데 효과가 있어 혈압조절과 노화방지에 좋다. 이 외에도 인삼은 혈관의 탄력성 및 지방의 혈관지방이 축적되는 것을 막아 노화를 방지하며, 인삼에 함유된 사포닌 성분은 조혈작용을 도와 적혈구와 혈색소량, 백혈구의 수를 조절하고 그 기능을 향상시켜 균에 대한 항체를 생성하거나 염증제거에 효과가 있다.

● 추출가공법

주원료	인삼 1.8Kg		
첨가물	기호에 따라서 대추 등 (정제수 25L)		
탕기방식	압력방식	무압력순환식	비　고
가공온도	100℃	95℃	기호에 따라 (UP&DOWN)
가공시간	8시간	12시간	기호에 따라 (UP&DOWN)
포장용량	110ml(±)	110ml(±)	
포장수량	200EA(±)	200EA(±)	재료상태에 따라 포장수량이 달라질 수 있다.

● 지역 및 기호에 따라 첨가물, 가공시간, 가공온도 등이 다를 수 있다.
● 탕전기기에 따라 가공과정 및 가공법이 달라질 수 있다.
● 본 자료는 실제가공법과 다를 수 있으며 참고용으로만 사용해야 한다.

40. 인진쑥

　인진쑥의 영양소는 단백질, 지방, 당질, 섬유질, 회분, 칼슘, 인, 철분, 비타민A, 비타민B, 비타민C, 나이아신 등 매우 다양한 성분들이 함유되어 있다. 그중 비타민A의 함량이 많아 암 예방에 효과적이고 발암물질의 생성이나 활성을 억제하는 데 중요한 역할을 한다. 또 쑥 추출물은 대단히 강한 혈청 지질의 억제작용이 있어 동맥경화 및 고혈압을 예방하는 데에도 효과적이다.

• 추출가공법

주원료	인진쑥 600g		
첨가물	기호에 따라서 대추,감초 등 (정제수 22L)		
탕기방식	압력방식	무압력순환식	비 고
가공온도	100℃	95℃	기호에 따라 (UP&DOWN)
가공시간	6시간	8시간	기호에 따라 (UP&DOWN)
포장용량	110ml(±)	110ml(±)	
포장수량	180EA(±)	180EA(±)	재료상태에 따라 포장수량이 달라질 수 있다.

● 지역 및 기후에 따라 첨가물, 가공시간, 가공온도 등이 다를 수 있다.
● 탕전기기에 따라 가공과정 및 가공법이 달라질 수 있다.
● 본 자료는 실제가공법과 다를 수 있으며 참고용으로만 사용해야 한다.

41. 자두

자두에는 안토시아닌이라는 항산화물질이 함유되어 야맹증과 안구 건조증에 효과가 있으며, 다량 함유된 철분성분은 빈혈을 예방하는 데 효과가 있다. 또 식이섬유와 펙틴 성분은 변비치료에 도움을 주고, 풍부한 미네랄과 비타민으로 피로회복, 불면증 등의 치료 및 예방에 효과가 있다. 이외에도 자두는 면역력 강화, 체질개선, 다이어트 등에 효과가 있다.

• 추출가공법

주원료	자두 30Kg		
첨가물	씨를 제거하는 것이 좋다.		
탕기방식	압력방식	무압력순환식	비 고
가공온도	115℃	90℃	기호에 따라 (UP&DOWN)
가공시간	4시간	8시간	기호에 따라 (UP&DOWN)
포장용량	120ml(±)	120ml(±)	
포장수량	170EA(±)	170EA(±)	재료상태에 따라 포장수량이 달라질 수 있다.

• 지역 및 기호에 따라 첨가물, 가공시간, 가공온도 등이 다를 수 있다.
• 탕전기기에 따라 가공과정 및 가공법이 달라질 수 있다.
• 본 자료는 실제가공법과 다를 수 있으며 참고용으로만 사용해야 한다.

42. 칡

　칡은 풍부한 해독작용을 가져 숙취유발물질인 아세트알데히드 분해를 촉진하고 갈증을 해소시켜 숙취해소에 매우 효과적이며, 간에 과산화지질이 생기는 것을 방지하여 알코올성 간 손상을 완화시켜 간을 보호해 간 기능이 개선된다.

　또 칡에는 카테린이라는 성분이 함유되어 발암억제, 동맥경화, 혈압상승 억제, 혈전예방, 항바이러스, 항비만, 항당뇨, 항균, 해독작용, 소염작용, 충치예방, 구갈방지 등 다양한 효과를 나타낸다. 또 혈당기능을 조절하는 데 도움을 주어 당뇨에 좋고, 혈액순환을 원활하게 해 주어 고혈압 동맥경화, 고지혈증, 협심증 등에도 효과가 있다. 이외에도 피로회복, 노화방지, 해독, 소엽작용, 소화불량, 해열 등에 도움이 된다.

• 추출가공법

주원료	생칡 20Kg		
첨가물	기호에 따라서 첨가한다. (정제수 18L)		
탕기방식	압력방식	무압력순환식	비　고
가공온도	110℃	95℃	기호에 따라 (UP&DOWN)
가공시간	6시간	8시간	기호에 따라 (UP&DOWN)
포장용량	110ml(±)	110ml(±)	
포장수량	160EA(±)	160EA(±)	재료상태에 따라 포장수량이 달라질 수 있다.

- 지역 및 기호에 따라 첨가물, 가공시간, 가공온도 등이 다를 수 있다.
- 탕전기기에 따라 가공과정 및 가공법이 달라질 수 있다.
- 본 자료는 실제가공법과 다를 수 있으며 참고용으로만 사용해야 한다.

43. 토마토

　토마토에 함유된 붉은색을 띠는 피토케미칼 라이코펜 성분은 항암제로 알려진 베타카로틴 성분보다 2배 이상 항암효과에 좋다고 한다. 또 토마토에는 비타민C, 비타민A가 풍부해 암과 성인질환을 치료 및 예방하는 데에도 효과가 있다. 토마토는 수분 함량이 90% 이상으로 신진대사를 원활하게 하 주어 방광 기능을 촉진시킨다. 이외에도 토마토는 피로회복에 좋다는 글루타민산이 다량 함유되어 만성피로에도 좋고, 미네랄과 펙틴 성분이 풍부하고 수분이 많아 몸속 수분의 양을 조절하고 장기의 기능을 촉진시켜 신진대사를 원활하게 한다. 이 밖에 토마토는 당뇨, 노화, 피로, 변비, 불면증, 골다공증, 노인질환 등을 개선 및 예방하는 데 효과가 있다.

● 추출가공법

주원료	토마토 30Kg		
첨가물	기호에 따라서 소금 등		
탕기방식	압력방식	무압력순환식	비 고
가공온도	110℃	95℃	기호에 따라 (UP&DOWN)
가공시간	4시간	8시간	기호에 따라 (UP&DOWN)
포장용량	120ml(±)	120ml(±)	
포장수량	160EA(±)	160EA(±)	재료상태에 따라 포장수량이 달라질 수 있다.

- 지역 및 기후에 따라 첨가물, 가공시간, 가공온도 등이 다를 수 있다.
- 탕전기기에 따라 가공과정 및 가공법이 달라질 수 있다.
- 본 자료는 실제가공법과 다를 수 있으며 참고용으로만 사용해야 한다.

44. 포도

포도에는 과당과 포도당이 풍부하게 함유되어 이뇨작용을 원활히 하고, 혈액순환을 좋게 하며, 부종을 가라앉히는 효과가 있다. 또 포도에는 주석산, 구연산, 사과산 등이 함유되어 식욕증진, 피로회복, 빈혈 등에도 탁월한 효과가 있다. 포도는 유기산, 구연산을 비롯하여 비타민 A, B, B2, C 등이 풍부하게 들어 있으며, 알칼리성 식품으로 산성화된 체질을 개선시켜 불안감, 불면증을 감소시키는 효과가 있다.

• 추출가공법

주원료	포도 30Kg		
첨가물	줄기는 버리고 알맹이만 사용한다.		
탕기방식	압력방식	무압력순환식	비 고
가공온도	115℃	90℃	기호에 따라 (UP&DOWN)
가공시간	4시간	8시간	기호에 따라 (UP&DOWN)
포장용량	120ml(±)	120ml(±)	
포장수량	180EA(±)	180EA(±)	재료상태에 따라 포장수량이 달라질 수 있다.

• 지역 및 기호에 따라 첨가물, 가공시간, 가공온도 등이 다를 수 있다.
• 탕전기기에 따라 가공과정 및 가공법이 달라질 수 있다.
• 본 자료는 실제가공법과 다를 수 있으며 참고용으로만 사용해야 한다.

45. 헛개나무

헛개나무는 열매 · 뿌리 · 가지 · 잎 등에서 포도당, 사과산, 칼슘을 비롯한 후랑구라닌, 호베닌, 호베느시드, 하벤산 등의 인체에 유익한 성분들이 함유되어 해독작용과 피로회복, 구토증 등에 효과가 있다. 또 헛개(지구자)나무에서 추출된 "암페롭신과 호베니틴스"란 활성화학 물질은 간을 보호해 주고 알코올중독과 숙취를 없애 준다. 이외에도 헛개나무는 고혈압, 동맥경화증, 만성관절염 등에 효과가 있으며 간장, 위장, 대장, 신장 등의 기능개선에 효과가 있다.

• 추출가공법

주원료	헛개나무 열매 1Kg		
첨가물	기호에 따라서 첨가한다. (정제수 22L)		
탕기방식	압력방식	무압력순환식	비 고
가공온도	105℃	95℃	기호에 따라 (UP&DOWN)
가공시간	6시간	8시간	기호에 따라 (UP&DOWN)
포장용량	110ml(±)	110ml(±)	
포장수량	180EA(±)	180EA(±)	재료상태에 따라 포장수량이 달라질 수 있다.

• 지역 및 기호에 따라 첨가물, 가공시간, 가공온도 등이 다를 수 있다.
• 탕전기기에 따라 가공과정 및 가공법이 달라질 수 있다.
• 본 자료는 실제가공법과 다를 수 있으며 참고용으로만 사용해야 한다.

46. 호박

 호박의 주성분은 당질이고 각종 비타민과 칼슘, 철분도 풍부하다. 카로틴 형태로 들어있는 비타민A를 비롯해 B1, B2, C, 식물성 섬유인 펙틴, 칼슘이 풍부하게 함유되어 있고 그밖에도 철분, 인 등의 무기질이 균형 있게 들어 있어 점막을 튼튼하게 하고 몸을 따뜻하게 하며 이뇨작용 및 붓기에 효과가 있다. 또 호박씨에는 불포화지방산과 필수아미노산인 메티오닌 등이 다량 함유되어 동맥경화 및 노화방지에 좋다. 이외에도 호박은 고혈압, 성인병, 변비, 설사, 기침, 냉증, 야맹증, 다이어트 등에 효과가 있다.

• 추출가공법

주원료	호박 28Kg		
첨가물	기호에 따라서 대추, 당귀, 옥수수염, 잔대 등 (정제수 4L)		
탕기방식	압력방식	무압력순환식	비 고
가공온도	110℃	95℃	기호에 따라 (UP&DOWN)
가공시간	6시간	8시간	기호에 따라 (UP&DOWN)
포장용량	110ml(±)	110ml(±)	
포장수량	180EA(±)	180EA(±)	재료상태에 따라 포장수량이 달라질 수 있다.

• 지역 및 기호에 따라 첨가물, 가공시간, 가공온도 등이 다를 수 있다.
• 탕전기기에 따라 가공과정 및 가공법이 달라질 수 있다.
• 본 자료는 실제가공법과 다를 수 있으며 참고용으로만 사용해야 한다.

47. 홍삼

홍삼은 혈중 콜레스테롤 수치를 낮춰 혈압을 정상적으로 돌려주기 때문에 고혈압에 탁월한 효과가 있다. 또 홍삼에 다량으로 함유되어 있는 사포닌 성분이 해독작용을 일으켜 세포 재생을 촉진하기 때문에 간 기능 개선에도 효과가 있다. 홍삼에 함유되어 있는 글루타민산 성분은 뇌기능을 활성화하여 집중력과 지구력 등을 향상시켜 노인성 치매를 예방해 주는 효과가 있으며, 홍삼에 함유된 진세노사이드 성분은 일반 항암제보다 1.5배나 뛰어난 면역효능을 가지고 있다. 이외에도 홍삼에는 RG3와 진세노이드 성분이 함유되어 암을 예방하는 효과가 있으며, 홍삼에 함유된 인슐린 유사물질이 당뇨병을 개선하고 예방하는 효능이 있다.

• 추출가공법

주원료	홍삼 1.8Kg		
첨가물	기호에 따라서 첨가한다. (정제수 18L)		
탕기방식	압력방식	무압력순환식	비 고
가공온도	90℃	90℃	기호에 따라 (UP&DOWN)
가공시간	48시간	48시간	기호에 따라 (UP&DOWN)
포장용량	110ml(±)	110ml(±)	
포장수량	150EA(±)	150EA(±)	재료상태에 따라 포장수량이 달라질 수 있다.

- 지역 및 기후에 따라 첨가물, 가공시간, 가공온도 등이 다를 수 있다.
- 탕전기기에 따라 가공과정 및 가공법이 달라질 수 있다.
- 본 자료는 실제가공법과 다를 수 있으며 참고용으로만 사용해야 한다.

48. 흑마늘

흑마늘은 비타민 B1을 함유하여 피로회복을 완화시켜준다. 또 흑마늘의 칼륨성분은 혈액에 쌓여있는 나트륨을 없애 혈압을 정상으로 만들고 알리신 성분은 장세포를 자극시켜 인슐린 분비가 활발하게 해 주어 고혈압 및 당뇨병 치료에도 좋다. 이외에도 간 기능을 강화하고, 위를 자극시켜 소화가 잘 되도록 도와준다. 흑마늘의 주요 효능으로는 혈액순환 촉진, 알레르기, 암 예방, 신경안정, 항균작용 등이 있다.

• 추출가공법

주원료	흑마늘 3Kg		
첨가물	기호에 따라서 첨가한다. (정제수 20L)		
탕기방식	압력방식	무압력순환식	비 고
가공온도	105℃	95℃	기호에 따라 (UP&DOWN)
가공시간	6시간	8시간	기호에 따라 (UP&DOWN)
포장용량	110ml(±)	110ml(±)	
포장수량	170EA(±)	170EA(±)	재료상태에 따라 포장수량이 달라질 수 있다.

- 지역 및 기호에 따라 첨가물, 가공시간, 가공온도 등이 다를 수 있다.
- 탕전기기에 따라 가공과정 및 가공법이 달라질 수 있다.
- 본 자료는 실제가공법과 다를 수 있으며 참고용으로만 사용해야 한다.

■ 식용동물성재료의 추출가공법

목차 (CONTENS)
1. 가물치
2. 개
3. 녹용
4. 다슬기
5. 달팽이
6. 닭발
7. 미꾸라지
8. 붕어
9. 잉어
10. 자라
11. 장어
12. 흑염소

▶ 식용동물성재료 가공 시 알아두어야 할 사항

① 1회 가공 시 필요한 재료의 양

식용동물성재료를 가공할 때 다슬기, 닭발, 붕어 등과 같은 재료는 고객이 직접 가져오는 경우가 있는데 일반적으로 50L용량의 탕기를 기준해서 3~4관이 사용된다. 1관의 단위는 3.75kg이며 3~4관이면 12~15kg 정도로 계산하면 된다. 단, 고객의 요구에 따라 이보다 적은 양을 사용하기도 한다.

② 기름기제거 방법

식용동물성재료를 가공할 때 기름기가 발생하는데 이때 발생하는 기름기를 충분히 제거해 주어야 한다. 기름기를 충분히 제거하지 않을 경우 복통을 유발하거나 설사를 할 수 있다.

③ 포장용량

식용동물성재료의 포장용량은 과일 및 채소 등의 식용식물로 만들어진 제품에 비해 10~20ml를 적게 포장한다. 일반적으로 식용식물로 만든 제품은 120ml(±)를 포장하고, 식용동물성재료로 만든 제품은 100ml(±)를 포장한다. 단, 여기에 정해진 규격이 없기 때문에 지역이나 창업자의 유형에 따라 달라질 수 있다.

④ 첨가물 사용

첨가물을 사용할 때에는 제품을 가공하는 창업자보다는 제품을 복용할 복용자의 기호에 맞게 첨가물을 사용해야 한다. 또 복용자의 체질에 따라서 사용할 재료와 피해야할 재료를 구분한다면 고객으로 하여금 신뢰를 높일 수 있다.

1. 가물치

가물치에는 단백질이 약 20%, 지방 1.4%, 기타 칼슘, 인, 철, 비타민 B군 등이 다량 함유되어 있으며, 성질은 차고 달다. 한방에서는 가물치를 기와 혈을 크게 보하고 심기, 심음, 비위를 보하는 작용이 있다고 한다.

가물치에는 철분과 단백질의 함량이 높아 소화기능을 강화시켜 주고, 산모의 보혈 등 여성의 혈허증에 좋다. 이외에도 가물치는 치질, 만성 신장염, 부종, 보혈, 인후염 등에도 효과가 있다.

• 추출가공법

주원료	가물치 8~12Kg		
첨가물	기호에 따라서 약용식물, 들깨, 생강, 은행, 대추, 양파 등 (정제수 18L)		
탕기방식	압력방식	무압력순환식	비 고
가공온도	110℃	105℃	기호에 따라 (UP&DOWN)
가공시간	8시간	10시간	기호에 따라 (UP&DOWN)
포장용량	110ml(±)	110ml(±)	
포장수량	160EA(±)	160EA(±)	재료의 특성에 따라 포장수량이 달라질 수 있다.

- 지역 및 기호에 따라 첨가물, 가공시간, 가공온도 등이 다를 수 있다.
- 탕전기기에 따라 가공과정 및 가공법이 달라질 수 있다.
- 상황에 따라 1차, 2차로 나누어 가공하기도 한다.
- 생수의 양에 따라서 가공시간과 추출의 양이 달라질 수 있다.
- 제품 포장 전 기름기 제거를 충분히 해야 한다.
- 본 자료는 실제가공법과 다를 수 있으며 참고용으로만 사용해야 한다.

2. 개

개고기의 한약명은 구육(狗肉)이라고 하는데 맛은 짜고 시며, 성질은 따뜻하다. 중초를 보하고 기운을 보해 주며, 신(腎)을 따뜻하게 하여 양기를 강화해 주는 효능을 가지고 있어 비(脾)와 신(腎)의 기운이 허약한 증상을 치료하고, 장위(腸胃)를 튼튼하게 하고 허한 것을 데워 주며, 하초(下焦)를 실하게 하며, 정수(精髓)를 보충해 준다. 또 개고기는 오장을 편안하게 하며 모든 쇠약한 증을 보해 주고 혈액순환도 도와주고 기력을 더해 준다. 이외에도 개고기는 다른 육류와 비교해서 소화흡수가 용이하며, 개는 결핵에 걸리지 않기 때문에 폐결핵 환자의 영양식으로 많이 활용되고 있는데, 체온이 낮고 소화가 잘 안 되는 폐결핵환자 도움이 된다.

• 추출가공법

주원료	견육 12~15Kg		
첨가물	기호에 따라서 약용식물, 들깨, 생강, 은행, 대추, 양파 등 (정제수 18L)		
탕기방식	압력방식	무압력순환식	비 고
가공온도	110℃	105℃	기호에 따라 (UP&DOWN)
가공시간	8시간	10시간	기호에 따라 (UP&DOWN)
포장용량	110ml(±)	110ml(±)	
포장수량	160EA(±)	160EA(±)	재료의 특성에 따라 포장수량이 달라질 수 있다.

- 지역 및 기호에 따라 첨가물, 가공시간, 가공온도 등이 다를 수 있다.
- 탕전기기에 따라 가공과정 및 가공법이 달라질 수 있다.
- 상황에 따라 1차, 2차로 나누어 가공하기도 한다.
- 생수의 양에 따라서 가공시간과 추출의 양이 달라질 수 있다.
- 제품 포장 전 기름기 제거를 충분히 해야 한다.
- 본 자료는 실제가공법과 다를 수 있으며 참고용으로만 사용해야 한다.

3. 녹용

녹용은 갑상선의 구조적 결함을 치료하여 성장 발육을 촉진시킨다. 또 몸 속의 항체를 빠르게 생성시켜 면역력 강화를 촉진하며, 기억력을 증진시켜 치매예방에도 효과가 있다. 이 밖에 녹용은 뛰어난 항산화 효과로 노화방지에 효과적이며, 성기능 장애, 위궤양 등에 효과가 있다.

• 추출가공법

주원료	생녹용 200g		
첨가물	기호에 따라서 약용식물, 대추, 감초, 생강, 당귀 등 (정제수 4L)		
탕기방식	압력방식	무압력순환식	비 고
가공온도	105℃	98℃	기호에 따라 (UP&DOWN)
가공시간	6시간	8시간	기호에 따라 (UP&DOWN)
포장용량	100ml(±)	100ml(±)	
포장수량	30EA(±)	30EA(±)	재료의 특성에 따라 포장수량이 달라질 수 있다.

- 지역 및 기호에 따라 첨가물, 가공시간, 가공온도 등이 다를 수 있다.
- 탕전기기에 따라 가공과정 및 가공법이 달라질 수 있다.
- 상황에 따라 1차, 2차로 나누어 가공하기도 한다.
- 생수의 양에 따라서 가공시간과 추출의 양이 달라질 수 있다.
- 제품 포장 전 기름기 제거를 충분히 해야 한다.
- 본 자료는 실제가공법과 다를 수 있으며 참고용으로만 사용해야 한다.

4. 다슬기

다슬기는 성질이 차고 맛이 달며 독이 없다. 간의 열, 눈의 충혈, 황달을 제거하고 이뇨작용을 촉진시켜 체내 독소를 배설할 뿐만 아니라 부종을 없애고 간장과 신장에 작용하여 대, 소변을 잘 나가게 한다. 또 위통과 소화불량을 없애 주고 열독과 갈증을 풀어 주는 데 도움을 준다. 이밖에 다슬기는 뼈와 치아를 튼튼하게 하고 불면증을 완화시키며 신경전달 기능 및 근육 운동을 원활하게 하여 부정맥을 방지하고 골다공증을 예방하는 칼슘과 신체 각 세포들의 산소 공급에 필요한 헤모글로빈의 구성성분을 다량 함유하고 있다.

• 추출가공법

주원료	다슬기 8~12Kg		
첨가물	기호에 따라서 약용식물, 생강, 은행, 대추 등 (정제수 18L)		
탕기방식	압력방식	무압력순환식	비 고
가공온도	110℃	105℃	기호에 따라 (UP&DOWN)
가공시간	8시간	10시간	기호에 따라 (UP&DOWN)
포장용량	110ml(±)	110ml(±)	
포장수량	160EA(±)	160EA(±)	재료의 특성에 따라 포장수량이 달라질 수 있다.

- 지역 및 기후에 따라 첨가물, 가공시간, 가공온도 등이 다를 수 있다.
- 탕전기기에 따라 가공과정 및 가공법이 달라질 수 있다.
- 상황에 따라 1차, 2차로 나누어 가공하기도 한다.
- 생수의 양에 따라서 가공시간과 추출의 양이 달라질 수 있다.
- 제품 포장 전 기름기 제거를 충분히 해야 한다.
- 본 자료는 실제가공법과 다를 수 있으며 참고용으로만 사용해야 한다.

5. 달팽이

달팽이에는 다량의 단백질과 무기질, 칼슘 등의 풍부한 영양소를 가지고 있는데 그중 콘드로이친황산이라는 활력성분이 주종을 이루고 있어서 피부미용, 원기회복 및 신진대사를 원활하게 하는 데 효과가 있다. 또 달팽이에 함유된 뮤신이나 콘드로이친황산 성분은 피부세포조직을 결합하여 노화방지와 주근깨, 기미를 없애고 변비와 정력에도 도움이 된다. 많은 한방서적에서 달팽이가 간염, 위장병, 신장질환, 당뇨, 관절염, 빈혈, 동맥경화, 신경통 등에 좋다고 기록되어 있다.

• 추출가공법

주원료	달팽이 8~12Kg		
첨가물	기호에 따라서 약용식물, 들깨, 생강, 은행, 대추, 검은콩 등 (정제수 18L)		
탕기방식	압력방식	무압력순환식	비 고
가공온도	110℃	105℃	기호에 따라 (UP&DOWN)
가공시간	8시간	10시간	기호에 따라 (UP&DOWN)
포장용량	110ml(±)	110ml(±)	
포장수량	160EA(±)	160EA(±)	재료의 특성에 따라 포장수량이 달라질 수 있다.

- 지역 및 기호에 따라 첨가물, 가공시간, 가공온도 등이 다를 수 있다.
- 탕전기기에 따라 가공과정 및 가공법이 달라질 수 있다.
- 상황에 따라 1차, 2차로 나누어 가공하기도 한다.
- 생수의 양에 따라서 가공시간과 추출의 양이 달라질 수 있다.
- 제품 포장 전 기름기 제거를 충분히 해야 한다.
- 본 자료는 실제가공법과 다를 수 있으며 참고용으로만 사용해야 한다.

6. 닭발

닭발에는 다량의 콜라겐이 함유되어 있어 골다공증을 예방 및 개선하고, 신경통, 관절염, 피부미용, 다이어트 등에 효과가 있다. 또 닭발 속에 함유된 리놀레인산 성분은 항암효과, 동맥경화, 심장병예방 혈당조절, 정력강화, 면역기능강화 등에 효과가 있고, DHA, EPA 성분은 어린이 성장발육을 촉진한다.

• 추출가공법

주원료	닭발 8~12Kg		
첨가물	기호에 따라서 약용식물 ,오가피, 생강, 은행, 대추, 우슬 등 (정제수 18L)		
탕기방식	압력방식	무압력순환식	비 고
가공온도	110℃	105℃	기호에 따라 (UP&DOWN)
가공시간	8시간	10시간	기호에 따라 (UP&DOWN)
포장용량	110ml(±)	110ml(±)	
포장수량	160EA(±)	160EA(±)	재료의 특성에 따라 포장수량이 달라질 수 있다.

- 지역 및 기후에 따라 첨가물, 가공시간, 가공온도 등이 다를 수 있다.
- 탕전기기에 따라 가공과정 및 가공법이 달라질 수 있다.
- 상황에 따라 1차, 2차로 나누어 가공하기도 한다.
- 생수의 양에 따라서 가공시간과 추출의 양이 달라질 수 있다.
- 제품 포장 전 기름기 제거를 충분히 해야 한다.
- 본 자료는 실제가공법과 다를 수 있으며 참고용으로만 사용해야 한다.

7. 미꾸라지

동의보감에는 미꾸라지를 '맛이 달고 성질이 따뜻하며, 독이 없어 비위를 주고 기운을 나게 하며 주독을 해독하고 위를 따뜻하게 한다.'고 한다.

미꾸라지는 다량의 단백질과 칼슘, 무기질을 함유하여 원기를 회복시켜 주고 다른 동물성식품에 비해 비타민 A의 함유량도 풍부하여 피부미용에도 좋다.

또 미꾸라지에 함유된 지방, 철분, 회분, 인분, 비타민 B2, 비타민 D 등은 고혈압, 동맥경화, 비만증 등 성인병 예방 및 개선에 효과가 있다. 이밖에도 미꾸라지에 함유된 필수 아미노산인 라이신 성분은 성장기 어린이와 노약자에게 좋은 영양소를 공급해 주며, 미꾸라지의 점액질인 뮤신 성분은 인체의 혈관과 장기를 깨끗이 하여 노화방지에 효과적이다.

• 추출가공법

주원료	미꾸라지 8~12Kg		
첨가물	기호에 따라서 약용식물, 생강, 은행, 대추, 오가피 등 (정제수 18L)		
탕기방식	압력방식	무압력순환식	비 고
가공온도	110℃	105℃	기호에 따라 (UP&DOWN)
가공시간	8시간	10시간	기호에 따라 (UP&DOWN)
포장용량	110ml(±)	110ml(±)	
포장수량	160EA(±)	160EA(±)	재료의 특성에 따라 포장수량이 달라질 수 있다.

- 지역 및 기호에 따라 첨가물, 가공시간, 가공온도 등이 다를 수 있다.
- 탕전기기에 따라 가공과정 및 가공법이 달라질 수 있다.
- 상황에 따라 1차, 2차로 나누어 가공하기도 한다.
- 생수의 양에 따라서 가공시간과 추출의 양이 달라질 수 있다.
- 제품 포장 전 기름기 제거를 충분히 해야 한다.
- 본 자료는 실제가공법과 다를 수 있으며 참고용으로만 사용해야 한다.

8. 붕어

붕어는 다량의 철분이 함유되어 빈혈, 만성빈혈에 도움을 주고, 간세포의 재생을 도와 숙취해소에도 효과가 있다. 또 붕어에 함유된 단백질, 철분, 칼슘 등의 성분은 성장촉진에도 도움을 준다. 이외에도 붕어는 콜레스테롤을 제거하고 고혈압, 동맥경화 등 성인병 예방 및 개선에 효과가 있으며, 만성신장염의 증상을 완화하는 데 도움을 준다. 이 밖에 붕어는 설사, 탈모, 위장, 정력, 부종 등에 효과가 있다.

• 추출가공법

주원료	자연산 붕어 8~12Kg		
첨가물	기호에 따라서 약용식물, 생강, 은행, 대추, 양파 등 (정제수 18L)		
탕기방식	압력방식	무압력순환식	비 고
가공온도	110℃	105℃	기호에 따라 (UP&DOWN)
가공시간	8시간	10시간	기호에 따라 (UP&DOWN)
포장용량	110ml(±)	110ml(±)	
포장수량	160EA(±)	160EA(±)	재료의 특성에 따라 포장수량이 달라질 수 있다.

- 지역 및 기후에 따라 첨가물, 가공시간, 가공온도 등이 다를 수 있다.
- 탕전기기에 따라 가공과정 및 가공법이 달라질 수 있다.
- 상황에 따라 1차, 2차로 나누어 가공하기도 한다.
- 생수의 양에 따라서 가공시간과 추출의 양이 달라질 수 있다.
- 제품 포장 전 기름기 제거를 충분히 해야 한다.
- 본 자료는 실제가공법과 다를 수 있으며 참고용으로만 사용해야 한다.

9. 잉어

잉어에는 단백질, 지방, 칼슘과 비타민 등이 다량 함유되어있다. 그중 불포화 지방산이 주성분으로 이루어져 동맥경화, 고혈압, 여성의 냉감증에 효과가 있다.

이외에도 잉어에는 단백질, 지질, 칼륨, 철 등의 미네랄과 비타민A, B1, B2가 다량 함유되어 있고 히스티딘, 글리신과 같은 아미노산도 다량 함유되어 있어 위염, 위궤양 등 소화기 질환에 좋고, 호르몬을 자극하여 임산부에게 도움을 준다.

• 추출가공법

주원료	잉어 8~12Kg		
첨가물	기호에 따라서 약용식물, 생강, 은행, 대추, 양파 등 (정제수 18L)		
탕기방식	압력방식	무압력순환식	비 고
가공온도	110℃	105℃	기호에 따라 (UP&DOWN)
가공시간	8시간	10시간	기호에 따라 (UP&DOWN)
포장용량	110ml(±)	110ml(±)	
포장수량	160EA(±)	160EA(±)	재료의 특성에 따라 포장수량이 달라질 수 있다.

• 지역 및 기호에 따라 첨가물, 가공시간, 가공온도 등이 다를 수 있다.
• 탕전기기에 따라 가공과정 및 가공법이 달라질 수 있다.
• 상황에 따라 1차, 2차로 나누어 가공하기도 한다.
• 생수의 양에 따라서 가공시간과 추출의 양이 달라질 수 있다.
• 제품 포장 전 기름기 제거를 충분히 해야 한다.
• 본 자료는 실제가공법과 다를 수 있으며 참고용으로만 사용해야 한다.

10. 자라

민물자라는 철분, 칼슘, 비타민A, 비타민E, 불포화 지방산, 아미노산, 비타민B1, 비타민B2, 나이아신, EPA, DHA, 등의 다양한 성분이 함유되어 있다. 민물자라의 주요 작용은 근육을 이완시켜 주고, 갈증해소, 대하증에 효과적이며, 피로회복, 월경불순 등에 좋다.

• 추출가공법

주원료	자라 6~8Kg		
첨가물	기호에 따라서 약용식물, 생강, 은행, 대추, 오가피 등 (정제수 18L)		
탕기방식	압력방식	무압력순환식	비 고
가공온도	110℃	105℃	기호에 따라 (UP&DOWN)
가공시간	8시간	10시간	기호에 따라 (UP&DOWN)
포장용량	110ml(±)	110ml(±)	
포장수량	160EA(±)	160EA(±)	재료의 특성에 따라 포장수량이 달라질 수 있다.

- 지역 및 기호에 따라 첨가물, 가공시간, 가공온도 등이 다를 수 있다.
- 탕전기기에 따라 가공과정 및 가공법이 달라질 수 있다.
- 상황에 따라 1차, 2차로 나누어 가공하기도 한다.
- 생수의 양에 따라서 가공시간과 추출의 양이 달라질 수 있다.
- 제품 포장 전 기름기 제거를 충분히 해야 한다.
- 본 자료는 실제가공법과 다를 수 있으며 참고용으로만 사용해야 한다.

11. 장어

장어에는 비타민 B, 칼슘, 마그네슘 인, 철, 칼륨, 나트륨 등이 다량 함유되어 허약체질을 개선하고, 병후회복, 산후회복 등에 효과가 있다. 또 양질의 단백질, 지방, 비타민 A, 비타민 E 등이 함유되어 항병력 강화, 발육증진, 시력회복, 노화방지, 모세혈관강화, 피부미용 등에 도움이 된다. 이외에도 자라에 함유된 뮤신, 콘도로이친 성분은 폐결핵, 요통, 신경통, 폐렴, 관절염, 성기능 회복, 허약체질 개선 등에 민간요법으로 이용되고 있다.

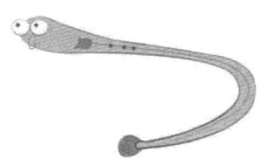

• 추출가공법

주원료	민물장어 8~12Kg		
첨가물	기호에 따라서 약용식물, 생강, 은행, 대추, 오가피 등 (정제수 18L)		
탕기방식	압력방식	무압력순환식	비 고
가공온도	110℃	105℃	기호에 따라 (UP&DOWN)
가공시간	8시간	10시간	기호에 따라 (UP&DOWN)
포장용량	110ml(±)	110ml(±)	
포장수량	160EA(±)	160EA(±)	재료의 특성에 따라 포장수량이 달라질 수 있다.

- 지역 및 기후에 따라 첨가물, 가공시간, 가공온도 등이 다를 수 있다.
- 탕전기기에 따라 가공과정 및 가공법이 달라질 수 있다.
- 상황에 따라 1차, 2차로 나누어 가공하기도 한다.
- 생수의 양에 따라서 가공시간과 추출의 양이 달라질 수 있다.
- 제품 포장 전 기름기 제거를 충분히 해야 한다.
- 본 자료는 실제가공법과 다를 수 있으며 참고용으로만 사용해야 한다.

12. 흑염소

흑염소는 맛이 달고 성질이 따뜻하다. 육류 중 유일하게 알칼리성인 흑염소는 다량의 칼슘과 토코페롤이 함유되어 노화방지에 좋다. 이외에도 흑염소는 다양한 비타민과 단백질, 철분이 함유되어 보혈작용과 혈액순환을 개선하고, 동맥경화, 고혈압, 당뇨병, 심장병 등의 성인병을 예방 및 개선하는 데 효과가 있다. 또 여성의 불임, 냉증에 효과적이며, 남성의 정력증진을 보강하는 데도 도움이 된다.

• 추출가공법

주원료	흑염소 12~15Kg		
첨가물	기호에 따라서 약용식물, 들깨, 생강, 은행, 대추, 양파 등 (정제수 18L)		
탕기방식	압력방식	무압력순환식	비 고
가공온도	110℃	105℃	기호에 따라 (UP&DOWN)
가공시간	8시간	10시간	기호에 따라 (UP&DOWN)
포장용량	110ml(±)	110ml(±)	
포장수량	160EA(±)	160EA(±)	재료의 특성에 따라 포장수량이 달라질 수 있다.

- 지역 및 기후에 따라 첨가물, 가공시간, 가공온도 등이 다를 수 있다.
- 탕전기기에 따라 가공과정 및 가공법이 달라질 수 있다.
- 상황에 따라 1차, 2차로 나누어 가공하기도 한다.
- 생수의 양에 따라서 가공시간과 추출의 양이 달라질 수 있다.
- 제품 포장 전 기름기 제거를 충분히 해야 한다.
- 본 자료는 실제가공법과 다를 수 있으며 참고용으로만 사용해야 한다.

□ 참고문헌

보건복지부
http://www.mw.go.kr
보건복지콜센터 129

식품의약품안전처
http://www.mfds.go.kr
종합상담신고센터 1577-1255

식품의약품안전처 대표블로그
http://blog.daum.net

국가법령정보센터 (식품의약품법령정보)
http://www.law.go.kr
법령검색방법 02-2100-2600/2578

식품안전정보서비스
http://foodnara.go.kr
TEL 1577-1803

식품안전소비자신고센터 (부정불량식품신고)
http://www.mfds.go.kr/cfscr/
부정불량신고 1399

한국추출가공식품업중앙회 (OFF LIME 위생교육)
http://www.kemfa.or.kr/

한국추출가공식품업중앙회 (ON LIME 위생교육)
http://www.e-kemfa.or.kr/

한국식품산업협회 (식품위생교육 on, off line)
http://www.kfia.or.kr

KFTLA 사단법인 한국식품위생검사기관협회 (자가품질검사기관)
http://www.kftla.or.kr

공공보건포털 G-health (보건증 제증명)
http://www.g-health.kr

식약처 식품기준규격 정보마당 (식품공전)
http://fse.foodnara.go.kr/residue/RS/jsp/main.jsp

국세청 홈택스
국세청 홈택스 http://www.hometax.go.kr/ 대표번호 126

한국전력 홈페이지 http://cyber.kepco.co.kr
한국전력 고객센터 국번 없이 123 (휴대폰 지역번호+123)

법률포털서비스 : http://www.lawnb.com/

한반도생물자원포털 : http://www.nibr.go.kr/species/home/main.jsp

가스토리GASTORY안전한세상 (한국가스안전공사 대표블로그)
http://blog.naver.com/prologue/PrologueList.nhn?blogId=kgs_safety

경서기계산업 http://www.kyungseo.co.kr/ 대표번호 032-577-4646

식품의약품안전처 식품·허위 과대광고 정보 공개창
http://www.foodnara.go.kr/kwanggo/index.do

중탕론 한국보건교육원 / 도서출판 아트하우스
위키백과 http://ko.wikipedia.org

남북산업(한방기기전문업체)
http://www.nambuk.kr

다음 비즈니스
http://adnetworks.biz.daum.net/top/index.do

건강원 창업컨설턴트 안홍규

창업을 준비하는 많은 사람이 건강원이란 업종이 이미 포화상태, 과열경쟁 등이 이유로 창업을 꺼려하지만, 필자는 오히려 건강원을 창업하여 운영하면서 건강원에 대한 충분한 비전을 가질 수 있었다.

필자는 건강원 창업 컨설턴트라는 직업의 특성상 많은 건강원을 방문하면서 대부분의 건강원이 전문성보다는 한결같은 운영체제와 재래방식의 탕기구성 그리고 청결하지 못한 부분 등을 확인할 수 있었다. 현재 지역별로 많은 건강원이 존재한다. 하지만 이처럼 건강원의 운영 방식이 과거에만 머물러 있는 곳이 대부분인 시점에서 새로운 방식의 신개념 건강원은 충분히 발전 가능성이 있는 사업아이템이라고 생각한다.

건강원 창업을 준비하고 있다면 방문고객층이 과거와 현저히 다른 지금에 와서는 방문 대상이 누구이고, 그들이 원하는 것이 무엇인지를 꼭 염두에 두고 고객을 만족시켜줄 수 있어야 한다.

이제 건강원이라는 단어는 서서히 사라질 것이다. 하지만 이는 건강원이 사라지는 것이 아니라 과거의 건강원이 벤치마킹되어 새로운 창업아이템으로 자리매김하게 될 것이다.

독자의 의견을 기다립니다

ggwacademy@naver.com

『안홍규의 건강원창업』을 구매한 분들께 감사의 말씀을 전하며,
건강원 창업에 관한 독자의 의견을 기다립니다.
혹시라도 읽으면서 불편한 점이나 부족했던 점,
그밖에 궁금한 사항이 있으면
E-mail이나 건강원창업아카데미에 마련되어 있는 문의 게시판에 글을 남겨 주세요.
건강원 창업을 준비하는 예비 창업주들께
성공창업의 발판이 될 수 있도록 노력하겠습니다.

NAVER 건강원창업아카데미 ▾

네이버 검색창에 '건강원창업아카데미'를 검색하세요!